# 高速列车传动系统非高斯非平稳信号分析方法及应用

杨江天　赵明元　著

中国铁道出版社有限公司
CHINA RAILWAY PUBLISHING HOUSE CO., LTD.

## 内 容 简 介

本书针对高速列车传动系统对外辐射信号复杂时变的特点，结合传动系统工况监测、故障诊断及预测的需求，系统论述了针对不同的零部件分别采用电机电流信号分析和振动信号分析提取故障特征的诊断方法，论述了典型非高斯非平稳信号分析理论方法。内容包括高速列车传动系统动态信号的非平稳、非高斯特点和研究进展，振动信号与电流信号中的二次相位耦合及其提取方法，复杂多分量信号自适应模态分解，变转速工况条件下时变二次相位耦合分析与基于分数阶傅里叶变换故障提取，高速列车线路运行测试数据的典型故障诊断与剩余使用寿命预测等。

本书可供从事铁道车辆传动系统工况监测与故障诊断、设备管理与维护等工作的科技人员参考，也可供高校机械、车辆、电气、仪器等专业参考。

**图书在版编目（CIP）数据**

高速列车传动系统非高斯非平稳信号分析方法及应用/杨江天，赵明元著. —北京：中国铁道出版社有限公司，2024.6

ISBN 978-7-113-31123-0

Ⅰ.①高… Ⅱ.①杨…②赵… Ⅲ.①高速列车-传动系-信号分析 Ⅳ.①U292.91

中国国家版本馆 CIP 数据核字(2024)第 061280 号

**书　　名：高速列车传动系统非高斯非平稳信号分析方法及应用**
**作　　者：**杨江天　赵明元

---

**策　　划：**曾露平　　　　　　　　　　**编辑部电话：**(010)63551926
**责任编辑：**曾露平　徐盼欣
**封面设计：**刘　莎
**责任校对：**苗　丹
**责任印制：**樊启鹏

---

**出版发行：**中国铁道出版社有限公司(100054，北京市西城区右安门西街 8 号)
**网　　址：**https://www.tdpress.com/51eds/
**印　　刷：**北京铭成印刷有限公司
**版　　次：**2024 年 6 月第 1 版　2024 年 6 月第 1 次印刷
**开　　本：**787 mm×1 092 mm　1/16　**印张：**8　**字数：**194 千
**书　　号：**ISBN 978-7-113-31123-0
**定　　价：**45.00 元

---

# 序

高速列车是重要的交通工具之一，状态监测与故障诊断技术对于保障高速列车的安全稳定运行至关重要。传动系统作为高速列车能量传递与转换的核心部分，直接影响高速列车运行安全，因而是当前故障诊断研究的重点之一。

本书著者经过多年的不懈努力，在高速列车传动系统故障诊断这个重要的领域取得了丰硕的成果。本书正是总结了著者近年来有关高速列车传动系统故障诊断理论、技术与方法的研究与应用的成果，并广泛吸取了国内外相关成果。因此本书包含了在高速列车传动系统故障诊断领域最新技术进展和工程应用实例，具有以下特点：

(1) 高速列车传动系统测试信号复杂，非平稳、非线性、非高斯特征突出。常用的故障特征提取方法，原理上强调信号的非平稳特征，而对信号非高斯性重视和利用不够。本书充分利用故障分量之间的相位耦合关系来提取信号的非平稳和非高斯故障特征，这是本书的特色。

(2) 电机电流分析是电气设备故障诊断的工具之一，具有易实施性和经济性的优点，尤其适用于结构紧凑、没有足够的空间安装额外传感器的高速列车传动系统。利用牵引电机电流分析与振动信号分析相结合来诊断高速列车传动系统故障是本书又一特色。

(3) 机械故障诊断研究的目的是解决工程中的实际问题。本书信号分析与故障诊断实例全部来自高速列车实际线路运行数据，真正做到理论与实践深度融合，面向工业应用。

该著作的出版既是著者的学术总结又是技术传递，将为广大从事故障诊断研究的科技工作者和高校有关师生提供参考和借鉴，也希望能为高速列车运行维护提供理论支撑。

谨为之序。

中国振动工程学会故障诊断专业委员会主任委员

褚福磊

2024 年 6 月

# 前　言

铁路具有速度快、输送能力强、节能等突出优点,是我国交通发展的重点。同时,高速列车的运行安全监控技术因为关系到乘客安全和铁路的可持续发展,在铁路运输中至关重要。传动系统直接影响列车运行安全,因而是高速列车工况监测和故障诊断的重点。与常用的基于温度和振动信号的检测技术相比,基于电机定子电流分析的诊断方法具有经济性和易实施的突出优点。该方法不需要使用额外的传感器即可实现对传动系统连续监测诊断,特别适用于铁道机车车辆。

故障特征提取是高速列车传动系统故障诊断的关键环节,决定故障诊断的准确性和可靠性。信号分析是故障特征提取的基本手段。高速列车结构复杂,线路运行时承受复杂的动载荷,传动系统对外辐射信号复杂多变,非平稳、非高斯特征突出。目前的信号分析方法主要针对振动信号,介绍电机电流信号处理方法的书籍非常少;原理上强调信号的非平稳特征,而对信号非高斯性重视和利用不够。基于国家自然科学基金项目"基于牵引电机定子电流分析的高速列车传动系统故障诊断关键技术研究"(项目批准号:51975040)的研究成果,以及结合著者多年从事铁道机车车辆传动系统故障诊断的经验撰写了本书,希望能够为从事机械设备故障科研、教学和工程应用的同行提供参考和借鉴,也希望能够为电机电流分析诊断技术和非高斯信号处理方法的推广与应用起到抛砖引玉的作用。

全书共6章,第1章论述高速列车传动系统结构特点、传动系统故障研究进展和随车运行的高速列车传动系统工况监测与故障诊断系统框架;第2章通过小波变换分析振动与电流信号,诊断牵引传动系统故障;第3章论述信号自适应分解及其在高速列车传动系统故障特征提取中的应用;第4章论述用高阶谱分析高速列车牵引传动系统辐射信号,提取信号中相位耦合特征,实现故障诊断;第5章论述分数阶信号处理方法在故障特征提取中的应用研究,用分数阶傅里叶变换、分数阶短时傅里叶变换提取信号非平稳、非高斯特征;第6章论述高速列车牵引传动系统易损部件故障预测的研究进展。

本书具有以下特点:

(1)针对高速列车传动系统故障诊断这一热点问题,汲取国内外这一研究领域的最新研究成果,总结著者近年来在高速列车传动系统故障诊断中的工程应用方面的研究成果,内容具有先进性。

(2)诊断综合使用电机电流信号和振动信号,内容安排由浅入深,章节衔接前后连贯。信号分析原理方面,在充分考虑信号非平稳性特征的基础上,强调利用信号非高斯性提取故障特征。综合考虑各种信号处理方法的功能和特点,发挥各自优势,提出故障特征提取解决方案。结合数学物理意义和高速列车传动系统辐射信号特征,说明信号分析方法的功能、原理、优缺点和适用范围。

(3)面向工业现场,实用性强。本书所有信号分析与故障诊断实例全部来自高速列车实际线路运行。诊断方法思路新颖,算法容易实现。诊断过程容易理解掌握,有望激发读者灵感,触类旁通,推广应用。

本书由杨江天、赵明元著,其中赵明元著述第1章,杨江天著述第2~6章,并负责统稿。在书稿著述过程中,研究生许长江、李泽洋、宋颖烁做了大量资料查阅和图形绘制工作,在此表示感谢。

本书承蒙中国振动工程学会故障诊断专业委员会主任委员、清华大学教授褚福磊拨冗审阅并作序,特致以诚挚感谢。

由于著者水平有限,加之时间仓促,书中难免有疏漏及不足之处,恳请广大读者批评指正。

著　者

2024年1月于北京

# 目　录


**第1章　绪　　论** …… **1**

1.1　高速列车传动系统结构特点 …… 1

1.1.1　高速列车牵引传动系统组成 …… 1

1.1.2　高速牵引传动系统特点 …… 2

1.1.3　牵引传动系统故障诊断 …… 2

1.2　高速列车传动系统故障诊断研究进展 …… 3

1.2.1　传动系统诊断方法 …… 3

1.2.2　振动信号特点 …… 4

1.2.3　电机电流信号特点 …… 5

1.3　故障诊断方法研究进展 …… 6

1.4　故障诊断系统框架 …… 13

**第2章　小波变换** …… **20**

2.1　牵引电机电流信号 …… 20

2.2　小波变换概述 …… 25

2.2.1　基本小波变换 …… 25

2.2.2　双树复小波 …… 25

2.2.3　Laplace 小波及其相关滤波 …… 27

2.3　工业应用 …… 30

2.3.1　牵引电机故障诊断 …… 30

2.3.2　轴箱轴承故障诊断 …… 34

**第3章　信号自适应分解** …… **39**

3.1　自适应信号分解概述 …… 39

3.2　经验模态分解 …… 41

3.3　经验小波分解 …… 47

3.4　变分模态分解 …… 50

3.5　变形变分模态分解 …… 58

3.6　工程应用 …… 59

3.6.1　基于 IEWT 的故障诊断 …… 59

3.6.2　基于 APSVMD 的故障诊断 …… 63

**第4章　高阶谱分析** …… **70**

4.1　高阶谱分析概述 …… 70

4.1.1　高阶谱定义 …… 70

4.1.2 高阶谱性质 …… 70
4.1.3 高阶谱的物理意义 …… 71
4.1.4 $1\frac{1}{2}$维谱 …… 71
4.2 调制信号双谱 …… 72
4.3 小波双谱 …… 74
4.3.1 小波双谱与小波双相干谱 …… 74
4.3.2 小波双谱熵 …… 75
4.3.3 瞬时小波双谱 …… 75
4.3.4 仿真信号分析 …… 76
4.4 工程应用 …… 82
4.4.1 $1\frac{1}{2}$维谱应用 …… 82
4.4.2 调制信号双谱应用 …… 84
4.4.3 瞬时小波双谱应用 …… 85
**第5章 分数阶傅里叶变换 …… 93**
5.1 分数阶傅里叶变换分析 …… 94
5.2 短时分数阶傅里叶变换 …… 96
5.3 分数阶小波变换 …… 99
5.4 工程应用 …… 100
5.4.1 诊断流程 …… 100
5.4.2 传动齿轮箱齿轮故障诊断 …… 101
**第6章 故障预测 …… 106**
6.1 概述 …… 106
6.2 特征提取 …… 107
6.3 预测模型 …… 109
6.3.1 灰色预测模型 …… 109
6.3.2 随机性趋势预测模型 …… 113
6.4 组合预测模型 …… 114
6.4.1 GM(1,1)-AR 模型 …… 114
6.4.2 组合预测模型 …… 115
6.5 工程应用 …… 116

# 第1章 绪 论

高速列车牵引传动系统以牵引电机为控制对象,通过电力电子变换与控制,调节牵引电机的输出转矩和转速,实现列车牵引和制动,从而满足轨道交通运输需求。传动系统作为列车能量传递与转换的核心部分,有着列车“心脏”之称。高速列车牵引传动系统是一个机电耦合的复杂系统,结构复杂紧凑[1,2],主要由受电弓、主断路器、牵引变压器、牵引变流器、牵引电机和齿轮变速箱等组成。高速列车轮对是齿轮变速箱的负载,因此在分析牵引传动系统动态特性时,习惯将轮对一起研究。

高速列车线路运行时,牵引传动系统工作条件十分恶劣,主要表现在以下几个方面[3,4]:

(1)工作环境恶劣。牵引电机、齿轮箱等悬挂在转向架上,经受灰尘、雨雪侵袭和不断变化的环境温度并承受来自轮轨间的冲击和振动。

(2)负载变化频繁。牵引传动系统按高速列车运行的需要,不断改变工况。高速列车牵引运行时,将从接触网获取电能转换成列车运行的动能;启动、爬坡时牵引传动系统在大电流下工作;下坡时或制动时,将机械能转化成电能回馈接触网。

(3)空间限制。高速列车牵引传动系统结构紧凑,尺寸受到限制。有的车型甚至没有空间安装额外的传感器。

(4)载荷复杂。在高速列车牵引运行过程中,牵引传动系统不仅承受来自高速列车轮轨动力作用的冲击、振动,而且由于传动环节各部件并非完全刚性,在旋转过程中产生不同大小和相位的瞬时转速起伏,导致传动装置扭转振动。

以上分析表明:牵引传动系统是高速列车的核心系统,也是最容易发生故障的装置,牵引传动系统的任何故障或安全隐患都有可能引发连锁事故,导致列车被迫停车,甚至给生命和财产安全带来损失,因而一直是故障诊断的重点。

本章介绍高速列车传动系统的组成、工作原理和特点,以及牵引传动系统故障诊断研究的现状。

## 1.1 高速列车传动系统结构特点

### 1.1.1 高速列车牵引传动系统组成

高速列车牵引传动系统框图如图1-1所示。

受电弓是列车从接触网获得电能的部件。受电弓安装在高速列车顶部,随高速列车高速运行。主断路器安装在列车顶部,用于开断、接通主电路。主断路器不仅用来正常开关主电路,也要在系统发生过电压、过电流等故障时,起到隔离保护作用。牵引变压器主要起降压隔离作用,将接触网25 kV降为满足牵引变流器及其他电机、电器工作所适合的电压。牵引变流器的作用是将牵引变压器输出的恒压恒频单相交流电变换成电压频率可调的三相交流电驱动牵引电机。牵引电机是进行机电能量转化的设备，在牵引模式下将电能转换成机械能，在再生制动模式下将机械能转换成电能。牵引电机输出的转速转矩通过齿轮变速箱传递给车轮。齿轮变速箱将牵引电机输出的转矩和转速转换成列车轮周牵引力，驱动列车安全运行。

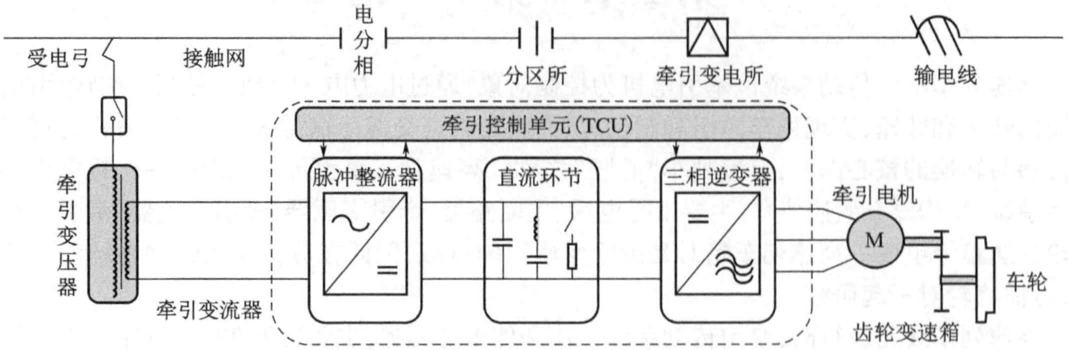


图 1-1　高速列车牵引传动系统框图

### 1.1.2　高速牵引传动系统特点

与一般的机电设备相比，高速列车牵引传动系统具有功率大、质量小、体积小、可靠性高的特点[5,6]，具体表现在：

(1)牵引传动系统安装在列车上，随列车高速运行。现代高速列车的运行速度都在 250 km/h 以上，最高运行速度超过 300 km/h。牵引传动系统承受的载荷巨大且非常复杂。

(2)高速列车牵引传动系统的单轴功率在 500 kW 以上，最大接近 1 000 kW。这样大的功率和高速，使得轮轴动作用力非常大，轮轨黏着降低，制动功率需要增加，从而对高速列车转向架、车体等系统都提出了更高的要求。

(3)高速列车牵引传动系统结构复杂，包含的子系统、零部件非常多，且密切关联，这对牵引传动控制和系统故障诊断提出了挑战。

(4)牵引传动系统对外辐射的信号种类很多，包括热、振动、噪声、电流，充分利用这些对外辐射信号，使得传动系统工况检测和故障诊断成为可能。

### 1.1.3　牵引传动系统故障诊断

高速列车牵引传动系统是典型的复杂闭环控制系统，任何故障都可能引起连锁反应，影响整个牵引传动系统的性能。同时，牵引传动系统作为列车动力传递机构，一旦发生故障，可能导致严重事故，引起列车晚点，造成不良影响和重大经济损失。

高速列车牵引传动系统作为大型机电耦合系统，结构复杂，存在非线性、时变性。同时，受外部气候环境、列车运行、供电、线路等因素影响，故障类型多样且存在耦合，故障征兆与故障根源并非一一对应，而成放射状。牵引传动系统工况监测和故障诊断面临挑战。我国目前高速列车主要采用计划预防维修的维修制度，有必要推广先进的视情维修。因此，在主动安全控制理论及工程化技术引导下，结合测试技术、信息技术、人工智能等新兴技术手段，突破高速列车牵引传动系统关键部件工况监测、故障诊断、易损件剩余使用寿命预测等技术瓶颈，制定科学化的检修维护周期,改定期修为"示情修",实现牵引传动系统全寿命周期智能维修,有重要的工程意义和经济价值。

## 1.2　高速列车传动系统故障诊断研究进展

### 1.2.1　传动系统诊断方法

根据所用的信号,高速列车传动系统故障诊断大致可以分为温度检测法、声学诊断法、振动信号分析法和牵引电机电流分析法。

温度检测法是对列车高速运行的关键部件进行温度监控,如转向架轴箱轴承温度、牵引电机轴承和定子温度、齿轮箱轴承温度等。当遇到温度异常情况列车及时自动限速或停车,确保运行安全。理论分析和实践表明,监测轴承温度能一定程度上预防轴承故障,保证行车安全。但是,在运用过程中,发现轴温检测存在以下问题[7]:

(1)轴温普遍具有离散性,当某一轴箱的温度偏离平均温度较大或超过绝对温度 100 ℃时,具有异常变化的趋势。即某个轴承的温度与其他轴承相比持续偏高,检查轴承和温度传感器又找不到异常。

(2)高速列车在高速运行时,轴温传感器周边的工作环境比较复杂,尤其在列车过分相、列车交会以及通过隧道时都有可能对所采集的温度数据造成很大的干扰。以上两个问题使得误报故障的假象时有发生,导致不必要的停车或限速,使得列车不能准点运行,进而影响高铁线路的整体运营秩序。

造成以上现象的本质原因是温度对大部分轴承故障并不敏感。当轴温超限报警时,往往轴承已经发生比较严重的损伤,甚至事故已经发生。因此,为了能更早、更准确地发现故障,人们开始寻找其他高速列车车辆轴承故障监测方法。轨边声学诊断[8]通过在轨边安装声学传感器阵列对运行中的高速列车轴承的声音信号进行采集、分析,判断出轴承故障类型和故障缺陷程度,从而实现对滚动轴承早期故障的预警,将防范轴承故障关口提前。轨边声学诊断较适用于车轴轴箱轴承等充分"暴露"在外的轴承,而对于牵引电机、齿轮箱轴承等嵌入转向架内部的轴承监测诊断效果不好。

振动信号分析无疑是高速列车传动系统工况监测和故障诊断的有效手段。振动信号对几乎所有的机械故障都很敏感,早期故障就会引起机械系统振级的增加,至少是振动特征的改变。工程实践表明,基于振动信号分析能有效诊断高速列车轴承故障,但也存在以下缺点[9,10]:

(1)布置振动传感器需要增加费用,且高速列车传动结构紧凑,有的车型没有足够的空间安装额外的传感器。

(2)振动传感器易受到外部干扰(如车体、钢轨等的振动),必须仔细维护防止误报警发生。

(3)高速列车运行环境对振动测量结果影响很大,振动信号复杂,功率谱图上有时某些重要的频率成分缺失,影响诊断的准确性。

近年来,基于电机电流分析(motor current signature analysis,MCSA)的故障诊断方法兴

起[11]。交流电机是一个高度对称的电磁系统,任何电机故障(或负载变化)都会导致一定程度的不对称。不对称引发气隙中旋转电磁场变化,在定子电流中感应出新的频率分量。电机定子电流特征分析正是通过检测某些特征频率分量的变化实现故障诊断的。由于控制和电机保护的需要,高速列车运行时需要对牵引电机三相供电电流中的两相进行连续监测,因此,基于定子电流分析的故障检测方法不需要额外安装传感器,相当于无传感器故障诊断[12],是真正意义上的非接触测量。其易实施性和经济性的突出优点,使其广泛用于诊断各种类型的电机故障[13]。基于电机定子电流分析故障诊断技术能够实现在线远程分析,可以在高速列车运行中进行实时监测,具有非接触测量、无须传感器、噪声干扰小、电流互感器廉价等优点[14]。尤其对于结构紧凑,没有空间安装振动传感器的车型,基于电机定子电流分析的方法不受限制。

基于电机电流分析诊断方法适用于高速列车传动系统中"靠近"牵引电机的设备,如牵引电机电气故障、机械故障、传动齿轮故障。车轮轴箱轴承在高速列车传动系统的末端,距离牵引电机最远,车轴轴箱轴承故障对牵引电机定子电流的影响很小,基于牵引电机定子电流分析法诊断困难。车轴轴箱轴承故障诊断还需要用基于振动信号分析的方法。这两种方法互补能很好地实现整个传动系统的工况监测与故障诊断。

### 1.2.2 振动信号特点

高速列车线路运行时,振动信号非常复杂,信号非平稳、非线性、非高斯性特征突出。

(1)高速列车传动系统结构复杂,高速列车传动轴上零件很多,振动信号包括各个零件的特征频率成分。高速列车在轨道上运行,激励复杂,车体、轨道等的振动模态都会混入轴承振动信号。此外,还有调制和噪声等因素的作用,使得高速列车轴承振动信号非常复杂。

(2)非平稳:高速列车线路运行,由于过分相(断电)和线路条件变化(坡度、曲率半径等),运行速度不可能长时间保持恒定。高速列车牵引电机转速、车轴轴箱轴承转速不断变化,振动信号呈现明显的非平稳性。

(3)非线性:高速列车传动系统是公认的非线性系统,其对外辐射信号(振动、牵引电机定子电流)是非线性信号[15]。

(4)非高斯性:由于传动系统自身结构和转速波动,振动信号存在调制现象。最典型的调制是幅度调制,表现为各频率成分间相互关联作用,产生和频与差频频率成分,这样振动信号中的频率分量不再是统计独立的,而存在相位耦合关系。振动信号表现为非高斯性,对应的相位关系称为二次相位耦合[16]。

高速列车传动系统振动信号二次相位耦合主要有以下两种模式:一是调制信号的二次相位耦合模式,包括幅值调制和相位调制,调制现象在齿轮振动信号中表现最为突出;二是某一频率成分自身的二次相位耦合模式,旋转机械振动信号的周期性表现为一族特征频率谐波,且在相位上表现出一定的相关性,该频率成分自身会产生二次相位耦合。发生局部损伤的滚动轴承振动信号存在这种相位耦合模式。

齿轮振动信号调制分为两种:幅值调制和频率调制。幅值调制是由于齿面载荷波动对振动幅值影响造成的。典型的例子是齿轮偏心使齿轮啮合时"一边紧一边松",从而产生载荷波动,使振幅按此规律周期性变化。齿轮的加工误差(如节距不均匀)及齿轮故障使齿轮在啮合中产生短暂的"加载"和"卸载"效应,也会产生幅值调制。齿轮振动信号中最常见的幅值调制现象是齿轮啮合频率被转速频率调制,功率谱上啮合频率两侧对称出现间距为转速频率的谱线。

前面分析中都假设齿轮转速恒定,齿距完全均匀。实际上,只要上述条件有一项不满足,啮合频率就会被调制。实际上,任何导致幅值调制的因素都会导致齿轮扭矩波动,发生频率调制,两种调制是同时存在的。频率调制,即使载波信号和调制信号均为单一频率成分的情况下,也会形成以调制频率为间距的一族边频带。

在实际齿轮系统中,调幅与调频总是同时存在的,因此功率谱上的边频带为两种调制单独作用结果的叠加。虽然调幅与调频单独作用时,产生对称于载波的边频带,但两侧的相位关系是不同的,因此叠加可能增加一侧的边频幅值而削弱另一侧的边频幅值,使得观测到不对称的边频带。此外,边频带具有不稳定性,调幅与调频的相对相位关系易受到随机因素干扰而改变。

调制是齿轮振动信号最基本的特征,因而二次相位耦合现象在齿轮振动信号中大量存在。齿轮故障几乎都会引起调制程度的变化,分析调制现象(尤其是幅值调制)是齿轮故障诊断的基础。

发生表面损伤的轴承在受载运转过程中,损伤点撞击与之相接触的其他元件表面而产生低频振动,称为轴承的"通过振动"。通过振动发生的频率称为故障特征频率,由轴转速、轴承几何尺寸及损伤的位置(内圈、外圈、滚动体)唯一确定。损伤点以故障特征频率反复撞击与之相接触的其他元件表面产生的宽带脉冲,作用于轴承及其支承结构,使损伤轴承振动的特征为冲击激励产生的减幅振荡。减幅振荡的上升沿是一个非常陡的脉冲,与元件表面和损伤点的冲击相对应。随后,能量被内部阻尼消耗,脉冲以近似指数包络线衰减。因此,局部损伤轴承振动信号包括一系列以故障特征频率为周期的指数衰减振荡。减幅振荡包括故障特征频率的一族谐波,这些谐波是周期信号的傅里叶分量,所以它们的相位是相互关联的。因此,局部损伤滚动轴承振动信号存在二次相位耦合[17]。

此外,对于内圈和滚动体发生点蚀的情况,会发生冲击振动及其谐波的幅值被转速或保持架公转频率调制的情况,滚动体直径不一致和转轴弯曲,也产生振动幅值被转速调制的现象,带来二次相位耦合[18]。

### 1.2.3 电机电流信号特点

机械故障的异常振动会引起电机定子和转子间的相对运动,改变定子与转子间的气隙。由于异步电机的气隙原本就很小,气隙的微小变化也会使定子电流特征发生变化。

高速列车传动系统中齿轮箱与牵引电机耦合在一起,当齿轮出现故障时,扭转振动发生变化,产生转矩波动。为了平衡附加的转矩,电机将产生一个相应的电转矩,引起定子电流频谱出现轻微的幅度调制。理论分析与实践证明[19],齿轮故障在牵引电机定子电流中引起的故障频率$f_{gf}$可以表示为

$$f_{gf} = \left| f_s \pm m f_{fp} \right| \tag{1-1}$$

式中,$f_s$是供电频率;$f_{fp}$是齿廓的基频,对于一级齿轮系统,基频与大小齿轮旋转频率有关;$m=1,2,3,\cdots$。电机自身故障也会引起电机电流产生变化。由于交流电机是高度对称的电磁

系统，任何电机故障都会造成一定程度的不对称。不对称性导致气隙中的旋转电磁场发生变化，从而在定子电流中产生新的频率分量。主要电机故障在定子电流中的映射如下：

（1）定子绕组匝间短路。定子绕组匝间短路大多是由绝缘层损坏或某一绕组的线圈性能下降引起的。定子绕组匝间短路故障发生时，在信号频谱中故障的特征频率 $f_{st}$ 表示为[20]

$$f_{st}=f_s\left[k\pm\frac{n}{p}(1-s)\right] \tag{1-2}$$

式中，$f_s$ 为电机供电频率；$s$ 为转差率；$p$ 为磁极对数；$k=1,3,5,\cdots$；$n=1,2,3,\cdots$。

（2）转子断条。转子断条故障的产生、演变与电机运行状态密切相关。在重载和频繁启动的情况下，牵引电机容易发生转子断条故障。当电机出现转子断条故障时，将在定子电流中产生边频带[21]，故障特征频率 $f_{brb}$ 表达式为

$$f_{brb}=(1\pm 2ks)f_s \tag{1-3}$$

式中，$f_s$ 为电机供电频率；$s$ 为转差率；$k=1,2,3,\cdots$。

（3）气隙偏心。气隙偏心是指定子和转子之间存在不等气隙的情况，无论是转子刚度不足还是轴承安装误差都会导致气隙偏心。气隙偏心在电流信号中产生附加谐波[22]，特征频率 $f_{ccc}$ 为

$$f_{ccc}=f_s\left[1\pm\frac{k}{p}(1-s)\right] \tag{1-4}$$

式中，$f_s$ 为电机供电频率；$s$ 为转差率；$p$ 为磁极对数；$k=1,2,3,\cdots$。

（4）轴承故障。轴承局部损伤引发轴承异常振动进而引起定子、转子间相对运动，改变气隙对称性，使定子电流产生新的谐波分量。Schoen[23]研究转子中心的径向运动对气隙偏心的影响，得到电机定子电流谐波频率与滚动轴承故障特征频率间的映射关系。Blodt[24]总结Schoen 等的研究成果，同时考虑转子径向偏心和扭转运动，提出更为精细的电机轴承故障——定子电流谐波映射模型：

$$f_{bf}=|f_s\pm f_r\pm kf_{bv}| \tag{1-5}$$

式中，$f_s$ 为电机供电频率；$f_r$ 是电机转频；$f_{bv}$ 表示轴承损伤的振动特征频率；$k=1,2,3,\cdots$。

综上所述，各种高速列车传动系统故障都会使牵引电机定子电流产生新的频率分量，在电流频谱图上产生以供电频率为中心的边频带结构。供电频率被低频的故障特征频率所调制。此外，高速列车线路运行时，牵引电机转速不断变化，转速的变化也会引发调幅调频。因此，高速列车牵引电机定子电流某些频率不是统计独立的，而是通过相位耦合生成的，牵引电机电流信号表现出非高斯性。与振动信号一样，牵引电机定子电流信号也表现为非平稳、非线性、非高斯性。充分利用故障分量之间的相位关系，是准确提取故障特征有效途径之一。

## 1.3 故障诊断方法研究进展

前面分析指出，高速列车传动系统辐射信号（振动、牵引电机定子电流）都是复杂的非平稳、非线性、非高斯信号。工况监测与故障诊断应根据信号特征提取故障信息。振动和电机电流信号的非高斯性主要表现为信号中存在二次相位耦合。充分利用故障成分间的相位关系是从信号众多分量中提取微弱的幅度调制信号的有效方法之一。小波变换、高阶谱分析和分数

阶傅里叶变换能分别从不同的角度,提取信号非高斯特征和其他特征;自适应信号分解适用信号预处理。因此,这四种信号处理方法是分析高速列车传动系统辐射非平稳、非高斯信号的有力工具。

**1. 小波变换**

高速列车牵引传动系统辐射信号可以在三个总体框架内分析:时域、频域和时频域。时域分析研究信号幅值随时间的变化;频域分析涉及通过傅里叶变换获得信号的频谱内容;时频域分析研究信号频谱随时间变化,时频域分析同时考虑时间和频率。与经典信号处理方法相比,时间-频率分析提供了一组方法,通过同时提供时间和频率定位的二维表达来捕获信号的时间和频率信息。与之对应,经典信号处理方法,如傅里叶变换独立分析频率,而时域分析方法完全不考虑信号频率。

小波变换通过将输入信号与小波基函数做内积运算来获得信号的时频信息。小波变换被称为广义傅里叶变换[25],傅里叶变换以复正弦基函数与输入信号做内积,而小波变换用的是小波基函数。小波分析可以分为两大类:连续小波和离散小波,有各自的优缺点。连续小波变换使用有冗余的基函数得到平滑而连续的时间-能量分布。连续小波变换的定义为

$$\mathrm{CWT}(a,b;x,\psi)=\frac{1}{\sqrt{a}}\int_{-\infty}^{+\infty}x(t)\psi^{*}\left(\frac{t-b}{a}\right)\mathrm{d}t \tag{1-6}$$

式中,$\psi(t)$为小波基函数;$a$为尺度因子;$b$为时移因子。时间和频率并没有显式地出现在变换结果中,但是尺度$1/a$实际对应频率,$b$对应时间。连续小波变换简单直观的物理解释是:$\mathrm{CWT}(a,b;x,\psi)$是信号$x(t)$在尺度$a$下,$t=b$时的“幅值”。

具体应用中,小波基函数只需要满足一些宽泛的条件,就可以根据具体需求采取任何形式。高速列车牵引传动系统振动信号分析中广泛使用Morlet小波。Morlet小波的包络线是高斯正弦函数,与衰减振荡信号近似。对于连续小波,尺度因子$a$不同时,小波基函数$\psi(\cdot)$往往不是互相正交的。但是,连续小波变换可以方便地选择小波基函数,当已知需要检测的分量的特征时,就可以选取或构造与之对应的基小波[26]。这些特点使连续小波变换有很强的信号检测和特征提取能力,广泛用于高速列车车辆牵引传动系统故障[27]。如Laplace小波具有单边振荡衰减特性[28],不同于常用的小波基函数从中间向两边衰减的“鱼腹状”波形,特别适合提取单边衰减的高速列车轴承冲击响应信号[29]。

对信号实施连续小波变换,尺度因子$a$和时移因子$b$连续变化,会产生冗余信息。某些情况如信号消噪、特征提取冗余信息是有用的,为获取理想的性能而不惜增加计算时间。而其他应用为了提高计算效率需要消减冗余。

将尺度二进制取值,$a=a_0^m$,$b=na_0^m b_0$,$t=kT$。式中,$k,m,n$取整数,$T$为采样间隔,归一化处理后$T=1$。连续小波变换成为离散小波变换,有

$$\mathrm{DWT}(m,n)=\frac{1}{\sqrt[m]{a_0}}\sum_{k}x(k)\psi^{*}\left(\frac{k-nb_0a_0^m}{a_0^m}\right) \tag{1-7}$$

离散小波变换可以用一对低通和高通小波滤波器实现,分别表示为$h(k)$和$g(k)=(-1)^k h(1-k)$。这些滤波器组称为正交镜像滤波器组,由选定的小波基函数$\psi(t)$和对应的尺度函数$\varphi(t)$构成,即

$$\begin{cases}\varphi(t)=\sqrt{2}\sum_{k}h(k)\varphi(2t-k)\\ \psi(t)=\sqrt{2}\sum_{k}g(k)\varphi(2t-k)\end{cases}\tag{1-8}$$

使用小波滤波器,信号被分解为一组低频与高频分量,即

$$\begin{cases}a_{j,k}=\sum_{m}h(2k-m)a_{j-1,m}\\ d_{j,k}=\sum_{m}g(2k-m)a_{j-1,m}\end{cases}\tag{1-9}$$

式中,$a_{j,k}$ 是概貌系数,代表信号的低频分量;$d_{j,k}$ 是细节系数,代表信号的高频分量。离散小波变换可以看作使用低通滤波器和高通滤波器将信号分解成概貌系数(低频分量)和细节系数(高频分量),然后对概貌系数进行再分解,而细节系数保持不变。由于其尺度是按二进制变化的,每次分解得到的概貌系数和细节系数平分被分解信号的频带,二者等宽。由于使用正交小波基函数,离散小波变换是无冗余的正交分解。这种基于离散小波变换的信号分层表达可以实现信号多分辨率分析。

离散小波变换的分解方式,高频信号频率分辨率低,低频信号频率分辨率高。小波包变换提供了一种更精细的信号分析方法,它在全频带对信号进行多层次的频带划分,对小波变换没有再分解的细节系数也做二分分解,从而提高了频率分辨率。由于正交分解,每一个频带分解后的两个频带不交叠,输出的两个频带的带宽减半,因此每次分解信号频率分辨率提高一倍。

以上优良性质使得小波变换成为高速列车牵引传动系统辐射信号分析的重要工具。正交小波变换将原始信号分解到各自独立的频带中。这些独立频带中的分量蕴藏着高速列车牵引传动系统线路运行时不同设备、不同零部件的工况信息。离散小波变换(小波包)被用作预处理器,将原始信号分解为窄带信号,不同频带互不干扰。正交性保证这些工况信息无冗余、无遗漏。

离散小波变换(小波包)适用于电机定子电流信号分析。牵引电机电流信号小波包分解后,可从小波系数中提取故障特征诊断牵引电机故障,不同频带信号的能量比可以作为故障指标监测电机的工作状况[30]。

由于降采样和拆分操作,离散小波变换(小波包)存在平移敏感性,输入信号小的平移可能会造成小波系数能量相差很大。这样不利于检测与故障相关的瞬态信号。双树复小波变换(dual tree complex wavelet transform)能获得近似平移不变性,有效抑制频率混叠[31,32]。用双树复小波分析电机定子电流信号可以获得更高的频率分辨率,可以更准确地提取故障特征。

总之,小波变换多分辨率分析、自适应的能力和容易实施的特点使得其成为高速列车牵引传动系统辐射信号最基本、最重要的工具。用小波变换分析高速列车线路运行时牵引传动系统辐射信号、诊断传动系统故障的工程应用将在本书第 2 章详细介绍。

**2. 自适应信号分解**

高速列车传动系统故障特征提取最基本的方法是将检测到信号分解为简单的、有特定意义的分量之和。小波变换等固定基分解方法,分解基函数一旦选定不能修改,缺乏自适应性。信号的自适应分解是根据信号本身的特征,将信号分解成不同时间尺度且具有明确物理意义的分量。最具代表性的是黄锷提出的经验模式分解(empirical mode decomposition,EMD)方法[33],将一个复杂信号分解为多个固有模态函数(intrinsic mode function,IMF)和一个残余项。

EMD 方法定义了瞬时频率的概念,摆脱了傅里叶变换的局限性,是一种颠覆性的创新,为信号的分析提供了一种新的思路。

EMD 通过迭代"筛选"算法将任意非平稳信号分解为一系列 IMF。IMF 必须满足两个条件:①在整个数据长度上,极值点数目和过零点数目必须相等或者最多相差一个;②在任意时刻,由局部极大值点组成的上包络和由局部极小值点组成的下包络的均值为零。

EMD 的迭代"筛选"过程如下:①由信号局部极值点插值获取信号上、下包络;②由上、下包络计算信号的瞬时均值;③从原始信号中移除瞬时均值;④对剩余信号重复上述过程,直到最终得到的信号满足 IMF 性质。

EMD 是一种完全由数据驱动的自适应分解方法。EMD 相当于广义傅里叶分解[34],用时变的幅度和瞬时频率代替了傅里叶变换中的固定幅度和固定频率。EMD 有很好的实用价值,适合处理非平稳、非线性信号。EMD 获得了普遍认同,在高速列车车辆故障等领域已得到广泛应用[35]。

EMD 是一种经验方法,存在缺乏严密数学理论支持,模态混叠、端点效应,计算量大、抗噪性差等问题[36]。其中模态混叠是最致命的。EMD 通过曲线拟合提取信号分量,极值点的分布对信号分解影响很大,当信号中极值点过于接近、存在突变或时间尺度存在跳跃性变化时,模态混叠不可避免[37]。

黄锷团队提出总体经验模式分解(ensemble empirical mode decomposition, EEMD)[38],通过在信号中加入白噪声,利用噪声辅助改善极点分布,将多次分解结果的总体均值作为最终分解结果。EEMD 能有效抑制模态混叠,但是没有从根本上解决问题,这使得某些工程信号 EEMD 分解的模态混叠仍然很严重。此外,EEMD 大大增加了计算量。

此后,互补集总经验模态分解(complementary EEMD,CEEMD)[39]被推出,平均时对信号施加同一个但符号相反的白噪声,使得残留在 IMF 中的噪声基本抵消。CEEMD 平均次数大大减小,节约了计算时间,且基本去除了添加的白噪声,是一种非常好的方法,推荐作为 EEMD 的标准形式[40]。

自适应噪声完备集总经验模态分解(complete ensemble empirical mode decomposition with adaptive noise,CEEMDAN)是 EMD 的较新形式[41]。在每次分解时添加白噪声的 IMF 分量,添加噪声逐级减少,固有模态分量中残留噪声更少,可以有效减少重构误差,且在分解的各阶段都有全局停止标准,分解效率最高。需要指出的是,CEEMD 和 CEEMDAN 提高了计算效率,但是与 EEMD 相比,并不能更好地抑制模态混叠。

与此同时,在 EMD 思想的指导下,其他形式的信号自适应分解不断推出。

局域均值分解(local mean decomposition,LMD)[42]是由 Smith 于 2005 年提出的一种自适应时频分析方法,并成功应用于脑电图的信号处理。LMD 方法可以将一个复杂的多分量信号直接分解成若干具有物理意义的乘积函数(product function,PF),其中每一个 PF 分量都是由一个包络函数和一个纯调频信号相乘得到,具有明确的物理意义,包络信号为 PF 信号的瞬时幅值,PF 分量的瞬时频率可以由纯调频信号直接求出,通过分析 PF 分量就可以得到原始信号的时频特性。LMD 信号分解与解调过程同步完成,获得原始信号完整的时频分布,适合处理多分量调制信号,在迭代次数方面要优于 EMD。LMD 已经成功用于高速列车传动信号分析中提取故障特征[43]。

FREI 提出本征时间尺度分解(intrinsic time-scale decomposition,ITD)[44],该方法能将非平稳信号分解为若干固有旋转分量和一个单调的趋势分量。ITD 分段方式计算旋转分量在每一个局部时间段上的瞬时频率和瞬时幅值,在计算效率和计算精度方面都优于 EMD。

局部特征尺度分解(local characteristic-scale decomposition,LCD)是程军圣在 ITD 的基础上提出的一种自适性分析方法[45],将信号分解为若干瞬时频率具有明确物理意义的内禀尺度分量(intrinsic scale component,ISC)。LCD 在均值计算方面与 EMD 和 LMD 明显不同,用于城市轨道列车轴承振动信号分析,证明在抑制端点效应和迭代所需时间等方面优于 EMD[46]。

以上时域分解方法都需要通过提取信号的局部极值点来计算信号的局部均值,噪声影响信号极值点的分布,因此以上方法的抗噪能力比较差。

很多实际信号可按频率分解为不同分量,如自然光按频率分解为不同颜色可见光。小波变换采用频带二分的方式缺乏自适应性。GILLES 提出经验小波变换(empirical wavelet transform,EWT)[47],该方法采用数据驱动的频段划分规则。EWT 取信号傅里叶谱相邻两个峰值频率的平均值作为边界频率,将信号傅里叶谱划分为不同频段,然后在每一个频段上分别构造小波滤波器,提取相应的信号分量。EWT 在抗模态混叠和分解时间方面明显优于 EEMD。针对 EWT 分解需要傅里叶谱分割,使用不够方便的问题,本书提出改进算法。采用循环包络技术分割信号频谱,用相关系数分析相邻分量的关联度,将关联度高的分量合并。工业试验证明该算法可以合理高效地进行频谱分割,适用于高速列车传动系统信号分析。

2014 年,Dragomiretskiy 提出变分模式分解(variational mode decomposition,VMD)[48]。VMD 具有完善的数学理论支撑,其本质是一个自适应最优 Wiener 波器组,以非递归的方式将复杂多分量信号分解成调幅-调频分量。VMD 分解能力强,适应性广。使用中最大的问题是需要先设定模态数量和惩罚因子两个参数,严格地说并不满足"自适应"。本书提出构造混合熵作为适应度函数搜索选择最优参数的方法。VMD 和 EWT 构造滤波器的方式不同:EWT 根据分量的边界频率构造小波滤波器;VMD 根据分量中心频率构造 Wiener 滤波器。两种方法的本质都是频域滤波。高速列车传动系统辐射信号主要分量在频域分离,不同设备、零件特征频率占据不同频带。因此,基于频域滤波的自适应信号分解方法适于高速列车传动系统故障诊断。实际使用中,改进的 EWT 与自适应参数选择 VMD 信号分解效果相当。VMD 滤波频带更加集中,得到的信号分量的信噪比稍高。本书 3.3、3.4 两节重点介绍这两种方法。

针对 VMD 不能分解有频带重叠成分的非平稳信号的难题。陈是扦提出变形 VMD(warped VMD,WVMD)[49]。WVMD 根据相位坐标先对原始信号变形,变形后的信号各分量频谱是可分的,这样就可以调用 VMD 分解变形信号,最后将分解后各分量反变形回时间坐标,完成原始信号的分解。这种情况与高速列车线路运行时,速度波动引发频率调制,电机电流信号某些分量频谱重叠的情况一致。因此,WVMD 适用于变速工况下牵引电机信号预处理,本书第 5 章介绍 WVMD 在工业现场的应用。

信号自适应分解是当前故障诊断研究"热点"之一。结合时域分解与频域分解的优点,Daubechies 在 2011 年提出的同步压缩变换(synchro squeezing transform,SST)[50]是一种典型的利用时频变换可逆性实现信号分解的方法。SST 沿频率方向压缩能量提升时频集中性,通过时频逆变换重构信号,适合分析信号分量在时频面上间隔充分的非平稳信号。

Iatsenko 提出非线性模式分解(nonlinear mode decomposition,NMD)[51],该方法首先利用自

适应动态规划算法提取小波变换或短时傅里叶变换的时频脊线,继而采用脊线重构或者时频逆变换方法提取信号分量。NMD 引入了自适应的参数选择准则、迭代终止准则以及信号分量检测准则,因此能够在强噪声条件下自适应分解多分量信号。基于时频域重构的信号自适应分解方法在高速列车传动系统故障诊断的应用研究正在逐步走向深入。

**3. 高阶谱分析**

信号自相关函数的傅里叶变换是功率谱,双谱定义为三阶矩的二维傅里叶变换[52],四阶累积量的三维傅里叶变换是三谱,实际很少使用。双谱是最常用的高阶谱。与功率谱相比,双谱的物理意义并不十分明确。功率谱表征信号能量随频率的分布,而双谱没有如此清晰的物理意义。结合机械振动信号的特点,可对双谱的物理意义提出近似的解释。零时延二阶矩是信号的方差,零时延三阶矩是信号的歪度[53]。因此,功率谱相当于信号方差在频域的表达,双谱则是信号歪度在频域的表达。上述方法解释双谱的物理意义虽然不够严格,但是能较容易地解释双谱的性质,双谱相当于频域的歪度,因而可以描述信号非对称、非高斯的特征。

前面分析指出,机电系统辐射信号存在非高斯性。非高斯性与故障程度有关,故障越严重,非高斯性就越强。最常见的非高斯性现象是信号两个频率成分相互关联作用,产生一个和频频率成分与一个差频频率成分,这就是所谓的二次非线性,对应的相位关系称为二次相位耦合。对于这种非线性耦合现象,仅用二阶统计信息如自相关、功率谱很难从根本上解决问题。小波分析有较高的频率分辨率,能识别由于相位耦合而产生的边频带结构,但是仍然无法识别二次相位耦合的程度。双谱最大的优点是保留了信号的相位信息[54],归一化的双谱-双相干函数可以定量描述二次相位耦合。

高速列车传动系统振动信号和牵引电机定子电流信号中存在二次相位耦合。振动信号最突出的二次相位耦合现象是齿轮和滚动轴承振动信号中的幅度调制,产生边频带结构。所有类型的电机故障(电气故障、机械故障)都会引起电机电流信号二次相位耦合加剧。因此,通过检测信号二次相位耦合提取故障特征,诊断高速列车传动系统故障有很好的应用前景。

双相干谱用于机电系统故障特征提取,已经有很多成功的应用[55,56]。针对双谱计算量大的问题,有学者提出 $1\frac{1}{2}$维谱,即双谱的对角线切片。$1\frac{1}{2}$维谱保留了双谱能识别二次相位耦合的优点,且二维谱图直观,用于高速列车传动系统也有成功的案例[57]。

针对双谱检测调幅信号,双频域存在“伪峰”,容易引起误判,且只有当低频信号和载波信号的强度相差不太大时才能识别。调制信号双谱[58]被引入调幅信号检测,调制信号双谱通过检测载波、和频分量、差频分量三者之间的相位耦合关系,识别幅度调制信号,并不要求检测到基带信号。工业现场检测到的振动信号复杂,可能包含多组、不同频率的相位耦合分量,且容易受到各种类型的噪声干扰。振动信号分析一般需要进行预处理[59],分解成占据不同频带的子带信号。这样在一个子带内往往只有载波频率和边频带,低频基带信号由于频率相差很远而落入其他子带中。调制信号双谱能有效识别载波与边频带,这一优良特性使得调制信号双谱广泛用于振动信号中微弱调幅分量识别[60],并成功用于牵引电机故障诊断[61]。

以上经典双谱都是基于傅里叶变换,因此统一称为傅里叶双谱[62]。傅里叶双谱分析用于高速列车传动系统故障诊断最大的挑战是需要大量的数据,多次平均才能有效抑制干扰,检测出特征频率。高速列车实际线路运行时,由于过分相和线路变换,不可能长时间保持恒速,因此,只有开发能适应短数据的二次相位耦合识别方法,才能真正满足高速列车传动随车诊断的需求。

小波双谱[63]用小波替代傅里叶变换,由于小波变换的分辨率优于傅里叶变换,因此在短数据情况下,小波双谱也能获得较高的频率分辨率,用于电机电流信号分析,成功诊断出高速列车传动齿轮故障[64]。由于数据量少,平均次数少,小波双谱在双频域容易出现“伪峰”,影响故障特征提取。针对以上问题,本书作者提出用瞬时小波双谱[65]分析电机电流信号,由于引入随机相位,能较好地消除伪峰,适用于瞬时相位耦合检测识别。针对瞬时小波双谱没有时间平均,幅值不能反映二次相位耦合程度的问题,本书作者提出小波双谱熵,描述二次相位耦合在双频域分布的均匀程度,从另一个角度描述描述故障严重程度。小波双谱熵与瞬时小波双谱相结合,初步解决了变速工况下瞬时二次相位耦合识别的问题,适用于高速列车传动系统故障诊断[66]。

综上,充分利用各故障分量间的相位关系是抑制干扰、准确提取故障特征的有效手段之一。本书第 4 章说明如何通过检测识别信号二次相位耦合提取故障特征,介绍诊断列车传动系统故障的工程应用。

**4. 分数阶傅里叶变换**

由于过分相和线路条件变化等原因,列车不可能匀速运行。振动、电流信号都有非平稳特征。小波变换可以分析非平稳信号,但是小波的本质仍然是一种傅里叶变换[67],只能处理频率渐变的数据,无法处理包括多组 AM-FM 的信号。小波处理非平稳信号还有一个缺点,就是依赖小波基的选择[68]。

Wigner 分布、Cohen 分布等二次型时频变换是标准的非平稳信号分析工具,具有良好的时频分辨率,但是对于多分量信号,存在交叉项干扰[69],使用受到限制。

分数阶傅里叶变换(frational Fourier transform,FrFT)是一种广义傅里叶变换[70],可以看成将信号在时间轴上逆时针旋转任意角度 $\alpha$ 到 $u$ 轴上的表示,代表信号从时域到频域的逐渐变化。信号在分数域上的表示,同时融合了信号在时域和频域的信息,与二次型时频变换相比,没有交叉项干扰。此外,FrFT 是信号在一组 chirp 基上的展开,类似于正弦信号在频域的特点,线性调频信号在某个阶次下的分数域也为 $\delta$ 函数。因此,FrFT 尤善分析和处理线性调频信号[71]。

目前分数阶傅里叶变换最常用的是从积分变换角度给出的定义,通过将输入信号与分数阶变换核做内积运算来获得信号的分数阶形式:

$$F_\alpha(u)=\int_{-\infty}^{+\infty} f(t)K_\alpha(t,u)\,\mathrm{d}t \tag{1-10}$$

式中,$K_\alpha(t,u)$ 是 FrFT 的变换核,其值为

$$K_\alpha(t,u)=\begin{cases}\sqrt{1-\mathrm{j}\cot\alpha}\cdot\exp[\mathrm{j}\pi(u^2\cot\alpha-2ut\csc\alpha+t^2\cot\alpha)], & \alpha\neq n\pi\\ \delta(u-t), & \alpha=2n\pi\\ \delta(u+t), & \alpha=(2n\pm1)\pi\end{cases} \tag{1-11}$$

其中 $\alpha$ 是 FrFT 的旋转角度。

FrFT 引入了旋转阶次,扩展了信号分析空间。分数阶傅里叶变换的核函数从复正弦扩展

到线性调频信号。傅里叶变换可以看成一种特殊的分数阶傅里叶变换,时间轴逆时针旋转90°到频率轴[72]。

自 FrFT 被提出,FrFT 的理论逐步得到丰富和发展,但在使用中存在两方面问题。一方面,FrFT 需要选择阶次,只有阶次正确才能使得线性调频分量聚集;另一方面,FrFT 需要对变换信号的所有时间进行积分,并且只能获得信号的分数频率分量。换句话说,分数频谱会丢失所有随时间变化的信息。为了解决第一方面问题,本书提出构造混合熵作为适应度函数搜索选择最优阶次的方法;针对第二方面问题,可采用一系列新的分数阶信号分析方法,通过构造联合时间-分数频率变换来描述局部化特征。

解决 FrFT 缺乏时间定位信息的一种简单方法是加窗处理,即短时分数阶傅里叶变换(short-time fractional Fourier transform,STFrFT)[73]。STFrFT 定义为

$$\mathrm{STFrFT}_f^{\alpha}(t,u)=\int_{-\infty}^{\infty}f(\tau)g(\tau-t)\exp\left[-\mathrm{j}\frac{\tau^2-t^2}{2}\cot\alpha+\mathrm{j}(\tau-t)u\csc\alpha\right]\mathrm{d}\tau \quad (1\text{-}12)$$

式中,$g(t)$为时间窗函数。

STFrFT 将传统短时傅里叶变换 STFT 的物理机制推广到分数域,保留了传统 STFT 域滤波器的特性,将频域滤波器扩展到 FrFT 域滤波器。作为 STFT 的推广,STFrFT 通过引入额外的自由分数阶 $\alpha$,可以一定程度上提高线性调频信号的能量集中能力。然而,在实际应用中,STFrFT 也受到固定分数窗函数的限制,不能为时变非平稳信号提供足够精确的时频描述。

小波变换可以提供一个随频率变化的"时频"窗口,可以自适应地满足时频分析的要求,解决了 STFT 的不足。然而,小波变换在频域中没有很好地集中,尤其是线性调频这类典型的非平稳信号,其频域振幅谱近似为矩形,具有较大的频带带宽。与分数阶信号分析方法融合,有学者提出分数阶小波变换(FrWT)[74],任意角度 $\alpha$ 的 FrWT 的表达式为

$$W_f^{\alpha}(a,b)=\int_{-\infty}^{\infty}f(t)\psi_{a,b}(t)\exp\left[-\mathrm{j}\frac{t^2-b^2}{2}\cot\alpha\right]\mathrm{d}t \quad (1\text{-}13)$$

式中,$\psi_{a,b}(t)=\frac{1}{\sqrt{a}}\psi\left(\frac{t-b}{a}\right)$;$a$ 为尺度因子;$b$ 为平移因子。

FrWT 可以被视为分数域中具有不同尺度的带通滤波器,具有恒 $Q$ 特性,成功地打破了 WT 的局限,弥补了 STFrFT 的缺陷。FrWT 表示线性调频信号的能量集中度,优于现有时频分析方法,适用于高速列车传动系统故障诊断。

总之,分数阶信号分析具有较高的时频分辨率,没有交叉项和时间复杂度低的特点使其成为高速列车牵引传动系统辐射信号分析的有力工具,具体的工程应用将在本书第 5 章详细介绍。

## 1.4 故障诊断系统框架

目前的装车运行的牵引传动系统的工况监测和故障诊断装置,主要检测轴承等易损件的温度和振动信号,实际运用中收到一定效果,能够防止突发故障,保证行车安全。但是,高速列车传动系统结构紧凑,有的车型没有足够的空间安装拾振传感器。电机电流分析是一种新兴故障诊断技术,可用于牵引电机电气故障、机械故障和传动齿轮的工况监测与故障诊断。

多功能车辆总线的提出使高速列车车辆大容量、高速度的信息传输成为可能。通过车辆总线传输信息,对列车运行状况及车载设备动作的相关信息进行集中管理,可以有效实现对司机的辅助作用,加强设备保养,提高列车运行品质。本书提出一种新的高速列车牵引传动系统工况监测与故障诊断系统方案,充分利用牵引传动系统对外辐射的热信号、振动信号和电机电流信号,同时利用车辆总线传递信号和诊断结果。装置构成如图 1-2 所示。

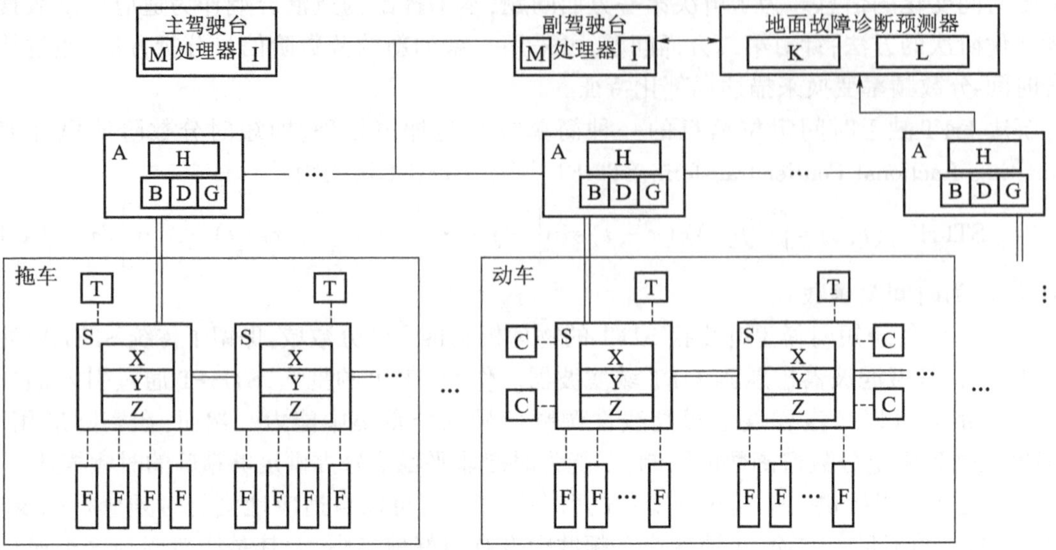


图 1-2　高速列车牵引传动系统工况监测与故障诊断装置构成

图中,——为列车总线;═══为车辆总线;┈┈为常规线连接;A 为随车诊断服务器;B 为温度-振动信号处理单元;C 为电流互感器;D 为温度信号处理单元;F 为振动-温度复合传感器;G 为电机电流信号处理单元;H 为综合信号处理单元;I 为综合信号复验处理单元;K 为轴承使用寿命预判处理单元;L 为电机使用寿命预判处理单元;M 为预判结果显示屏;T 为温度传感器;S 为数据采集预处理器;X 为数据采集单元;Y 为增益放大单元;Z 为滤波单元

高速列车牵引传动系统故障诊断与健康管理装置可用于包括动车和/或拖车的动车组传动系统故障预测和维护管理,包括串行连接的驾驶台处理器、数个随车诊断服务器(A)、对应每个随车诊断服务器(A)的数个数据采集预处理器(S);还包括在动车组非运行状态时与任一随车诊断服务器(A)互联、与驾驶台处理器互联的地面故障诊断预测器;其中,驾驶台处理器包括通过列车总线连接的主驾驶台处理器和副驾驶台处理器;每个随车诊断服务器(A)对应连接数个数据采集预处理器(S);每个数据采集预处理器(S)对应连接有数个传感器;传感器包括布设在各动车和/或拖车轴箱轴承处的振动-温度传感器(F)、布设在各动车牵引电机轴承处的电流传感器(C)、布设在各动车和/或拖车传动系统处的环境温度传感器(T);每个传感器分别以输出端与对应的数据采集预处理器(S)连接。随车诊断服务器(A)之间、随车诊断服务器(A)与驾驶台处理器之间通过列车总线互联;对应于任一随车诊断服务器(A)的数个数据采集预处理器(S)之间、该随车诊断服务器(A)与其中的任一个数据采集预处理器(S)之间、各随车诊断服务器(A)之间,通过车辆总线互联。

工况监测与故障诊断装置的特征在于:

（1）随车诊断服务器（A）内置温度-振动信号处理单元（B）、温度信号处理单元（D）、电机电流信号处理单元（G），处理来自对应的所述数据采集预处理器（S）的信号，生成用以表征所述各动车和/或拖车轴箱轴承工作状态的轴承原始预判数据，以及用以诊断牵引电机电气故障、牵引电机轴承故障的电机原始预判数据；其中，电机电流信号处理单元（G）提取牵引电机定子电流信号的时频域中频率变化成分，计算复合熵，作为电机轴承工作状态预判数据。

（2）各随车诊断服务器（A）内置综合信号处理单元（H），将轴承原始预判数据和电机原始预判数据通过列车总线，实时传输给主驾驶台处理器和/或副驾驶台处理器，生成诊断所述动车组传动系统故障和/或工作状况的驾驶台预判数据。

（3）主驾驶台处理器和/或副驾驶台处理器内置综合信号复验处理单元（I）和/或预判结果显示屏（M），生成和/或生成并显示动车组正常运行和/或故障预判信号，和/或故障处理信号。

（4）互联的各随车诊断服务器（A）将中间过程预判数据通过有线或无线方式于非运行期间传输给地面故障诊断预测器；驾驶台处理器将驾驶台预判数据通过有线或无线方式于非运行期间传输给地面故障诊断预测器。

（5）地面故障诊断预测器内置轴承使用寿命预判处理单元（K）和电机使用寿命预判处理单元（L），接受并分析不同时刻中间过程预判数据和驾驶台预判数据，生成用于预测维护时限的动车组传动系统健康管理数据；其中，电机轴承使用寿命预判处理单元（L）中对电机轴承工作状况预判数据的分析使用组合预测模型，计算出电机轴承随时间的变化而退化的动态过程，给出电机轴承的剩余使用寿命。

高速列车牵引传动系统工况监测与故障诊断装置的使用方法如下：

（1）在动车组车辆上布设传感器：将振动-温度传感器（F）布设于各动车和/或拖车转向架的轴箱轴承处，用以采集轴箱轴承处的振动-温度复合信号；将电流传感器（C）布设于各动车牵引电机处，用以采集动车牵引电机的电机电流信号；将环境温度传感器（T）布设于各动车和/或拖车传动系统处，用以检测局部空间温度。

（2）每个传感器分别以输出端与对应的数据采集预处理器（S）互联；调试数据采集预处理器（S）内置的数据采集单元（X）、增益放大单元（Y）、滤波单元（Z），采集并同步预处理振动-温度传感器（F）处采集的温度-振动复合信号、电流传感器（C）处采集的定子电流信号、环境温度传感器（T）处采集的温度信号。

（3）每辆动车/拖车上布设的数据采集预处理器（S）以列车总线互联，并通过其中的一个数据采集预处理器（S）通过车辆总线与对应的随车诊断服务器（A）互联。

（4）调试各随车诊断服务器（A）内置的温度-振动信号处理单元（B）、温度信号处理单元（D）、电流信号处理单元（G）的工作状况。

（5）调试各随车诊断服务器（A）内置的综合信号处理单元（H）。

（6）各随车诊断服务器（A）通过列车总线互联，其中的一个随车诊断服务器（A）通过列车总线与主驾驶台处理器或副驾驶台处理器互联；调试主驾驶台处理器和副驾驶台处理器内置的综合信号复验处理单元（I），检查预判结果显示屏（M）工作状况；调试综合信号复验处理单元（I），生成动车组正常运行和/或故障预判信号、和/或故障处理信号，并控制主驾驶台处理器和副驾驶台处理器对动车组传动系统工作状况和故障位置在预判结果显示屏(M)上进行实时正确显示。

(7)于非运行期间,将地面故障诊断预测器与任一随车诊断服务器(A)互联,并与驾驶台处理器互联,以获得动车组运行期间不同时刻的中间过程预判数据和驾驶台预判数据;调试地面故障诊断预测器内置轴承寿命预判处理单元(K)和电机使用寿命预判处理单元(L),对中间过程预判数据和驾驶台预判数据进行处理,输出动车组传动系统健康管理数据。

## 参考文献


[1] 冯晓云,冯江华. 高速列车电力牵引传动与控制[M]. 北京:中国铁道出版社有限公司,2021.

[2] 姜斌,吴云凯,陆宁云,等. 高速列车牵引系统故障诊断与预测技术综述[J]. 控制与决策,2018, 33(5):841-855.

[3] 刘志亮,潘登,左明健,等. 轨道车辆故障诊断研究进展[J]. 机械工程学报,2016,52(14):134-146.

[4] 杨绍普,顾晓辉,刘永强,等. 转向架关键运动部件动力学机理与故障诊断研究综述[J]. 机械工程学报,2023,59(20):225-243.

[5] HE D,YAO Z,JIANG Z,et al. Detection of foreign matter on high-speed train underbody based on deep learning[J]. IEEE Access,2019,7:183838-183846.

[6] 翟婉明,赵春发. 现代轨道交通工程科技前沿与挑战[J]. 西南交通大学学报,2016,51(2):209-226.

[7] 杨光,吴宁. CRH3 高速动车组轴温监控系统安全可靠性研究[J]. 铁道机车车辆,2011,31(4):91-94.

[8] 厉浩,张渝,彭朝勇. 动车组滚动轴承故障轨边声学检测技术及应用[J]. 中国铁路,2016(3):61-64.

[9] 史鸣,潘长领,许自强. 基于振动的机车轴箱轴承故障诊断[J]. 铁道机车车辆,2023,43(5):85-90.

[10] 李恒,张氢,秦仙蓉,等. 基于短时傅里叶变换和卷积神经网络的轴承故障诊断方法[J]. 振动与冲击,2018,37(19):124-131.

[11] ADDISON P S. A review of wavelet transform time-frequency methods for NIRS-based analysis of cerebral autoregulation[J]. IEEE Reviews in Biomedical Engineering,2015,8:78-85.

[12] 时献江,司俊山,郭华. 电机及其传动系统的无传感器故障检测与诊断方法[M]. 北京:科学出版社,2020.

[13] YAN R,SHANG Z,XU H,et al. Wavelet transform for rotary machine fault diagnosis:10 years revisited[J]. Mechanical Systems and Signal Processing,2023,200:110545.

[14] 杨江天,赵明元,张志强,等. 基于定子电流小波包分析的牵引电机轴承故障诊断[J]. 铁道学报,2013,35(2):32-36.

[15] 黄锷,张钰,吴召华. 非线性非平稳数据自适应分析方法[M]. 北京:科学出版社,2023.

[16] ARTHUR N,PENMAN J. Induction machine condition monitoring with higher order spectra[J]. IEEE Transactions on Industrial Electronics,1998,47(5):1031-1041.

[17] TIAN X,GU J X,REHAB I,et al. A robust detector for rolling element bearing condition monitoring based on the modulation signal bispectrum and its performance evaluation against the kurtogram[J]. Mechanical Systems and Signal Processing,2018,100:167-187.

[18] LI C J,MA J,HWANG B. Bearing localized defect detection by bicoherence analysis of vibrations[J]. Journal of Engineering for Industry,Transactions of the ASME,1995,117(4):625-629.

[19] 杨明,董传洋,徐殿国. 基于电机驱动系统的齿轮故障诊断方法综述[J]. 电工技术学报,2016,31(4):58-63.

[20] NIU G,DONG X,CHEN Y. Motor fault diagnostics based on current signatures:a review[J]. IEEE Transactions

on Instrumentation and Measurement,2023,72:1-19.

[21] TANG J,CHEN J,DONG K,et al. Modeling and evaluation of stator and rotor faults for induction motors[J]. Energies,2019,13(1):133.

[22] PARK Y,CHOI H,SHIN J,et al. Air gap flux based detection and classification of induction motor rotor and load defects during the starting transient[J]. IEEE Transactions on Industrial Electronics,2020,67(12):10075-10084.

[23] SCHOEN R R,HABETLER T G,KAMRAN F,et al. Motor bearing damage detection using stator current monitoring[J]. IEEE Transactions on Industry Applications,1995,31(6):1274-1279.

[24] BLODT M,GRANJON P,RAISON B,et al. Models for bearing damage detection in induction motors using stator current monitoring[J]. IEEE Transactions on Industrial Electronics,2008,55(4):1813-1822.

[25] GARGOUR C,GABREA M,RAMACHANDRAN V,et al. A short introduction to wavelets and their applications[J]. IEEE Circuits and Systems Magazine,2009,9(2):57-68.

[26] 李新,陈发来. 小波分析基础:从理论到应用[M]. 北京:科学出版社,2023.

[27] 黄采伦,樊晓平,陈春阳,等. 基于小波系数提取及离散余弦包络分析的机车牵引齿轮故障诊断方法[J]. 铁道学报,2008,30(2):98-102.

[28] ABUHAMDIA T,TAHERI S,BURNS J. Laplace wavelet transform theory and applications[J]. Journal of Vibration and Control,2018,24(9):1600-1620.

[29] 杨江天,赵明元. 基于车辆总线和 Laplace 小波的机车轴承诊断系统[J]. 铁道学报,2011,33(8):23-27.

[30] 张明杰,曾祥东. $HXN_3$ 型机车牵引电机故障诊断技术研究[J]. 中国新技术新产品,2016(2):44-45.

[31] SELESNICK I W,BARANIUK R G,KINGSBURY N G. The dual-tree complex wavelet transform[J]. IEEE Signal Processing Magazine,2005(6):123-151.

[32] NARAYAN C K,MICHAEL U. On The shiftability of dual-tree complex wavelet transforms[J]. IEEE Transactions on Signal Processing,2010,58(1):221-232.

[33] HUANG N E,SHEN Z,LONG S R,et al. The empirical mode decomposition and the Hilbert spectrum for nonlinear and non-stationary time series analysis[J]. Proceedings of The Royal Society of London A:Mathematical, Physical and Engineering Sciences,1998,454:903-995.

[34] HU X,PENG S,HWANG W L. EMD revisited:a new understanding of the envelope and resolving the mode-mixing problem in AM-FM signals[J]. IEEE Transactions on Signal Processing,2011,60(3):1075-1086.

[35] 杨江天,周培钰. 经验模态分解和 Laplace 小波在机车柴油机齿轮系故障诊断中的应用[J]. 机械工程学报,2011,47(7):109-115.

[36] LI Y,XU M,LIANG X,et al. Application of bandwidth EMD and adaptive multiscale morphology analysis for incipient fault diagnosis of rolling bearings[J]. IEEE Transactions on Industrial Electronics,2017,64(8):6506-6517.

[37] 王婷. EMD 算法研究及其在信号去噪中的应用[D]. 黑龙江:哈尔滨工程大学,2010.

[38] WU Z,HUANG N E. Ensemble empirical mode decomposition:a noise-assisted data analysis. method[J]. Advances in Adaptive Data Analysis,2009,1(1):1-41.

[39] YEH J R,SHIEH J S,HUANG N E. Complementary ensemble empirical mode decomposition:a novel noise enhanced data analysis method[J]. Advancesin Adaptive Data Analysis,2010,2(2):135-156.

[40] 胡广书. 现代信号处理教程[M]. 北京:清华大学出版社,2015.

[41] HASSAN A R,SUBASI A,ZHANG Y C. Epilepsy seizure detection using complete ensemble empirical mode decomposition with adaptive noise[J]. Knowledge-Based Systems,2020,191(5):105333.

[42] SMITH J S. The local mean decomposition and its application to EEG perception data[J]. Journal of The Royal

Society Interface,2005,2(5):443-454.

[43] WANG J,CHEN T,LI J,et al. Research on the composite fault diagnosis of gearbox based on local mean decomposition and Hilbert demodulation[J]. Measurement and Control,2023:00202940221118128.

[44] FREI M G,OSORIO I. Intrinsic time-scale decomposition:time-frequency-energy analysis and real-time filtering of non-stationary signals[J]. Proceedings of The Royal Society A:Mathematical,Physical and Engineering Sciences,2007,463(2078):321-342.

[45] 程军圣,郑近德,杨宇.一种新的非平稳信号分析方法:局部特征尺度分解法[J].振动工程学报,2012,25(2):215-220.

[46] 陈欣安.信号自适应分解及其在轨道车辆故障诊断中的应用[D].北京:北京交通大学,2015.

[47] GILLES J. Empirical wavelet transform[J]. IEEE Transactions on Signal Processing,2013,61(16):3999-4010.

[48] DRAGOMIRETSKIY K,ZOSSO D. Variational mode decomposition[J]. IEEE Transactions on Signal Processing,2013,62(3):531-544.

[49] CHEN S,YANG Y,DONG X,et al. Warped variational mode decomposition with application to vibration signals of varying-speed rotating machineries[J]. IEEE Transactions on Instrumentation and Measurement,2018,68(8):2755-2767.

[50] DAUBECHIES I,LU J,WU H T. Synchrosqueezed wavelet transforms:an empirical mode decomposition-like tool[J]. Applied and Computational Harmonic Analysis,2011,30(2):243-261.

[51] IATSENKO D,MCCLINTOCK P V E,STEFANOVSKA A. Nonlinear mode decomposition:a noise-robust,adaptive decomposition method[J]. Physical Review E,2015,92(3):032916.

[52] NIKIAS C L,RAGHUVEER M R. Bispectrum estimation:a digital signal processing framework[J]. Proceedings of the IEEE,1987,75(7):869-891.

[53] 杨江天,陈家骥,曾子平.双谱分析及其在机械诊断中的应用[J].中国机械工程,2000(4):72-74.

[54] 杨江天,陈家骥,曾子平.基于高阶谱的旋转机械故障征兆提取[J].振动工程学报,2001(1):17-22.

[55] 杨江天,徐金梧,陈家骥,等.旋转机械故障的双相干谱特征及其识别[J].机械工程学报,2000(9):103-106.

[56] 李亚安,冯西安,樊养余,等.基于 $1\frac{1}{2}$ 维谱的舰船辐射噪声低频线谱成分提取[J].兵工学报,2004,(2):238-241.

[57] 陈晓军,杨江天.基于经验模式分解和 $1\frac{1}{2}$ 维谱的客车轴承故障诊断[J].铁道机车车辆,2011,31(6):101-104.

[58] ZHANG R,GU F,MANSAF H,et al. Gear wear monitoring by modulation signal bispectrum based on motor current signal analysis[J]. Mechanical Systems and Signal Processing,2017,94:202-213.

[59] WANG,CHENG Y,YANG B,et al. Raceway defect features of a high-speed train axle box bearing in the vehicle-track coupled system[J]. IEEE Transactions on Instrumentation and Measurement,2022,72:1-15.

[60] 温新宇,张瑞亮,谷丰收,等.基于小波包能量和调制信号双谱边带估计的齿轮磨损监测[J].机械传动,2021,45(2):117-123.

[61] 杨江天,赵明元.改进双谱和经验模态分解在牵引电机轴承故障诊断中的应用[J].中国电机工程学报,2012,32(18):116-122.

[62] MENDEL J M. Tutorial on higher-order statistics (spectra) in signal processing and system theory:theoretical results and some applications[J]. Proceedings of The IEEE,1991,79(3):278-305.

[63] MILLIGEN B P V,SANCHEZ E,ESTRADA T,et al. Wavelet bicoherence:a new turbulence analysis tool[J].

Physics of Plasmas,1995,2(8):3017-3032.

[64] ZHANG M,YANG J,ZHANG Z. Locomotive gear fault diagnosis based on wavelet bispectrum of motor current [J]. Shock and Vibration,2021:1-12.

[65] LI Y,ZHOU S. A new instantaneous wavelet bicoherence for local fault detection of rotating machinery[J]. IEEE Transactions on Instrumentation and Measurement,2019,69(1):135-143.

[66] YANG J,LI Z,ZHANG P. Motor current time-varying quadratic phase coupling analysis and its application in traction motor fault detection under varying-speed condition [J]. IEEE Sensor Journal, 2024, 24 (8): 12877-12886.

[67] ADDISON P S. A review of wavelet transform time-frequency methods for NIRS-based analysis of cerebral autoregulation[J]. IEEE Reviews in Biomedical Engineering,2015,8:78-85.

[68] GOSWAMI J C,CHAN A K. Fundamentalsof wavelets:theory,algorithms,and applications[M]. John Wiley & Sons,2011.

[69] BAHRI M,KARIM S A A. Fractional Fourier transform:main properties and inequalities[J]. Mathematics, 2023,11(5):1234.

[70] 陶然. 分数阶 Fourier 变换的原理与应用[M]. 北京:清华大学出版社,2004.

[71] MENG Z,BAI R,XU Q,et al. Fractional Fourier domain feature fusion combining multi-channel targeting extreme learning machine for bearing fault diagnosis[J]. IEEE Transactions on Instrumentation and Measurement, 2023,72:1-13.

[72] ALMEIDA L B. The fractional fourier transformand time-frequency representations[J]. IEEE Transactions on Signal Processing,1994,42(11):3084-3091.

[73] SHI J,ZHENG J,LIU X,et al. Novel short-time fractional Fourier transform:theory,implementation,and applications[J]. IEEE Transactions on Signal Processing,2020,68:3280-3295.

[74] GUO Y,LI B Z,YANG L D. Novel fractional wavelet transform:principles,MRA and application[J]. Digital Signwal Processing,2021,110:102937.

# 第2章 小波变换

信号处理是从高速列车传动系统对外辐射信号中提取反映其工作状况和故障特征的关键步骤[1]。各种信号处理方法中，傅里叶变换使用最为广泛。但是严格来说，傅里叶变换只适用于平稳信号。第1章分析指出，高速列车线路运行时，牵引传动系统对外辐射信号（振动、电机电流）表现为非平稳性。短时傅里叶变换（STFT）、小波变换（WT）、Wigner-Ville 分布（WVD）和经验模态分解（EMD）等时频分析方法是处理非平稳信号的有力工具[2]。STFT 在固定窗口中进行时频分析，其分辨率受到窗口长度的限制，且受不定原理制约，存在时间分辨率与频率分辨率矛盾[3]。WVD 给出信号能量的时间-频率分布，是信号时频分析的标准形式，但是其本质也是傅里叶变换，受不定原理制约，且存在交叉项的干扰[4]。EMD 在时域中将非平稳信号分解为不同的固有模函数，但没有严格的理论基础，且容易发生模态混叠问题[5]。小波变换将信号在时间尺度域上分解成小波系数，具有许多明显的优点，如多分辨率和恒 $Q$ 特性、时域和频域分辨率自动调节等[6]。振动信号分析与牵引电机电流信号分析是高速列车传动系统诊断最常用、最有效的手段。小波变换处理振动信号和牵引电机电流信号，提取故障特征方面都有突出的表现[7,8]。高速列车传动系统振动信号特征很多文献做了分析[9,10]，本章重点讨论牵引电机定子电流信号特征以及各种故障与电机电流附加谐波的关系，在此基础上，介绍小波变换在高速列车传动系统在线故障诊断中的应用。

## 2.1 牵引电机电流信号

电机定子电流中蕴藏着传动系统运行状况丰富的信息[11,12]。分析牵引电机定子电流信号，提取故障征兆，能有效监测高速列车牵引传动系统的工作状况，诊断主要部件故障。与常用的振动信号分析法相比，定子电流分析法有以下优点[8]：①真正的非接触测量，不影响电机运行；②由于控制和电机保护的需要，高速列车行驶时要对牵引电机三相供电中的两相电流进行监控，因此定子电流分析法相当于无传感器故障诊断；③电机整体振动不影响定子电流，只有定子与转子间的相对振动才对电流有影响，因此定子电流分析法诊断受铁路轨道、转向架与车体状况等因素的干扰小；④电流传感器（互感器）价格低廉，易于实现对电机的连续监测。这些原因使得定子电流分析法成为当前故障诊断研究热点，用于高速列车传动系统故障诊断取得重要成果[13,14]。

电机电流分析（motor current signature analysis，MCSA）的基础是交流电机是一个高度对称的电磁系统，任何电机故障（或负载变化）都会导致一定程度的不对称，引发气隙中旋转电磁场变化，在定子电流中感应出新的谐波分量。电机电流特征分析正是通过检测与故障有关的谐波分量实现故障诊断的，因其易实施性和经济性的突出优点，广泛用于诊断各种类型的电机故障[15-18]。高速列车从接触网受流，经变压、变流、劈相驱动牵引电机旋转，再经过齿轮箱驱动轮对转动。由于控制和电机保护的需要，高速列车运行时需要对牵引电机三相供电电流中的两相进行连续监测，因此基于定子电流分析的传动系统故障检测方法不需要额外安装传感器，相当于无传感器故障诊断[19,20]，是真正意义上的非接触测量。有关文献分析各种电机故障在定子电流中的调制作用和故障特征频率表达式[21,22]，奠定了电机定子电流分析法诊断的基础。

（1）电机电气单元故障。电机的电气故障主要有定子绕组匝间短路和转子断条故障。

定子绕组匝间短路是电机最常见的故障之一，占电机故障的 30%～40%。研究发现，定子绕组匝间短路故障发生时，根据多回路理论，定子电流特征频率 $f_{sc}$ 为

$$f_{sc} = [1 \pm 2k(1 - s)]f_s \tag{2-1}$$

式中，$f_s$ 为电机供电频率；$s$ 为转差率；$k=1,2,3,\cdots$。转子断条故障约占电机故障的 10%，该故障的产生、演变与电机运行状态密切相关。转子断条可以被视为转子不对称的某种形式，该故障会产生不平衡电流，使平均转矩下降和转矩脉动增加。在重载和频繁启动的情况下，牵引电机容易发生转子断条故障。当电机出现转子断条故障时，将在定子电流中产生频率为 $f_{br}$ 的故障边频带，故障特征频率 $f_{br}$ 表达式为

$$f_{br} = (1 \pm 2s)f_s \tag{2-2}$$

（2）电机机械装置故障。电机的机械类故障主要包括气隙偏心故障和轴承故障。气隙偏心可以分为静态偏心、动态偏心和混合偏心。实际电机中静态偏心总是存在的，因此动态偏心和静态偏心往往是共存的。无论是转子刚度不足还是轴承安装误差都会导致气隙偏心。牵引电机气隙偏心故障会使气隙磁场产生畸变，恶化电机各项性能指标。表征该故障的电流谐波频率可描述为

$$f_{ae} = f_s \pm f_r \tag{2-3}$$

式中，$f_r$ 为电机旋转频率。轴承失效在电机故障中最易发生，占 40%～50%。根据轴承失效对电机运行参数的影响，电机轴承故障可分为单点局部损伤和整体磨损。轴承局部损伤引发轴承异常振动进而引起定、转子间相对运动，改变气隙对称性，使定子电流产生新的谐波分量。Schoen[23]研究转子中心的径向运动对气隙偏心的影响，得到电机定子电流谐波频率与滚动轴承故障特征频率间的映射关系。Blodt[24]总结 Schoen 等的研究成果，同时考虑转子径向偏心和扭转运动，提出更为精细的电机轴承故障，即定子电流谐波映射模型：

$$f_{hf} = |f_s \pm f_r \pm kf_{bf}| \tag{2-4}$$

式中，$f_{hf}$ 为定子电流谐波频率；$f_{bf}$ 为轴承故障特征频率；$k=1,2,3,\cdots$。轴承磨损是一种相对缓慢、渐变的故障，没有确切的故障特征频率表达式。Stack[25]等研究表明，轴承磨损所引起的电机振动和定子电流频谱的变化通常是宽带的，该类故障使电机多频带振动增大，进而引起定子电流频谱高频段某些频带能量增加。

（3）齿轮故障。齿轮局部故障导致机械扭矩变化，会引发传动系统产生以旋转频率为周期的剧烈振动，映射到驱动电机定子电流中[26,27]。有关研究表明，正常工况条件下，齿轮箱驱动电机上观测到的负载扭矩可分为静扭矩和动扭矩，即

$$T_{LH}(t) = T_0 + T_{osc}(t) \tag{2-5}$$

式中，$T_{LH}(t)$ 为负载扭矩；$T_0$ 为静扭矩（平均扭矩）；$T_{osc}(t)$ 为齿轮啮合刚度变化和传动误差引起的动扭矩。

当齿轮发生故障时，会产生一个附加的周期成分。因此，故障时负载扭矩可表示为

$$T_{\mathrm{LF}}(t)=T_{\mathrm{LH}}(t)+T_{\mathrm{fp}}(t) \tag{2-6}$$

式中,$T_{\mathrm{fp}}(t)$是由齿轮局部故障引起的零均值周期性成分,可用傅里叶级数表示为

$$T_{\mathrm{fp}}(t)=\sum_{k=1}^{+\infty}T_k\cos(k\omega_{\mathrm{fp}}t+\varphi_k),\omega_{\mathrm{fp}}=2\pi f_{\mathrm{fp}} \tag{2-7}$$

其中,$f_{\mathrm{fp}}$ 是故障齿廓的基频,对于一级齿轮系统,基频与大小齿轮旋转频率有关。$k$ 取整数,$T_k$ 和 $\varphi_k$ 可由故障齿廓傅里叶级数系数获取。因此,驱动电机定子电流可以表示为

$$I_{\mathrm{A}}(t)\approx I_{\mathrm{s}}\sin\omega_{\mathrm{s}}t+I_{\mathrm{r}}\sin[\omega_{\mathrm{s}}t+\chi_{\mathrm{LH}}(t)+\chi_{\mathrm{fp}}(t)+\eta_{\mathrm{r}}] \tag{2-8}$$

式中,$\omega_{\mathrm{s}}=2\pi f_{\mathrm{s}}$ 是供电频率;$\eta_{\mathrm{r}}$ 是与相位调制有关的相角;$\chi_{\mathrm{LH}}(t)$,$\chi_{\mathrm{fp}}(t)$分别是与正常和故障齿廓有关的相位调制分量。故障条件下相位调制分量$\chi_{\mathrm{fp}}(t)$定义为

$$\chi_{\mathrm{fp}}(t)=\sum_{k=1}^{+\infty}\chi_k\cos(k\omega_{\mathrm{fp}}t+\alpha_k),\quad \chi_k=\frac{pT_k}{J_{\mathrm{eq}}(k\omega_{\mathrm{fp}})^2} \tag{2-9}$$

式中,$\alpha_k$ 为与$\chi_{\mathrm{fp}}(t)$相对应的相角;$J_{\mathrm{eq}}$ 为感应电机的等效转动惯量;$p$ 为电机的极对数。

考虑到$\chi_{\mathrm{LH}}(t)$、$\chi_{\mathrm{fp}}(t)$的幅值很小,当 $x$ 远小于 1 时,有 $\sin x\approx x,\cos x\approx 1$。因此,式(2-8)中的定子电流表达式可化简为

$$I_{\mathrm{A}}(t)\approx I_{\mathrm{healthy}}(t)+I_{\mathrm{r}}\cos(\omega_{\mathrm{s}}t+\eta_{\mathrm{r}})\chi_{\mathrm{fp}}(t) \tag{2-10}$$

式中

$$I_{\mathrm{healthy}}(t)\approx I_{\mathrm{s}}\sin(\omega_{\mathrm{s}}t)+I_{\mathrm{r}}\sin(\omega_{\mathrm{s}}t+\eta_{\mathrm{r}})\chi_{\mathrm{fp}}(t)+I_{\mathrm{r}}\cos(\omega_{\mathrm{s}}t+\eta_{\mathrm{r}})\chi_{\mathrm{LH}}(t) \tag{2-11}$$

利用式(2-9)可重写电机定子电流表达式如下:

$$I_{\mathrm{A}}(t)=I_{\mathrm{healthy}}(t)+I_{\mathrm{r}}\sum_{k=1}^{+\infty}\frac{\chi_k}{2}\cos[2\pi(f_{\mathrm{s}}-kf_{\mathrm{fp}})t+\varphi_{1,k}]+ \\ I_{\mathrm{r}}\sum_{k=11}^{+\infty}\frac{\chi_k}{2}\cos[2\pi(f_{\mathrm{s}}+kf_{\mathrm{fp}})t+\varphi_{\mathrm{r},k}] \tag{2-12}$$

式中,$\varphi_{1,k}=\eta_{\mathrm{r}}-\alpha_k$,$\varphi_{\mathrm{r},k}=\eta_{\mathrm{r}}+\alpha_k$。因此,定子电流中的故障频率可以表示为

$$f_{\mathrm{faulty}}=|f_{\mathrm{s}}\pm mf_{\mathrm{fp}}| \tag{2-13}$$

式中,$m=1,2,3,\cdots$。

以上分析表明,高速列车齿轮发生局部故障时,牵引电机定子电流信号中会出现一些新的频率成分,在供电频率两侧形成边频带。

(4)负载故障。负载故障会引起电机转速的波动,进而引起扭矩波动。有关研究表明,负载故障作用于电机使得电机转子偏心和电气不平衡更为严重,触发电机定子电流中产生一系列附加频率[28,29]。机械传动系统负载故障(对中不良、不平衡、轮对打滑)引起驱动电机转速波动,使扭矩产生变化,故障引起的振动特征频率映射到定子电流中。在供电频率两侧产生边频带$f_{\mathrm{load}}$,即

$$f_{\mathrm{load}}=f_{\mathrm{s}}\pm kf_{\mathrm{r}}/r \tag{2-14}$$

式中,$f_{\mathrm{s}}$ 是供电频率;$f_{\mathrm{r}}$ 是故障引起的振动特征频率;$r$ 是转速变化率;$k=1,2,3,\cdots$。

综上所述,所有机械传动系统故障都会使驱动电机定子电流特征发生变化。故障引发扭振,使得定子电流多个频率成分发生相位调制,在电流频谱图上产生边频带结构。分析这些特殊频率成分就可以诊断传动系统故障。但是,扭振在定子电流中映射非常微弱,调制生成的频率分量被高幅值的信号(如电机供电频率及其谐波)和噪声遮掩。此外,从机械故障到电机定

子电流传递路径复杂，也使得故障信号的信噪比很低。故障特征提取成为电机定子电流分析法诊断的瓶颈[30]。

为了有效提取牵引电机定子电流信号中的故障特征，必须采取强有力的信号分析工具。观察式(2-1)～式(2-14)，对于各种类型的故障，都是供电频率与故障特征频率发生二次相位耦合，在供电频率两侧产生差频与和频频率成分，对应功率谱上出现边频带结构。接下来，在高速列车匀速运行和变速运行两种工况条件下，分析牵引电机电流信号中二次相位耦合。

**1. 匀速运行**

当高速列车以匀速状态运行且仅考虑基本供电频率时，理想的健康状态下牵引电机其定子电流信号可表示为

$$i_{\text{health}} = I_{\text{m}}\cos(2\pi f_{\text{s}}t + \varphi_{\text{s}}) \tag{2-15}$$

式中，$I_{\text{m}}$是定子电流的峰值；$f_{\text{s}}$ 是供电频率基频。

当牵引电机中发生故障时，定子电流幅值与故障特征频率主频$f_{\text{f}}$ 发生调制，即

$$i_{\text{fault}} = I_{\text{m}}\cos(2\pi f_{\text{s}}t + \varphi_{\text{s}})[1 + \beta\cos(2\pi f_{\text{f}}t + \varphi_{\text{f}})] \tag{2-16}$$

式中，$\beta$ 表示调制深度。

根据三角函数积化和差公式，可以得到

$$i_{\text{fault}} = I_{\text{m}}\cos(2\pi f_{\text{s}}t + \varphi_{\text{s}}) + \frac{\beta I_{\text{m}}}{2}\cos[2\pi(f_{\text{s}} + f_{\text{f}})t + \varphi_{\text{s}} + \varphi_{\text{f}}] + \frac{\beta I_{\text{m}}}{2}\cos[2\pi(f_{\text{s}} - f_{\text{f}})t + \varphi_{\text{s}} - \varphi_{\text{f}}] \tag{2-17}$$

上式表明电流信号功率谱上供电频率两侧存在边频带结构，边频带间的频率是故障特征频率，供电频率与边频带频率间的关系称为二次相位耦合。

各种故障引起的电机电流信号幅度调制特征频率$f_{\text{f}}$ 和功率谱上边频带频率$f_{\text{sb}}$ 见表 2-1。其中 $k=\pm1,\pm2,\pm3,\cdots$；$f_{\text{s}}$ 是供电频率；$f_{f_{\text{s}}}$是主要故障分量；$f_{\text{r}}$ 是转子的旋转频率；$s$ 是转差率；$f_{\text{outer}}$ 与$f_{\text{inner}}$ 为电机滚动轴承振动特征频率。

从表 2-1 可以看出，牵引电机定子电流信号存在二次相位耦合，对应功率谱上的边频带结构。故障越严重，二次相位耦合程度越深。检测识别二次相位耦合是提取传动系统故障特征的有效方法。小波变换多分辨率分析，有较高的频率分辨率，能准确识别边频带。

**表 2-1　牵引电机定子电流故障特征频率**

| 故障类型 | 调幅频率$f_{\text{f}}$<br>$f_{\text{f}}=k\cdot f_{f_{\text{s}}}$ | 电流频谱中边频带的频率$f_{\text{sb}}$<br>$f_{\text{sb}}=f_{\text{s}}\pm f_{\text{f}}$ |
|---|---|---|
| 转子断条故障 | $f_{\text{f}}=k\cdot 2sf_{\text{s}}$ | $f_{\text{sb}}=f_{\text{s}}\pm k\cdot 2sf_{\text{s}}$ |
| 偏心故障 | $f_{\text{f}}=kf_{\text{r}}$ | $f_{\text{sb}}=f_{\text{s}}\pm kf_{\text{r}}$ |
| 定子故障 | $f_{\text{f}}=[k(1-s)/p]f_{\text{s}}$ | $f_{\text{sb}}=f_{\text{s}}\pm[k(1-s)/p]f_{\text{s}}$ |
| 轴承外圈故障 | $f_{\text{f}}=kf_{\text{outer}}$ | $f_{\text{sb}}=f_{\text{s}}\pm kf_{\text{outer}}$ |
| 轴承内圈故障 | $f_{\text{f}}=kf_{\text{inner}}$ | $f_{\text{sb}}=f_{\text{s}}\pm kf_{\text{inner}}$ |
| 齿轮 | $f_{\text{f}}=kf_{\text{fp}}$ | $f_{\text{sb}}=f_{\text{s}}\pm kf_{\text{fp}}$ |

**2. 变速运行**

牵引电机在恒定转速下运行，严格来说是一种特殊的工况[31]，大多数情况下，牵引电机转速不可能长时间保持恒定，研究变速下传动系统故障诊断有实际意义。在牵引电机变转速运行时，表 2-1 的表达式中 $f_s$、$f_r$ 和 $s$ 随时间变化，定子电流功率谱上找不到代表故障的特征峰值。

时频分析工具已经被用来追踪表 2-1 中故障谐波。时间-频率平面上的故障模式比稳态频谱中对应的单个频率峰值要复杂得多。为了解决这一难题，本书提出通过分析故障频率成分间的相位关系提取故障特征。

高速列车在线运行时，牵引电机供电频率、负载及其他频率都会随时间变化。理想状态下，健康的电机的定子电流可以被当作纯正弦信号，其频率取决于供电频率的变化，即

$$i_{\text{health}}(t) = I_m(t)\cos\left[2\pi\int_0^t f_s(t)\,\mathrm{d}t + \varphi_0\right] \tag{2-18}$$

在时变条件的工况下，主频和故障频率随时间的变化可以用时频图确认。

假设信号在长度 $\Delta t$ 的分析窗中保持准平稳，即如果时间间隔 $\Delta t$ 足够小，则在每个时间间隔内，信号参数的变化可以忽略不计。因此，在这样的小时间段内计算电流，可以认为信号在每个小的时间间隔$[t_{i-1}, t_i]$内是稳定的，其中 $t_i = i \cdot \Delta t, i \in \mathbf{N}$。这样电流可以表示为

$$i_{\text{health}}(t) = I_{mi}(t)\cos(2\pi f_{si}t + \varphi_{s(i-1)}), \quad t_{i-1} \leqslant t \leqslant t_i \tag{2-19}$$

式中，$I_{mi}$，$f_{si}$ 是特定时间间隔$[t_{i-1}, t_i]$内的电流信号的幅值和频率，同时满足相位关系 $\varphi_{s(i-1)} = 2\pi f_{s(i-1)}\Delta t + \varphi_{s(i-2)}$。

当牵引电机发生故障时，由于调制定子电流信号中会出现一系列新的频率分量，因此在时间区间$[t_{i-1}, t_i]$内的故障电流表示为

$$\begin{aligned} i_{\text{fault}}(t) &= [1 + \beta_{fi}\cos(2\pi f_{fi}t + \varphi_{f(i-1)})] \cdot i_{\text{health}}(t) \\ &= [1 + \beta_{fi}\cos(2\pi f_{fi}t + \varphi_{f(i-1)})] \cdot I_{mi}\cos(2\pi f_{si}t + \varphi_{s(i-1)}) \end{aligned} \tag{2-20}$$

式中，$I_{fi}$ 是在时刻 $t_i$ 故障分量的幅值；$\beta_{fi} = I_{fi}/I_{mi}$ 是调制系数，同时相位满足 $\varphi_{f(i-1)} = 2\pi f_{f(i-1)}\Delta t + \varphi_{f(i-2)}$。

应用基本三角公式，式(2-20)故障电流可以表示为

$$\begin{aligned} i_{\text{fault}}(t) = {} & I_{mi}\cos(2\pi f_{si}t + \varphi_{s(i-1)}) + \\ & \frac{1}{2}I_{mi}\beta_{fi}\cos[2\pi(f_{si} + f_{fi})t + \varphi_{s(i-1)} + \varphi_{f(i-1)}] + \\ & \frac{1}{2}I_{mi}\beta_{fi}\cos[2\pi(f_{si} - f_{fi})t + \varphi_{s(i-1)} - \varphi_{f(i-1)}] \end{aligned} \tag{2-21}$$

在式(2-21)中第二项和第三项是在给定时间 $t_i$ 电机定子电流中故障分量，其将在时频图中上$[t_i, f_{si}+f_{fi}]$与$[t_i, f_{si}-f_{fi}]$处产生高度能量集中。根据以上公式可以看出，牵引电机在变速工况下，供电频率与故障频率也随时间变化。在一个足够小的时间间隔内，这些频率成分及其相位依然存在和与差的关系，即二次相位耦合。傅里叶双谱只适用于分析平稳信号，无法检测时变的二次相位耦合。小波变换无法检测二次相位耦合程度。瞬时小波双谱[32]引入瞬时随机相位同步平均消除伪双相干，能有效识别时变的二次相位耦合。本书将在第 4 章详细说明瞬态小波双谱提取时变二次相位耦合，诊断传动系统故障。

# 2.2 小波变换概述

## 2.2.1 基本小波变换[33,34]

### 1. 连续小波变换

给定连续时间信号 $x(t)$，如果其满足平方可积条件，即 $x(t) \in L^2(\mathbf{R})$，则 $x(t)$ 的连续小波变换为

$$\mathrm{CWT}(a,b) = \frac{1}{\sqrt{a}}\int_{-\infty}^{+\infty} x(t)\psi^*\left(\frac{t-b}{a}\right)\mathrm{d}t \tag{2-22}$$

式中，$\psi(t)$ 为小波基函数；$a$ 为尺度因子；$b$ 为时移因子；$\frac{1}{\sqrt{a}}$ 为归一化因子。根据式(2-22)，小波变换是时间-频率分析，或者说是时间-尺度分析。

### 2. 离散小波变换

为了在计算机上实现小波变换，将式(2-22)中的 $t,a,b$ 取离散值，$a=a_0^m$，$b=na_0^m b_0$，$t=kT$。式中 $k,m,n$ 取整数，$T$ 为采样间隔，归一化处理后 $T=1$。连续小波变换成为离散小波变换，有

$$\mathrm{DWT}(m,n) = \frac{1}{\sqrt[m]{a_0}}\sum_k x(k)\psi^*\left(\frac{k-nb_0a_0^m}{a_0^m}\right) \tag{2-23}$$

式中，$n$ 为时移步长；$m$ 为尺度步长。通常情况下，取 $a_0=2$，$b_0=1$，称为二进正交小波变换。

### 3. 多分辨率分析与小波包变换

根据多分辨率分析，可重构信号 $x(t)$ 为

$$x(t) = \sum_k c_{J_0}(k)\Phi_{(J_0,k)}(t) + \sum_{j=1}^{J_0}\sum_k d(j,k)\Psi_{(j,k)}(t) \tag{2-24}$$

式中，$\Phi(t)$ 是尺度函数；$c(k)$ 为概貌系数；$d(k)$ 为细节系数；$k$ 为小波变换节点号。式(2-24)表明小波变换与反变换可以通过由一个低通滤波器 $h$ 和一个高通滤波器 $g$ 组成的滤波器组滤波实现。式中尺度函数表达式为

$$\Phi_{(j-1,k)}(t) = \sum_{l\in\mathbf{Z}} h_{l-2k}\Phi_{(j,k)}(t) \tag{2-25}$$

小波基函数为

$$\Psi_{(j-1,k)}(t) = \sum_{l\in\mathbf{Z}} g_{i-2k}\Phi_{(j,k)}(t) \tag{2-26}$$

## 2.2.2 双树复小波[35]

小波变换广泛应用于电机定子电流分析，小波基函数多选用滤波器截止性能最好的 dmey 小波。常规小波具有平移敏感性、方向性差、缺乏相位信息的缺点，分解过程中易发生频率混叠产生虚假频率，有时使用效果不够理想。

如果小波基函数是复函数，小波变换后得到的小波系数也是复数，则为复小波变换。相比于实小波，复小波变换能较好地克服平移敏感性、方向性差、无相位信息等缺点[36]。

双树复小波变换(dual tree complex wavelet transform,DTCWT)是基于实数小波变换实现的复小波变换,它由两个平行且使用不同低通和高通滤波器的离散小波变换构成,分别称为实部树和虚部树。双树复小波的小波函数可表示为

$$\varphi^{C}(t)=\varphi_h(t)+\mathrm{i}\varphi_g(t) \tag{2-27}$$

式中,$\varphi_h(t)$和$\varphi_g(t)$为构成一组 Hilbert 变换对的两实小波;i 为虚数单位。根据小波分析理论,双树复小波实部变换的小波系数$d_l^{\mathrm{Re}}(k)$与尺度系数$c_J^{\mathrm{Re}}(k)$可由内积运算得到,即

$$d_l^{\mathrm{Re}}(k)=2^{\frac{l}{2}}\int_{-\infty}^{+\infty}x(t)\varphi_h(2^l t-k)\mathrm{d}t \tag{2-28}$$

$$c_J^{\mathrm{Re}}(k)=2^{\frac{J}{2}}\int_{-\infty}^{+\infty}x(t)\varphi_h(2^J t-k)\mathrm{d}t \tag{2-29}$$

式中,$l$为尺度因子;$J$为最大变换尺度;$l=1,2,\cdots,J$。同理,虚部变换的系数$d_l^{\mathrm{Im}}(k)$与$c_J^{\mathrm{Im}}(k)$可通过将式(2-28)和式(2-29)中的$\varphi_h(t)$和$\varphi_h(t)$替换为$\varphi_g(t)$和$\varphi_g(t)$后得到。双树复小波变换最终输出的小波分解系数是由两树各自运算结果组合而成,即

$$\begin{aligned}d_l^{C}(k)&=d_l^{\mathrm{Re}}(k)+\mathrm{i}d_l^{\mathrm{Im}}(k)\\c_l^{C}(k)&=c_J^{\mathrm{Re}}(k)+\mathrm{i}c_J^{\mathrm{Im}}(k)\end{aligned} \tag{2-30}$$

双树复小波变换在分解、重构过程中要求两树小波滤波器满足半采样延迟条件,即始终保持虚部树的采样位置位于实部树的中间,从而有效地综合利用了采样前小波变换系数,实现两树信息互补,因此能获得近似平移不变性且有效抑制能量泄漏,用于电机定子电流信号处理能准确提取故障信息。下面通过仿真信号分析说明。

考虑以下信号:

$$\begin{aligned}i(t)=&3\cos(2\pi ft)+[0.8\cos(6\pi ft)+0.6\cos(14\pi ft)+\\&0.3\cos(22\pi ft)+0.15\cos(34\pi ft)+0.11\cos(38\pi ft)]\times\\&[1+0.03\sin(16\pi t)]+0.1\cos[2\pi(1\pm2s)ft]+e(t)\end{aligned} \tag{2-31}$$

式中,$f=50$ Hz 为电源供电频率,受到 3,7,11,17,19 次谐波信号“污染”;$s=2\%$为电机转差率;与之对应,供电频率两侧存在 48 Hz 和 52 Hz 的边频带结构;$e(t)$为功率为 1 的均匀分布的白噪声,模拟噪声干扰。

信号$i(t)$的功率谱如图 2-1 所示,采样频率为 2 000 Hz,采样点数为 4 096。在功率谱中可以看到供电频率及其谐波成分,但是无法找到 48 Hz 和 52 Hz 边频带。

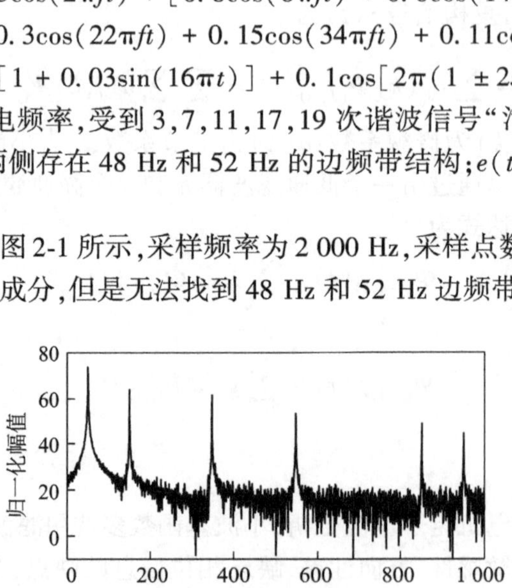


图 2-1　信号 $i(t)$ 功率谱

对信号 $i(t)$ 进行小波变换三层分解，小波基函数选用电机定子电流信号分析常用的 dmey 小波。三层小波分解后节点 $a_3$ 小波系数功率谱如图 2-2 所示，对应的频带 0~125 Hz。在图 2-2 中可以找到 50 Hz 的供电基频及两侧边频带。但是，由于频率混叠，功率谱图上还出现了 100 Hz 虚假频率成分。

信号 $i(t)$ 双树复小波三层分解 $a_3$ 小波系数功率谱如图 2-3 所示。图中 50 Hz 供电基频及两侧 48 Hz、52 Hz 边频带结构清晰，且无任何虚假频率分量。相比于传统小波，双树复小波分析电机定子电流信号，能获得更高频率分辨率，有效提取故障特征。

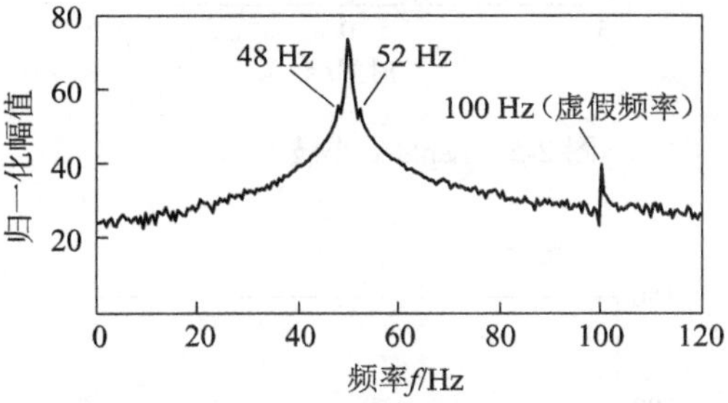


图 2-2 信号 $i(t)$ 小波分解节点 $a_3$ 小波系数功率谱（dmey 小波）

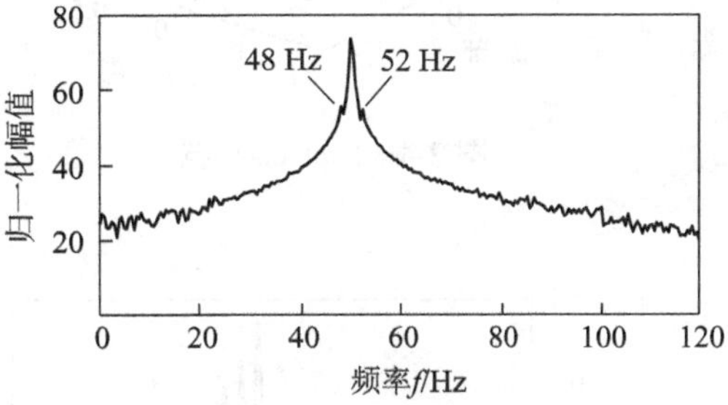


图 2-3 信号 $i(t)$ 小波分解节点 $a_3$ 小波系数功率谱（双树复小波）

### 2.2.3 Laplace 小波及其相关滤波[37]

牵引电机定子电流分析适合诊断传动系统中"靠近"电机设备的故障，对于传动系统末端的轴箱轴承故障诊断，需要用振动信号。滚动轴承冲击响应由一系列单边衰减振荡信号组成，轴承故障特征频率包含的能量非常少，且噪声干扰来自各个频带。Laplace 小波相关滤波法能够在强大噪声或其他干扰中准确捕捉到衰减振荡信号[38]，提取故障特征频率。本节介绍 Laplace 小波及其在高速列车车轴轴承故障诊断中的应用。

小波变换是将信号分解成不同尺度的一系列小波基函数之和，因此小波分析的效果依赖小波基函数的选择。目前常用的小波基函数都是从中间向两边衰减的"鱼腹状"波形，对单边衰减的轴承冲击振动信号的分解不太合适，因而 Laplace 小波被引入车轴轴承振动信号分析。

**1. Laplace 小波的定义**

Laplace 小波是一种单边衰减的复指数小波，其解析表达式为

$$\psi(\omega,\xi,\tau,t)=\psi_{\boldsymbol{\gamma}}(t)=\begin{cases}A\exp\left[-\dfrac{\xi}{\sqrt{1-\xi^2}}\omega(t-\tau)\right]\mathrm{e}^{-\mathrm{j}\omega(t-\tau)}, & t\in[\tau,\tau+W_s]\\ 0, & \text{其他}\end{cases} \tag{2-32}$$

式中，参数向量 $\boldsymbol{\gamma}=(\omega,\xi,\tau)$ 决定了小波的特性，它的成员变量 $\omega,\xi,\tau$ 和模态动力学相关，其中 $\omega\in\mathbf{R}_+$ 表示固有频率，$\xi\in[0,1]\in\mathbf{R}_+$ 表示黏滞阻尼比，$\tau\in\mathbf{R}$ 为时间参数。系数 $A$ 用来归一化小波函数。$W_s$ 表示小波紧支撑区间的宽度，它一般不需要显式表示。

当 $\boldsymbol{\gamma}=(3,0.05,0)$，$W_s=5$ s 时 $\psi_{\boldsymbol{\gamma}}$ 的图像如图 2-4 所示。图 2-5 和图 2-6 中给出了 $\psi_{\boldsymbol{\gamma}}$ 在实平面和虚平面上的投影 $\mathrm{Re}(\psi_{\boldsymbol{\gamma}})$ 和 $\mathrm{Im}(\psi_{\boldsymbol{\gamma}})$。图 2-7 为 $\psi_{\boldsymbol{\gamma}}$ 实部的频谱。

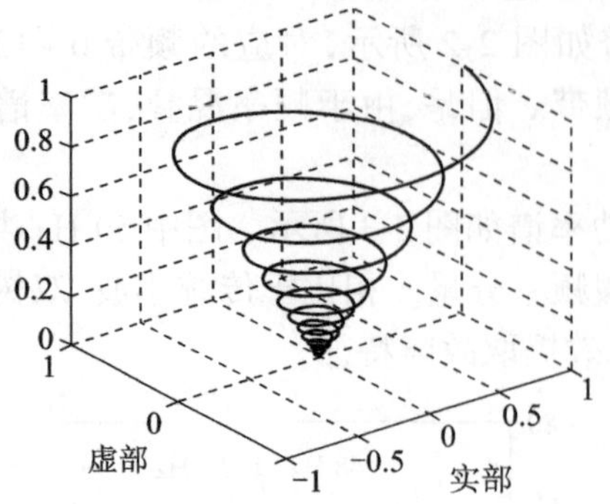


图 2-4 Laplace 小波

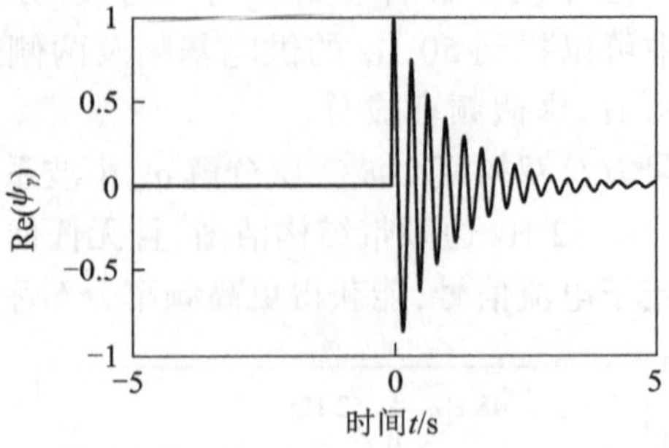


图 2-5 Laplace 小波实部

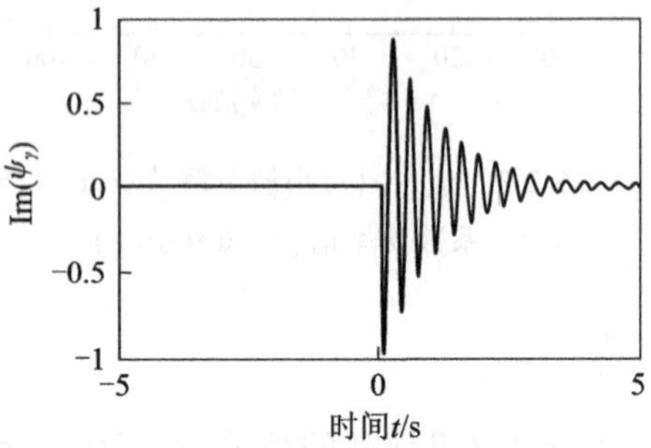


图 2-6 Laplace 小波虚部

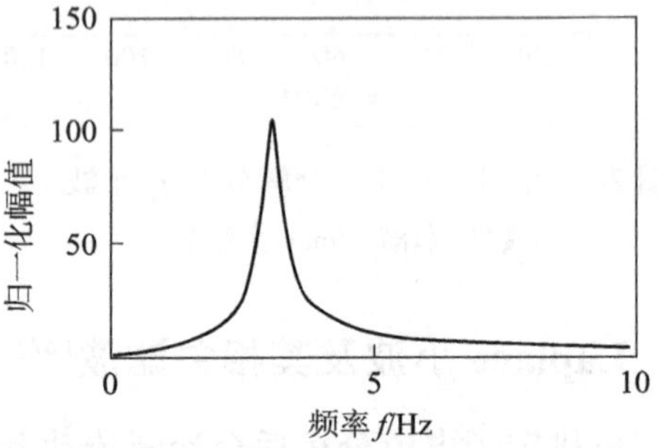


图 2-7 Laplace 小波实部的频谱

从图 2-7 中可以看出，Laplace 小波在复数空间内为螺旋曲线，其实部和虚部与单自由度结构系统的自由衰减响应函数非常相似。由图 2-7 可知，Laplace 小波实部是一个带通滤波器，通带的中心是 Laplace 小波的固有频率。由于其频域盒形不好，故滤波特性较差。根据小波理论，复数小波可以实现光滑的、连续的小波变换，从而保证信号的相位不失真。可以形象地说，Laplace 小波对信号的逼近不是通过简单的平移，而是螺旋性连续前进，这样，它可以观测到信号的每一个细节[39]。

Laplace 小波在具有单边衰减特性的同时，缺乏正交性以及滤波性能差，因而不能用基于正交展开的传统小波分解和重构的方法来应用 Laplace 小波，而是用相关滤波法提取信号中的冲击响应波形。

**2. 相关滤波**

一个参数向量 $\boldsymbol{\gamma}=(\omega,\xi,\tau)$ 确定一个 Laplace 小波原子 $\psi_{\boldsymbol{\gamma}}$，信号 $x(t)$ 与 $\psi_{\boldsymbol{\gamma}}(t)$ 的内积表示为

$$(\psi_{\boldsymbol{\gamma}}(t), x(t)) = \|\psi_{\boldsymbol{\gamma}}\|_2 \|x\|_2 \cos\theta \tag{2-33}$$

内积越大，两者越相似。定义相关系数 $k_{\boldsymbol{\gamma}}$ 来量化 $x(t)$ 与 $\psi_{\boldsymbol{\gamma}}(t)$ 之间的相关程度：

$$k_{\boldsymbol{\gamma}} = \sqrt{2}\,\frac{|(\psi_{\boldsymbol{\gamma}}(t), x(t))|}{\|\psi_{\boldsymbol{\gamma}}\|_2 \|x\|_2} \tag{2-34}$$

当信号与小波原子完全相关时,$k_{\boldsymbol{\gamma}}$ 最大,因子$\sqrt{2}$的作用是当信号 $x(t)$ 和 $\psi_{\boldsymbol{\gamma}}(t)$ 完全线性相关时使 $k(\tau)=1$,所以 $k(\tau)\in[0,1]$。考虑到$\boldsymbol{\gamma}=(\omega,\xi,\tau)$,$k_{\boldsymbol{\gamma}}$ 是一个三维矩阵。为了寻找每一个时刻 $\tau$ 与 $x(t)$ 相关性最强的 $\psi_{\boldsymbol{\gamma}}$,需要在 $\tau$ 时刻的空间曲线中寻找最大值 $k(\tau)$。当 $\tau$ 经历了 $x(t)$ 的整个时间经历后,得到一条曲线$(\tau,k(\tau))$,峰值表示信号 $x(t)$ 存在一段波形与 Laplace 小波原子良好匹配。这段波形必然具有衰减振荡特征,其频率和阻尼比就是该时刻小波原子参数 $\omega$ 和 $\xi$。当 $x(t)$ 出现不同频率的衰减振动波形,只要发生在不同时刻,根据相关滤波法,也可以在曲线$(\tau,k(\tau))$上找到相应峰值点。

**3. 高速列车轴箱轴承振动信号特征**

高速列车轴箱轴承典型故障形式是表面疲劳损伤。轴承出现这种故障后,在受载运转过程中,损伤点撞击与之相接触的其他元件表面而产生低频振动,称为轴承的“通过振动”。通过振动发生的频率称为故障特征频率,由轴转速、轴承几何尺寸及损伤的位置(内圈、外圈、滚动体、保持架)唯一确定。损伤点以故障特征频率反复撞击与之相接触的其他元件表面产生的宽带脉冲,作用于轴承及其支承结构,使损伤轴承振动的特征为冲击激励产生的减幅振荡。减幅振荡的上升沿是一个非常陡的脉冲,与元件表面和损伤点的冲击相对应。随后,能量被内部阻尼消耗,脉冲以近似指数包络线衰减。因此,局部损伤轴承振动信号包括一系列以故障特征频率为周期的指数衰减振荡[40]。

根据故障特征频率,可以检测轴承故障。但是,由于表面损伤轴承冲击振动的能量散布在很宽的频带上,故障特征频率往往淹没于噪声之中。为了解决这个问题,人们开发了各种信号分析手段。如共振调制解调,利用受噪声干扰少的高频信号,将频谱上复杂的离散峰值用包络线连接,清晰波峰变化趋势,提取故障特征频率。但有时高速列车轴箱轴承振动信号高频段噪声干扰也很强。高速列车轴承诊断采用小波变换消噪,收到了较好的效果。但是,所用的小波基函数都是从中间向两边衰减的“鱼腹状”波形,用于单边衰减的高速列车轴承振动信号分析并不完全合适。为此,Laplace 小波被引入分析高速列车轴箱轴承信号。

**4. 仿真信号分析**

已知信号 $x(t)$ 由 8 段衰减正弦信号组成,每段信号为 $x_1(t)=\mathrm{e}^{-\alpha t}\sin(2\pi f_0 t)+Ae(t)$,式中 $\alpha=3$,$f_0=10$ Hz,$e(t)$为零均值白噪声信号,幅值 $A=0.3$。每段 128 点,总点数 $N=1\ 024$,采样频率为 100 Hz。图 2-8 为信号 $x(t)$ 的时域波形,用来近似表示轴承振动信号的冲击特征分量。

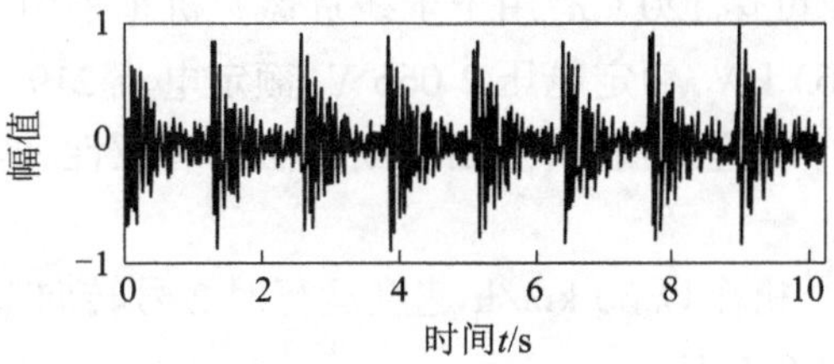


图 2-8　信号 $x(t)$ 时域波形

图 2-9 为使用 db4 小波消噪后的信号,可以看出,当噪声干扰不是太严重时,小波变换方法效果很好。图 2-10 为白噪声幅值 $A=2$ 时 db4 小波消噪结果,已经难以识别出有用信号,换

用其他常用小波基函数,效果相差不大。图 2-11 为同一信号 Laplace 小波相关滤波的结果。小波原子参数选择如下:$\omega$ 为 5~15 Hz,间隔 1 Hz;$\xi$ 为 0.01~0.1,间隔 0.01;小波支撑宽度 $W_s$=2 s。从图 2-11 中可以看出,相关系数共有 8 个峰值,间隔约为 1.25 s,与冲击衰减振荡个数和发生频率相对应。图 2-12 为相关系数的包络谱,谱图上 0.8 Hz 及其谐波存在清晰的峰值,与冲击信号的频率相对应。Laplace 小波具有单边振荡衰减的特性,能较好地提取单边冲击响应信号。

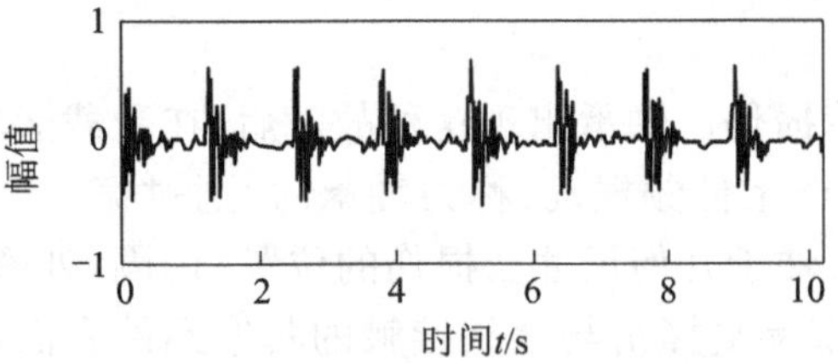


图 2-9 信号 $x(t)$ 小波消噪结果

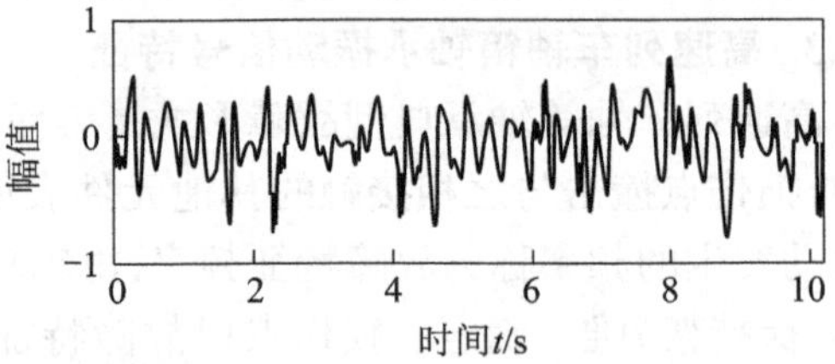


图 2-10 小波消噪结果(强噪声干扰信号)

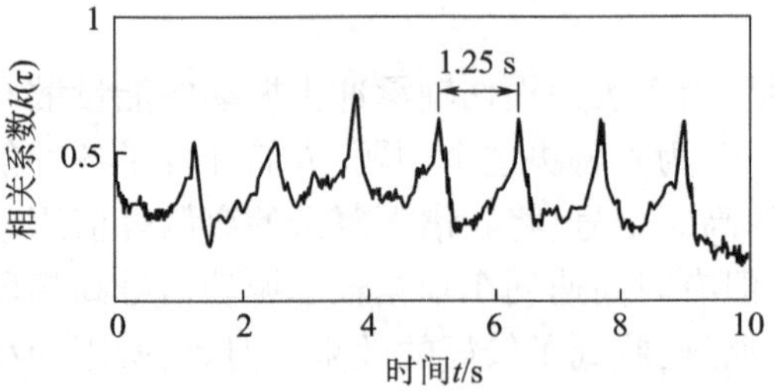


图 2-11 Laplace 小波相关滤波的结果

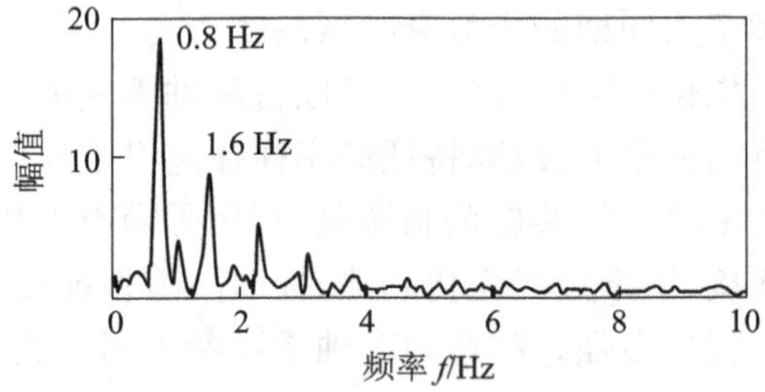


图 2-12 相关系数包络谱

## 2.3 工业应用

### 2.3.1 牵引电机故障诊断

HXN3 型机车最高时速可达 120 km,用于干线货运。机车采用 YJ116A 型三相 4 极鼠笼式异步牵引电机,电机功率 663 kW,额定电压 2 066 V,额定电流 219 A。

在通霍线开展机车运行试验,检验所提出诊断方法的有效性和实用性。

**1. 转子断条故障**

图 2-13 为 HXN30080 号机车以 60 km/h 速度运行时 2 号转向架 3 号牵引电机 $a$ 相定子电流信号波形。采样频率为 2 000 Hz。

对应的功率谱如图 2-14 所示。从图 2-14 中可以看出,由于电机结构以及噪声的作用,牵引电机定子电流中存在诸多谐波分量。频谱图中电机供电频率为 55 Hz,两侧有边频带结构,这是电机定子电流频谱最基本的特征。

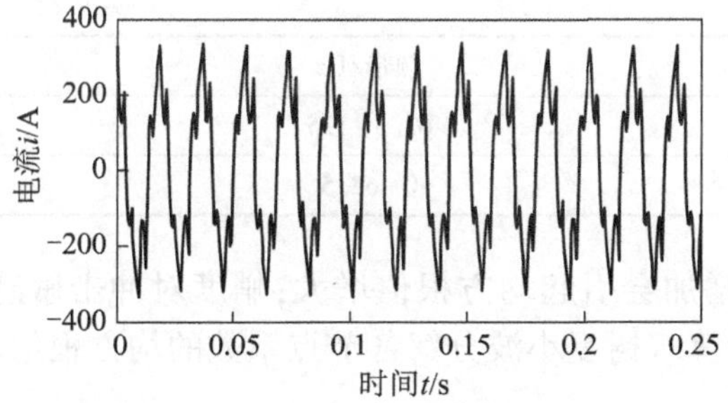


图 2-13 牵引电机定子电流信号波形

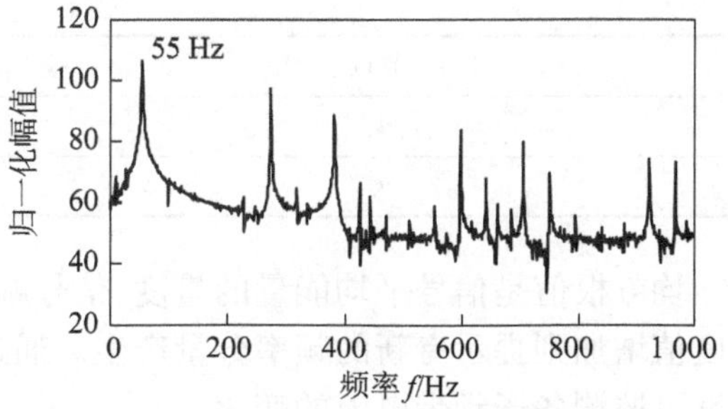


图 2-14 牵引电机定子电流信号功率谱

对电流信号做双树复小波四层分解，结果如图 2-15 所示。图 2-15 左侧为小波分解系数，右侧为对应功率谱。DTCW 分解各节点对应频带见表 2-2。从图 2-15 中可以看出，谱峰比较尖锐，双树复小波变换实现了实部树和虚部树的信息互补，具有较高的频率分辨率。

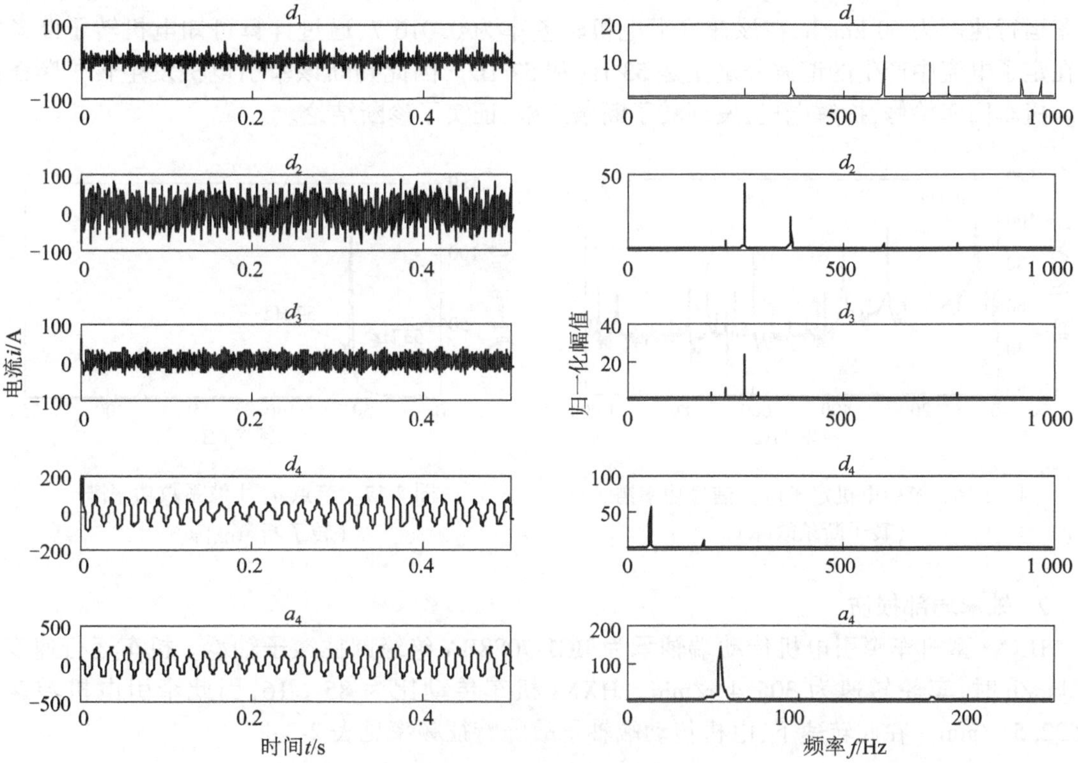


图 2-15 牵引电机定子电流信号双树复小波分解

**表 2-2 双树复小波分解各节点对应的频带**

| 节点 | 频带/Hz |
|---|---|
| $d_1$ | 500~1 000 |
| $d_2$ | 250~500 |
| $d_3$ | 125~250 |

续上表

| 节点 | 频带/Hz |
|---|---|
| $d_4$ | 62.5~125 |
| $a_4$ | 0~62.5 |

均方根值是信号平均能量的量度,信号幅值增加会引起均方根值增大;峭度对冲击敏感,峭度值增加则提示有新的频率分量产生。通过计算双树复小波分解各节点系数的均方根值和峭度可监测各子频带电流的变化。

对 HXN30080 号机车牵引电机运行数据进行连续监测分析。发现一段时间内,2 号转向架 3 号电机定子电流一直小幅度增加。图 2-16 为电机 $a$ 相定子电流信号频谱图,与正常状态下的频谱差别不大,难以诊断。

图 2-17 为经双树复小波四层分解后节点 $a_4$ 小波系数功率谱。从图 2-17 可以中清楚看到,在基频 55 Hz 附近的边频带结构,频率 53 Hz、57 Hz 等谱峰明显比正常状态边频带谱峰高。机车运行速度为 60 km/h,在该速度下电机转差率为 0.016 7,通过计算可知电机转子断条故障在定子电流中产生的谐波分量正是 53 Hz 和 57 Hz。因此判断该牵引电机发生转子断条故障。机车回库检修,拆解电机,发现转子断条三根,证实了诊断结论。

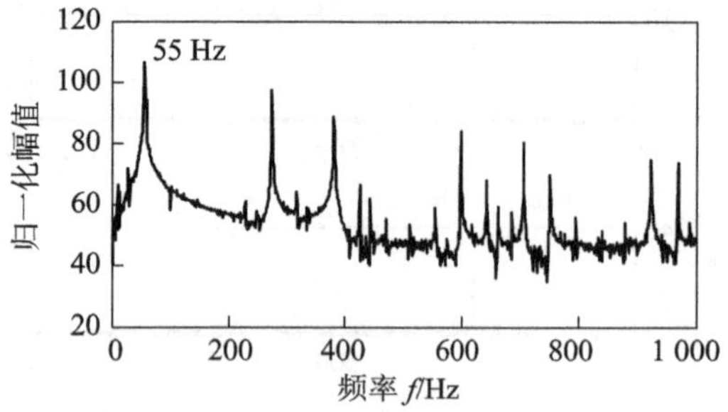


图 2-16 牵引电机定子电流信号功率谱
(转子断条故障)

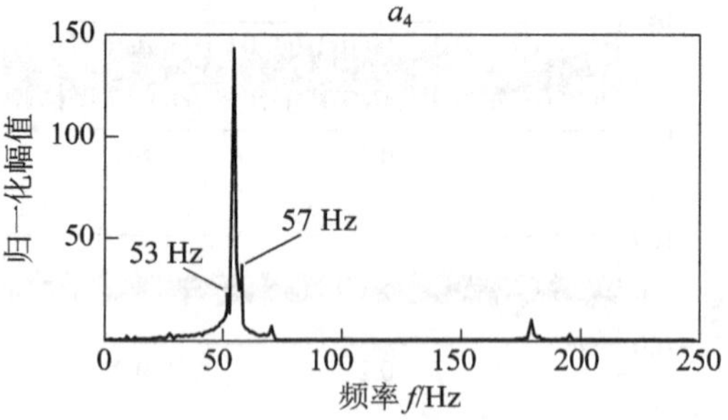


图 2-17 节点 $a_4$ 小波系数功率谱
(转子断条故障)

**2. 轴承局部损伤**

HXN3 型机车牵引电机传动端轴承为 BC1-7088BA 绝缘圆柱滚子轴承。机车运行速度为 60 km/h 时,车轮转速为 305.4 r/min。HXN3 机车传动比为 85 : 16,因此牵引电机转速为 1 622.5 r/min。在此转速下,电机传动端轴承故障特征频率见表 2-3。

**表 2-3 牵引电机传动端轴承故障特征频率**

| 故障发生位置 | 频率/Hz |
|---|---|
| 电机旋转频率 $f_r$ | 27.0 |
| 外圈故障特征频率 $f_o$ | 141.8 |
| 内圈故障特征频率 $f_i$ | 209.2 |
| 滚动体故障特征频率 $f_b$ | 61.4 |

图 2-18 为 HXN30025 号机车运行时记录下的 1 号转向架 3 号牵引电机 b 相定子电流信号功率谱图。采样频率为 2 000 Hz。

对该电流信号做双树复小波变换四层分解，发现节点 $d_3$ 小波系数峭度值比正常值增大 16%，提示在节点 $d_3$ 对应频带中有可能出现了新的频率分量。图 2-19 为节点 $d_3$ 小波系数功率频谱。从中找到 181 Hz 频率分量，通过表 2-1 第 5 行公式取 $k=1$ 计算可知，该频率是电机传动端轴承内圈故障特征频率在定子电流频谱中的映射。

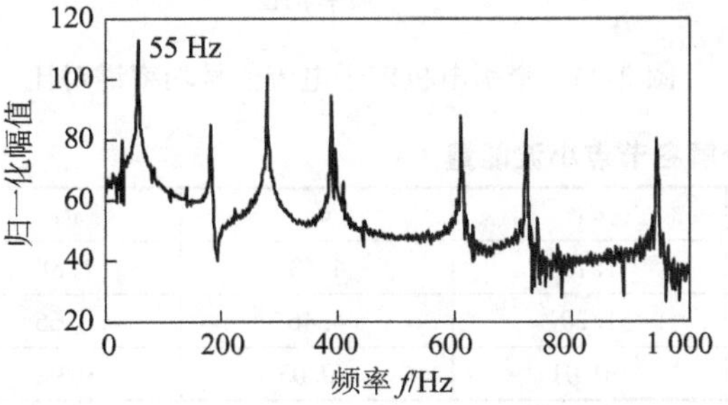


图 2-18　牵引电机定子电流信号功率谱（轴承损伤）

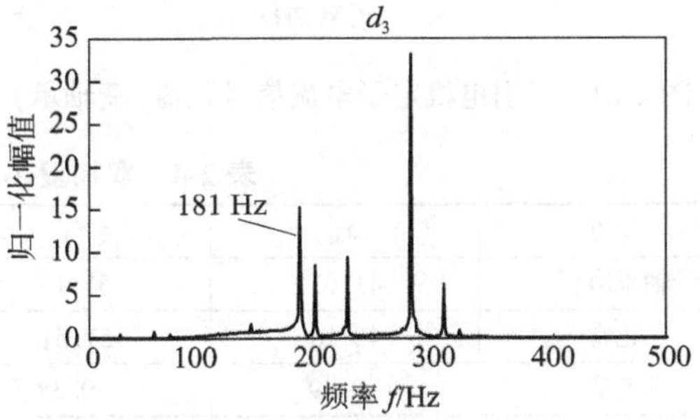


图 2-19　节点 $d_3$ 小波系数功率谱

图 2-20 为节点 $d_2$ 小波系数功率谱，从中可找到 390 Hz 频率分量，根据表 2-1 式 $f_f=kf_{inner}$ 取 $k=2$ 计算可知，该频率是轴承内圈故障特征频率在定子电流频谱中的又一个映射值。由此，判断此牵引电机传动端轴承内圈存在局部损伤。检修时拆解电机轴承，发现内圈有划伤，证实了诊断结论。更换新轴承后，故障消失。

**3. 轴承磨损**

HXN30032 号机车在通霍线运转作业时，诊断系统连续提示 2 号转向架 1 号电机电流特征值偏离正常值。为了诊断电机故障，挑选速度稳定时的数据进行分析。图 2-21 为采集的 b 相电流信号功率谱。当时机车运行速度 70 km/h。

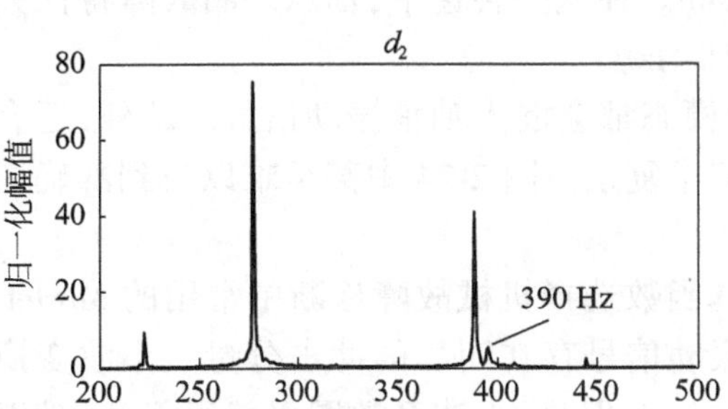


图 2-20　节点 $d_2$ 小波系数功率谱

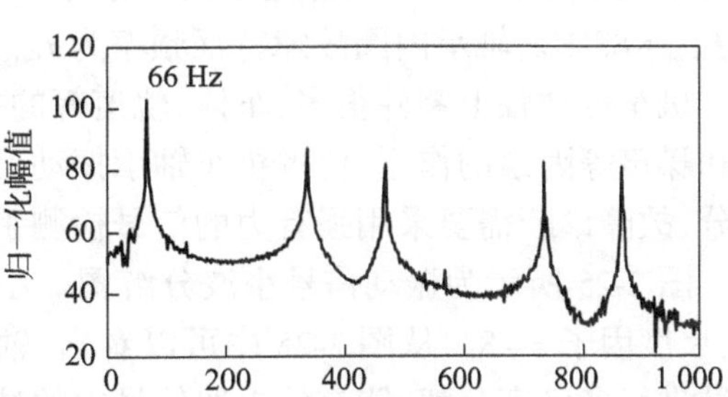


图 2-21　牵引电机定子电流信号频谱（磨损轴承）

图 2-22 为该机车刚刚投入运营时牵引电机定子电流信号功率谱。为便于对比，将图 2-21 和图 2-22 画在一张图上，如图 2-23 所示。可以看出，机车投入运行一段时间后，牵引电机定子电流信号高频段的谐波频率成分明显增加。对以上两个电流信号分别进行双树复小波变换四层分解，计算各小波系数能量，结果见表 2-4。

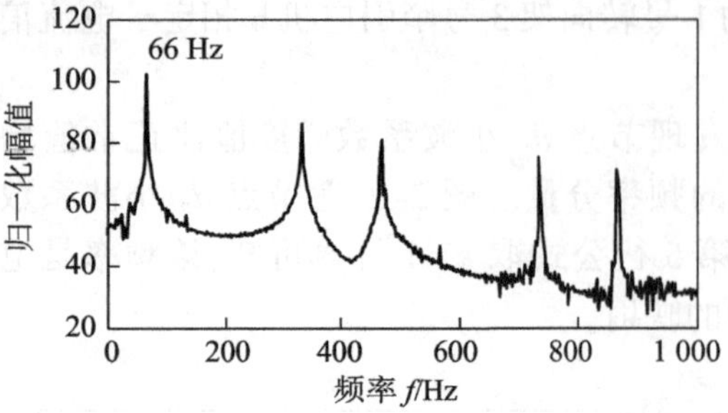


图 2-22　牵引电机定子电流信号频谱(新轴承)

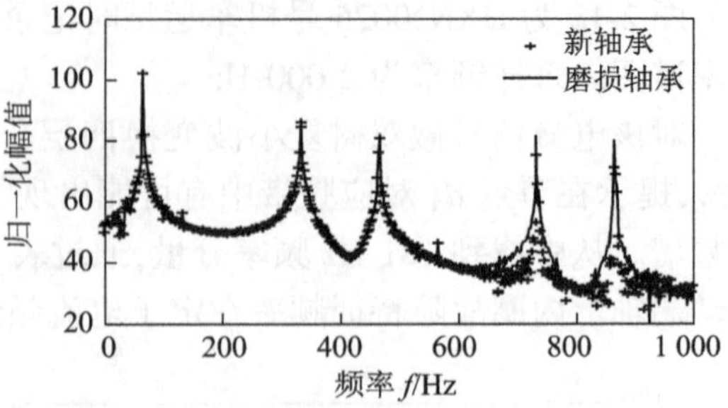


图 2-23　牵引电机定子电流信号功率谱对比

**表 2-4　双树复小波分解各节点小波能量**

| 节点 | $a_4$ | $d_4$ | $d_3$ | $d_2$ | $d_1$ |
|---|---|---|---|---|---|
| 轴承磨损 | 41.67 | 51.13 | 1.19 | 4.43 | 1.58 |
| 正常 | 42.16 | 51.51 | 1.20 | 4.46 | 0.66 |
| 差值 | −0.49 | −0.38 | −0.01 | −0.03 | 0.92 |

从表 2-4 可以看出,节点 $d_1$(对应频带为 500～1 000 Hz)能量明显增加,其余频带能量降低,反映 500～1 000 Hz 频段有很多新的频率成分,推断牵引电机轴承存在较为严重的磨损。考虑到当时该机车牵引电机已经接近中修期,因此可基本确认是轴承磨损故障。机车检修时将该牵引电机解体,发现轴承已经严重磨损,证实了诊断结论。

## 2.3.2　轴箱轴承故障诊断

对 200 km/h 交流传动客运电力机车装配走行部轴承诊断系统进行机车型式试验。运行一段时间以后,二位轴轴箱轴承振动信号均方根值和峭度小幅增加,故障诊断系统连续报警,轴承温度没有明显变化。为了便于相关滤波法搜索轴承故障特征频率,挑选机车速度稳定时振动信号进行分析。图 2-24 为观测到的轴承振动信号(加速度),采样频率为 10 kHz。采样时刻机车速度为 160 km/h,对应车轴转速为 679 r/min。在这一转速下,轴承外圈故障特征频率为 $f_{外圈}=88$ Hz,轴承内圈故障特征频率为 $f_{内圈}=116$ Hz。

机车传动轴上零件很多,车体、轨道等的振动模态都会混入轴承振动信号。此外,还有调制和噪声等因素的作用,使得机车轴承振动信号非常复杂。图 2-24 中甚至难以找到准确周期成分,故障诊断需要采用强有力的信号检测手段。

图 2-25 所示为振动信号小波分解图。小波基函数选择机械故障诊断中常用的 Morlet 小波,尺度因子 $s=8$。从图 2-25 中可以看出,轴承振动信号存在明显的冲击分量。小波变换对信号进行多尺度分解,能有效提取信号中的冲击成分。但是,小波系数图仍然很复杂,难以准确识别冲击信号发生的频率。常用的小波基函数虽然具有局部化分析能力,但都是从中间向两边衰减的“鱼腹状”波形,对单边衰减的冲击响应信号的分解不太合适。

图 2-26 所示为用 Laplace 小波分析相关滤波的结果,相关系数呈现周期信号特征。图 2-27 所示为相关系数的包络谱,在 88 Hz 和 176 Hz 出现明显的峰值,是轴承外圈故障特征频率及其谐波。由此判断轴承出现外圈故障。将滚动轴承从轴箱取出,对其进行解体,发现轴承外圈存在损伤故障,证实了诊断结论。用 Laplace 小波分析单边衰减振动信号优势突出。

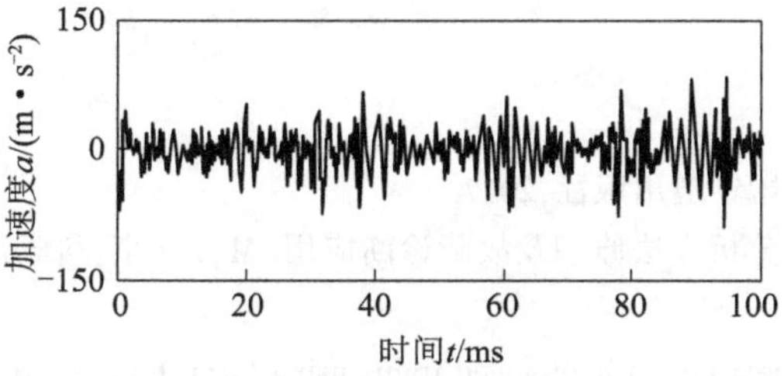


图 2-24 机车轴承振动信号(加速度)

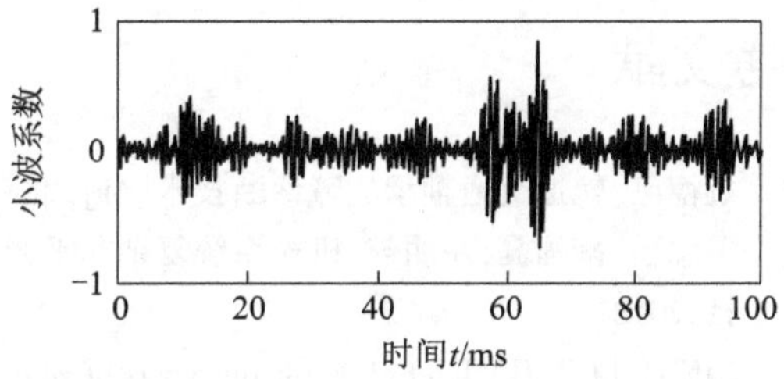


图 2-25 机车轴承振动信号 Morlet 小波分解

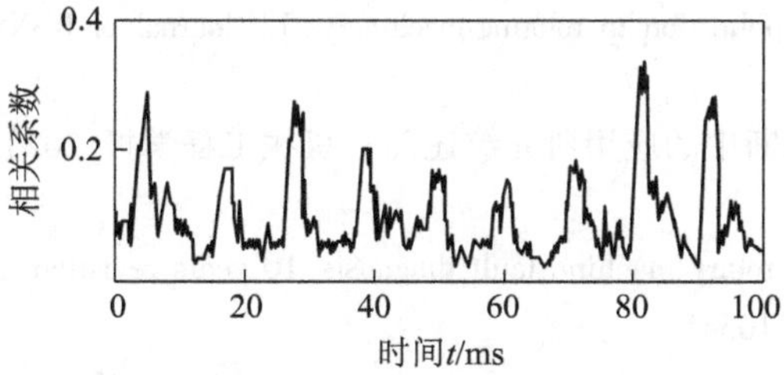


图 2-26 机车轴承振动信号 Laplace 小波相关滤波的结果

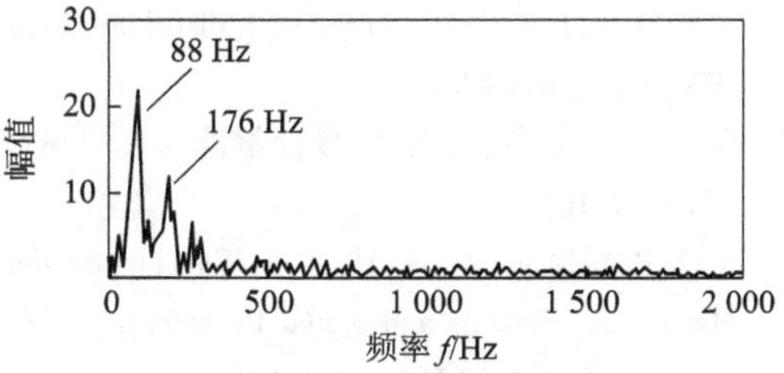


图 2-27 相关系数包络谱

## 小 结

高速列车牵引传动系统振动信号十分复杂,传动轴上零部件很多,信号传递路径长,使得信号信噪比往往很低,需要使用强有力的信号分析才能将故障信息突出出来。小波分析提取故障信息能力强,可用于处理高速列车传动系统振动信号。滚动轴承冲击响应由一系列单边衰减振荡信号组成,轴承故障特征频率包含的能量非常少,且噪声干扰来自各个频带。

Laplace 小波具有单边振荡衰减的特性,与轴箱轴承的冲击响应波形极为相似。用 Laplace 小波相关滤波法计算两个信号的相关系数,可以有效地抑制噪声,提取出信号中与 Laplace 小波波形相似的冲击成分。对机车轴承振动信号先进行 Laplace 小波相关滤波,计算相关系数,再对相关系数进行包络谱分析,能准确检测轴承故障特征频率,识别各种类型轴承故障。

牵引电机定子电流中蕴藏着传动系统运行状况丰富的信息。牵引电机故障和齿轮故障都会引起电机定子电流特征发生变化,电流频谱中产生新的谐波分量。故障引发的频率成分通常非常微弱,完全淹没在高幅值的谐波频率成分和噪声之中。小波变换可以进行多分辨率分析,是处理牵引电机定子电流信号的有力工具。双树复小波相比于经典小波具有更优的移不变性和抗能量泄漏特性,用于电机电流分析能更有效提取故障特征。

基于定子电流双树复小波分析开发高速列车传动系统故障诊断装置相当于无传感器故障诊断。线路运行试验证明能有效诊断各种类型电机故障和传动齿轮故障,保证行车安全。此外系统还具有造价低廉、可连续随车监测的优点,有很好的应用前景。

# 参考文献

[1] 姚德臣. 轨道交通轴承故障诊断技术[M]. 北京:中国铁道出版社,2017.

[2] 冯志鹏,褚福磊,左明健. 机械系统复杂非平稳信号分析方法原理及故障诊断应用[M]. 北京:科学出版社,2018.

[3] XIN G,LI Z,JIA L,et al. Fault diagnosis of wheelset bearings in high-speed trains using logarithmic short-time fourier transform and modified self-calibrated residual network[J]. IEEE Transactions on Industrial Informatics, 2021,18(10):7285-7295.

[4] KIM D W. Directional winger-ville distribution and its application to rotating-machinery[J]. Journal of KSNVE, 1996,6(3):341-347.

[5] 陈是扦,彭志科,周鹏. 信号分解及其在机械故障诊断中的应用研究综述[J]. 机械工程学报,2020,56(17):91-107.

[6] YAN R,SHANG Z,XU H,et al. Wavelet transform for rotary machine fault diagnosis:10 years revisited[J]. Mechanical Systems and Signal Processing,2023,200:110545.

[7] SHAO H D,JIANG H K,ZHAO K,et al. A novel tracking deep wavelet auto-encoder method for intelligent fault diagnosis of electric locomotive bearings[J]. Mechanical Systems and Signal Processing,2018,110:193-209.

[8] 杨江天,赵明元,张志强,等. 基于定子电流小波包分析的牵引电机轴承故障诊断[J]. 铁道学报,2013,35(2):32-36.

[9] 刘禹清,陈再刚,閤鑫,等. 复杂机车振动环境下牵引电机轴承服役寿命评估[J]. 力学学报,2022,54(7):1820-1829.

[10] 唐英,孙巧. 滚动轴承振动信号的小波奇异性故障检测研究[J]. 振动工程学报,2002(1):115-117.

[11] NIU G,DONG X,CHEN Y. Motor fault diagnostics based on current signatures:a review[J]. IEEE Transactions on Instrumentation and Measurement,2023,72:1-19.

[12] 陈峙,王铁,谷丰收,等. 基于电动机电流信号双谱分析的齿轮传动故障诊断[J]. 机械工程学报,2012,48(21):84-90.

[13] HENAO H,KIA S H,CAPOLINO G A. Torsional-vibration assessment and gear-fault diagnosis in railway traction system[J]. IEEE Transactions on Industrial Electronics,2011,58(5):1707-1717.

[14] YANG J T,ZHAO W Y,LEE J. Stator current-based locomotive traction motor bearing fault detection[J]. Advanced Materials Research,2013,819:186-191.

[15] LI H,FENG G,ZHEN D,et al. A normalized frequency-domain energy operator for broken rotor bar fault diagnosis[J]. IEEE Transactions on Instrumentation and Measurement,2020,70:1-10.

[16] SADEGHI R,SAMET H,GHANBARI T. Detection of stator short-circuit faults in induction motors using the concept of instantaneous frequency[J]. IEEE Transactions on Industrial Informatics, 2018, 15(8): 4506-4515.

[17] BAZGHANDI R,MARZEBALI M H,ABOLGHASEMI V. Asymmetrical fault detection in induction motors through elimination of load torque oscillations effects in the slight speed variations and steady-state conditions [J]. IEEE Journal of Emerging and Selected Topics in Industrial Electronics,2022.

[18] AVIÑA-CORRAL V,RANGEL-MAGDALENO J,MORALES-PEREZ C,et al. Bearing fault detection in adjustable speed drive-powered induction machine by using motor current signature analysis and goodness-of-fit tests[J]. IEEE Transactions on Industrial Informatics,2021,17(12):8265-8274.

[19] KIM K,PARLOS A G,BHARADWAJ R M. Sensorless fault diagnosis of induction motors[J]. IEEE Transactions on Industrial Electronics,2003,50(5):1038-1051.

[20] 时献江,罗建,宫秀芳. 无传感器诊断方法及在风力发电中的应用与展望[J]. 哈尔滨理工大学学报,2014,19(6):82-87.

[21] NANDI S,TOLIYAT H A,LI X. Condition monitoring and fault diagnosis of electrical motors-a review[J]. IEEE Transactions on Energy Conversion,2005,20(4):719-729.

[22] JUNG J H,LEE J J,KWON B H. Online diagnosis of induction motors using MCSA[J]. IEEE Transactions on Industrial Electronics,2006,53(6):1842-1852.

[23] SCHOEN R R,HABETLER T G,KAMRAN F,et al. Motor bearing damage detection using stator current monitoring[J]. IEEE Transactions on Industry Applications,1995,31(6):1274-1279.

[24] BLODT M,GRANJON P,RAISON B,et al. Models for bearing damage detection in induction motors using stator current monitoring[J]. IEEE Transactions on Industrial Electronics,2008,55(4):1813-1822.

[25] OJAGHI M,SABOURI M,FAIZ J. Analytic model for induction motors under localized bearing faults[J]. IEEE Transactions on Energy Conversion,2017,33(2):617-626.

[26] 张璋,杨江天,薛灿灿,等. 基于电机定子电流分析的机车齿轮箱故障诊断[J]. 铁道学报,2020,42(5):51-57.

[27] KIA S H,HENAO H,CAPOLINO G A. Gear tooth surface damage fault detection using induction machine stator current space vector analysis[J]. IEEE Transactions on Industrial Electronics,2015,62(3):1866-1878.

[28] LI M,AN Y J,ZHANG Z H,et al. Effect of time harmonic current considering load condition on performance of canned induction motor[J]. International Journal of Applied Electromagnetics and Mechanics,2021,66(3):369-385.

[29] DRIF M,KIM H,KIM J,et al. Active and reactive power spectra-based detection and separation of rotor faults and low-frequency load torque oscillations[J]. IEEE Transactions on Industry Applications,2016,53(3):2702-2710.

[30] YAKHNI M F,CAUET S,SAKOUT A,et al. Variable speed induction motors' fault detection based on transient motor current signatures analysis:a review[J]. Mechanical Systems and Signal Processing,2023,184:109737.

[31] ANGEL S B,JORDI B V,MANUEL P S,et al. The harmonic order tracking analysis method for the fault diagnosis in induction motors under time-varying conditions[J]. IEEE Transactions on Energy Conversion,2017,32(1):244-256.

[32] LI Y,ZHOU S. A new instantaneous wavelet bicoherence for local fault detection of rotating machinery[J]. IEEE Transactions on Instrumentation and Measurement,2019,69(1):135-143.

[33] CHEN J,LI Z,PAN J,et al. Wavelet transform based on inner product in fault diagnosis of rotating machinery:a review[J]. Mechanical systems and signal processing,2016,70:1-35.

[34] GARGOUR C,GABREA M,RAMACHANDRAN V,et al. A short introduction to wavelets and their applications[J]. IEEE Circuits and Systems Magazine,2009,9(2):57-68.

[35] SELESNICK I W,BARANIUK R G,KINGSBURY N C. The dual-tree complex wavelet transform[J]. IEEE Signal Processing Magazine,2005,22(6):123-151.

[36] NARAYAN C K,MICHAEL U. On the shiftability of dual-tree complex wavelet transforms [J]. IEEE Transactions on Signal Processing,2010,58(1):221-232.

[37] ABUHAMDIA T,TAHERI S,BURNS J. Laplace wavelet transform theory and applications[J]. Journal of Vibration and Control,2018,24(9):1600-1620.

[38] AL-RAHEEM, KHALID F, ROY, ASOK, RAMACHANDRAN K. P. Application of the laplace wavelet combined with ANN for rolling bearing fault diagnosis[J]. Journal of Vibration and Acoustics, Transactions of the ASME, 2008, 130(5).
[39] 杨江天,周培钰.经验模态分解和Laplace小波在机车柴油机齿轮系故障诊断中的应用[J].机械工程学报,2011,47(7):109-115.
[40] 杨江天,赵明元.基于车辆总线和Laplace小波的机车轴承诊断系统[J].铁道学报,2011,33(8):23-27.

# 第3章　信号自适应分解

小波变换将信号分解成一组占据不同频带的小波系数，各频带的位置固定没有重叠。多分辨率分析和恒 $Q$ 特性等优良特性使小波变换广泛用于高速列车传动系统故障诊断，也存在一定的局限性，主要表现在以下几个方面[1,2]：

(1)小波基函数的选择。傅里叶变换使用唯一的基函数-复正弦，因此对于不同的信号没有适应性。小波变换中，可以根据需要选择不同的基函数。已知小波基函数有几十种，常用的有十几种。对于某一信号，如何选择基函数是个难点，从理论到应用都缺乏广泛接受的依据。

(2)固定的基函数。小波变换时频分析窗口自适应可调，但是小波分解和小波包分解过程中，基函数一经选择就无法更换。即基函数是固定的，不能随信号改变。一旦选择分解尺度，得到的小波系数的频带只与分析频率有关，而与信号本身无关。如果将小波变换视为滤波器组，那么它的带宽和截止频率都是固定的。

(3)恒定的多分辨率。小波分析通过改变尺度和平移，"由远到近、由粗到精"逐步观察信号。小波变换的多尺度特性使得小波具有"数学显微镜"的特性和多分率分析的功能。但是，小波基函数和尺度已经选定，分辨率的大小也就确定了，不随信号的不同而改变。因此，小波变换的多分辨率分析，分辨率的大小是恒定的。

小波变换的不足促进了自适应信号分解方法的发展。自适应信号分解根据信号局部特征将信号分解为一系列具有明确物理意义的子信号分量，进而从中提取故障特征分量，广泛用于故障诊断。自适应信号分解方法发展迅速，目前已经有十多种自适应分解方法投入工程应用，本章分析常用自适应信号分析方法的特点，提出适用于高速列车牵引传动系统信号分析的自适应信号分析方法。

## 3.1　自适应信号分解概述

自适应分解是一种将任意复杂多变信号分解为多个成分叠加的时频分析技术，并且是一种数据驱动且无须预先定义核函数的信号分解方法[3]。自适应分解方法突破了傅里叶变换的局限性，克服了小波变换基函数无自适应性的问题，是分析非线性、非平稳的信号的有力工具，在机械故障诊断等领域获得了广泛的应用。

1998 年，Huang 提出一种自适应信号分解方法——经验模态分解(empirical mode decomposition，EMD)[4]，自适应信号分解逐渐成为信号处理领域的研究热点[5]。EMD 揭示了自适应信号分解的概念，在处理非线性和非平稳信号方面表现出优异的性能。然而不可忽略的是 EMD 本身仍然存在一定缺陷，如缺乏理论基础、端点效应、模态混叠等[6]。Huang 进一步提出集合经验模式分解(ensemble empirical mode decomposition，EEMD)[7]来改善 EMD 分解效果，通过在信号中加入白噪声，利用噪声辅助下多次分解结果的总体均值作为最终分解结果，达到抑制模态混叠问题的效果。EEMD 被认为是对 EMD 方法的重大改进，其可以缓解 EMD

的模态混叠[8],但模态重叠和伪模态分量仍然存在,并且引入噪声后导致计算效率下降。通过加入白噪声来改进的方法还有互补集合经验模态分解(complementary ensemble empirical mode decomposition,CEEMD)[9]和完全自适应噪声集合经验模态分解(complementary ensemble empirical mode decomposition with adaptive noise,CEEMDAN)[10]。添加白噪声可以更新时域中极值点的分布,有效改善模态混叠。

很多学者致力于EMD的研究,主要针对EMD的理论研究以及改进包络方法、筛选终止条件或者替换筛选方法等来提升EMD的分解性能[11,12]。Smith提出局域均值分解(local mean decomposition,LMD)[13],该方法利用解调的思想将信号分解成一系列由包络信号和频率调制信号的乘积组成的分量。LMD中引入了多次平滑处理,解决了EMD的包络问题,保留了更多的频率和幅度变化。但是平滑度和步长对分解有显著影响。Frei提出本征时间尺度分解(intrinsic time-scale decomposition,ITD)[14],该方法能将信号分解为若干固有旋转量和一个单调的趋势分量。ITD通过分段方式计算旋转分量在每一个局部时间段上的瞬时频率和瞬时幅值,克服了Hilbert变换的缺陷,在计算效率和计算精度方面都优于EMD。然而,ITD使用线性变换来定义局部平均基线,这可能导致所获得的分量失真。程军圣等提出局部特征尺度分解(local characteristic-scale decomposition,LCD)[15],该方法把信号分解为若干内禀尺度分量和一个残余项之和。它在计算效率以及减少模式混叠和伪模式方面都优于EMD。然而,它仍然使用三次样条插值来拟合瞬时平均值,因此它也在某种程度上受到末端效应和模式混叠的影响。Feldman提出用于时变复杂机械振动信号分析的Hilbert振动分解算法(hilbert vibration decomposition,HVD)[16],该方法采用希尔伯特变换和同步检波解调来估计信号的瞬时频率和瞬时幅度。该方法仅通过希尔伯特变换实现,不涉及其他复杂技术,因此算法简单,并且具有分解精度高、分析速度快等优点。然而,HVD主要适用于准周期和几乎周期信号的分析。上述都是基于时域的自适应分解算法,均难以有效避免发生模态混叠、端点效应、过分解等问题。

现实中许多信号的分量都具有独立的频率范围,因此可通过滤波器在频域分离这些信号分量。基于上述思想,Gilles提出经验小波变换(empirical wavelet transform,EWT)[17],该方法将信号的傅里叶谱划分为几个连续的区间,然后在每个区间上构造小波滤波器进行滤波,进而提取信号分量。与EMD相比,EWT从频谱中提取模式的方法降低了端点效应并抑制了模态混叠,突破了传统递归类自适应分解的局限性。然而,在EWT中,要分离的模式数量是个关键问题。Dragomiretskiy提出一种新的自适应分解方法,称为变分模态分解(variational mode decomposition,VMD)[18],该方法通过迭代搜索变分模型的最优解,提取模式和相应的中心频率,进而将信号分解为一系列固有模态分量。VMD具有完善的数学理论支撑,能够有效地改善EMD的模态混叠问题。然而,VMD是假定信号是在频域窄带分离的,因此它不能分析宽带的频率混叠的非平稳信号,为了解决这个问题,Chen提出变形变分模态分解(warped variational mode decomposition,WVMD)[19],该方法通过时间的变形准则将原始信号从时间坐标系下转变为相位坐标系下,在相位坐标系下变为窄带信号,再使用传统的VMD方法分解变形信号。

还有一种信号分解方法是基于时频重构。Daubechies提出同步压缩变换(synchrosqueezing transform,SST)[20]。SST通过时频系数重排手段,将信号在时频面上的能量沿着频率轴方向压缩,以提升时频分布的能量集中性。SST本质上是对信号瞬时频率的“零阶”逼近,因此SST在处理强时变调频信号时会产生较大的瞬时频率估计误差以及信号重构误差。为了解决SST的本质问题，Pham[21]将SST中的瞬时频率“零阶”估计算子拓展到高阶形式，有效提升了SST对强时变调频信号的表征能力。Iatsenko提出非线性模式分解(nonlinear mode decomposition，NMD)[22]，该方法首先利用自适应动态规划算法提取小波变换或短时傅里叶变换的时频脊线，继而采用脊线重构或者时频逆变换方法提取信号分量。NMD引入了自适应的参数选择准则、迭代终止准则以及信号分量检测准则，因此能够在强噪声条件下自适应分解多分量信号。但由于时频脊提取和重建的繁重负担，因此它的计算复杂度很高。

自适应分解算法主要包括时域迭代、频率滤波和时频域重构。各种自适应分解算法优缺点见表3-1。机车传动系统辐射信号复杂，包含多组调幅调频(AM-FM)分量，提取故障特征一般需要先进行滤波预处理。由于自适应信号分解是将复杂信号分解为一组简单信号的强大工具，因此它被广泛用于信号的预处理。在高速列车传动系统故障诊断中常用EWT、VMD和WVMD。在恒速工况条件下，机车传动系统信号主要频率成分是频域分离的，因此EWT和VMD是最常用的自适应分解工具。在变速工况条件下，信号成分频率重叠，可采用WVMD。

**表3-1　各种自适应模式分解方法比较**

| 类　别 | 方　法 | 优　点 | 缺　点 |
|---|---|---|---|
| 时域迭代 | EMD | 适用于大部分信号 | 缺乏数学理论支撑，模态混叠，端点效应 |
| | LMD | 没有AM效应的失真，正的瞬时频率 | 计算复杂度高，倾向于模态混叠 |
| | ITD | 更好抑制了端点效应和模态混合，避免了负频率，降低了计算复杂度 | 低时间分辨率 |
| | LCD | 更高的计算效率，更好缓解模态混叠 | 端点效应 |
| | HVD | 严谨的数学理论，算法简单，计算效率高，适用于准周期和周期信号 | 不适用于脉冲和非周期信号 |
| 频域滤波 | EWT | 严谨的数学公式，适用于恒定频率和周期信号 | 可能模态混叠，不适用于强时变信号 |
| | VMD | 严谨的数学公式，适用于恒定频率和周期信号 | 可能模态混叠，不适用于强时变信号 |
| 时频重构 | SST | 良好的时频能量集中性 | 不适用于强时变信号，噪声鲁棒性差 |
| | NMD | 严谨的数学公式，良好的时频可读性，适用于任意复杂的波形 | 高的时间复杂度 |

## 3.2 经验模态分解

与傅里叶分析不同，经验模态分解是直接、基于信号时域局部特征和自适应的信号分解。它可把复杂的信号分解成一系列固有模态函数分量(intrinsic mode functions，IMF)[23]。每个IMF为满足以下两个条件的信号：①整个信号中过零点数与极点数相等或至多相差1；②由局部极大值点确定的上包络线和由局部极小值点确定的下包络线的均值都为零，即信号关于时间轴局部对称。满足以上两个条件的基本模式分量被称为固有模态函数。在按过零点定义的每一个周期中，只包括一个基本模式的振荡，没有复杂的叠加波存在。

对任意一个实信号 $x(t)$ 进行 EMD 的具体步骤如下：

(1)确定出 $x(t)$ 上的所有极大值点和极小值点，将所有极大值点和极小值点分别用三次样条曲线连接起来，将这两条曲线分别作为 $x(t)$ 的上、下包络线。计算出它们的平均值曲线 $m_1(t)$，用 $x(t)$ 减去 $m_1(t)$ 得

$$h_1(t) = x(t) - m_1(t) \tag{3-1}$$

如果 $h_1(t)$ 不满足 IMF 的条件，需要把 $h_1(t)$ 作为原信号重复上面的步骤得到 $h_{11}(t)$ 为

$$h_{11}(t) = h_1(t) - m_{11}(t) \tag{3-2}$$

筛选 $k$ 次直到 $h_{1k}(t)$ 变为一个 IMF，即

$$h_{1k}(t) = h_{1(k-1)}(t) - m_{1k}(t) \tag{3-3}$$

这样就从原信号中分解出了第一个 IMF，称为第一阶 IMF，记作

$$c_1(t) = h_{1k}(t) \tag{3-4}$$

(2)从原信号中减去 $c_l(t)$ 得到第一阶剩余信号 $r_1(t)$ 为

$$r_1(t) = x(t) - c_1(t) \tag{3-5}$$

把 $r_1(t)$ 作为新的原信号，重复步骤(1)。对后面的 $r_f(t)$ 也进行同样的筛选，这样依次得到第二阶 IMF、……、第 $n$ 阶 IMF 和剩余信号。最终可得分解式为

$$x(t) = \sum_{j=1}^{n} c_j(t) + r_n(t) \tag{3-6}$$

即原始数据可表示为若干固有模态函数分量和一个残余项之和。

从上述分解过程可以看出，EMD 先分解出高频信号，然后依次分解出次高频、低频信号，构成一滤波器组。频带宽度由信号本身的特点所决定。由于经验模式分解是自适应划分信号频带的，所以能够克服小波分解中频带二分所引起的缺乏灵活性的缺点，也不要求选择窄带滤波的中心频率及带宽等参数，降低了对分析人员的要求。因此，具有很好的实用价值。

EMD 方法在时域拟合极值点三次样条曲线从而提取信号分量，这导致当信号中极值点过于接近、存在突变或时间尺度存在跳跃性变化时，属于不同时间尺度的模态分量的分离会出现混叠问题[24]。而 EWT 方法在频域构造紧支撑滤波器提取信号分量，这避免了多种情况下的时间尺度混叠，从根本上抑制了模态混叠问题的出现。

模态混叠产生的情况主要有以下几种[25]：

(1)信号中存在冲击干扰：这改变了信号原有的极值点分布，IMF 就包含了信号的固有模态和冲击信号。

(2)信号中存在间断高频信号：这导致信号的时间尺度存在跳跃性变化，影响分解结果。

(3)多分量信号中各分量的频率过于接近：这时使用 EMD 方法便很难将两者分开，导致一个 IMF 分量包含不同时间尺度特征成分。

下面通过仿真信号分析，说明上述三种情况。

第一种情况：冲击干扰。当信号中存在异常冲击扰动时，影响了信号原有极值点的分布，导致出现模态混叠问题。在此，引入式(3-7)所示含有周期性冲击的正弦信号，其时域波形如图 3-1 所示。

$$\begin{cases} x_1(t) = f_1(t) + f_2(t) \\ f_1(t) = \sin 20\pi t \\ f_2(t) = \begin{cases} 0.8, & t = 0.1k(k \in \mathbf{Z}) \\ 0, & \text{其他} \end{cases} \end{cases} \tag{3-7}$$

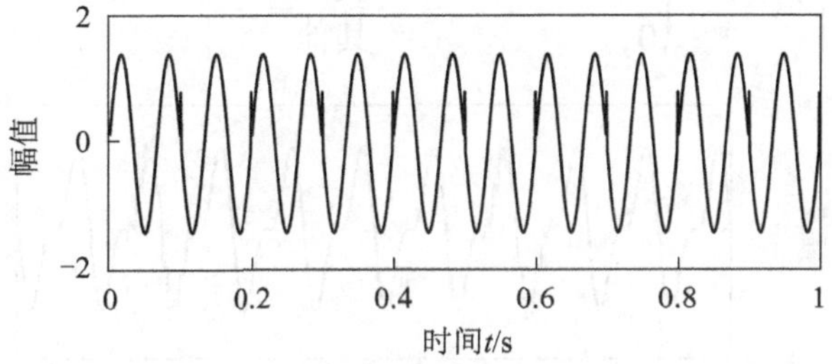


图 3-1　含冲击信号的时域波形

对该信号分别进行 EMD 和 EWT 分解,结果如图 3-2 所示。分析发现,受到冲击分量的影响,EMD 分解的第一个模态分量中正弦分量和冲击成分的混叠情况严重,同时出现多个虚假分量。EWT 能将信号中的冲击成分和正弦分量完整分离。另外,可以发现 EWT 算法虽然存在端点效应,但并不会导致信号失真。

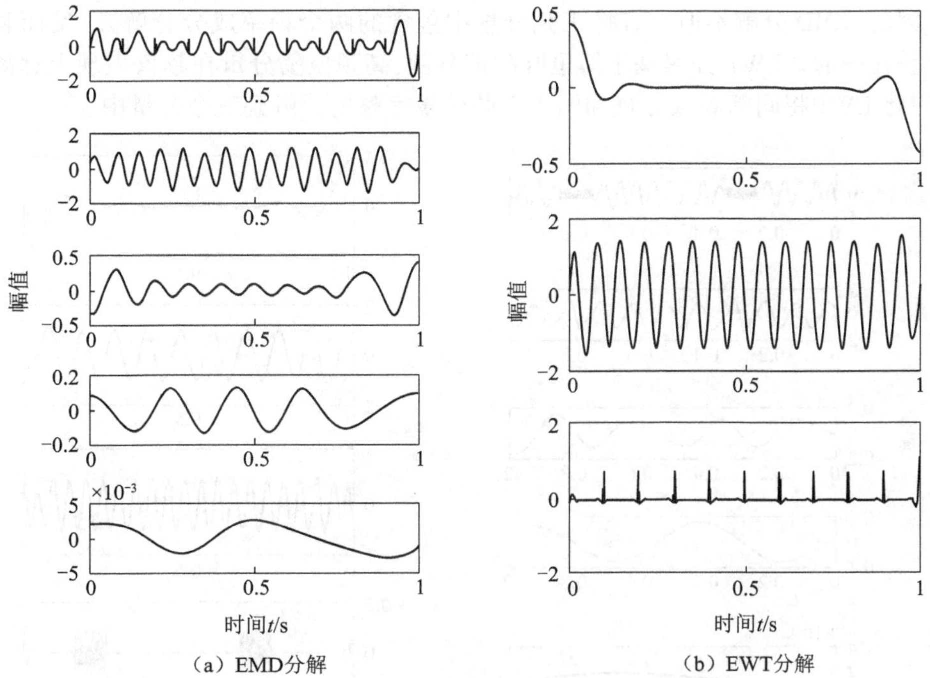


图 3-2　含冲击信号的 EMD、EWT 分解

第二种情况:高频间断。信号中混入间断低幅高频信号时,会间断性地影响极值点的分布,引发模态混叠问题。设计式(3-8)所示的包含间断低幅高频分量的正弦信号,其时域波形如图 3-3 所示。

$$\begin{cases} x_2(t) = f_1(t) + f_2(t) + f_3(t) \\ f_1(t) = \sin 20\pi t \\ f_2(t) = 0.5\sin 40\pi t \\ f_3(t) = \begin{cases} 0.2\sin 200\pi t, & 0.25 < t < 0.35 \\ & 或\, 0.75 < t < 0.85 \\ 0, & 其他 \end{cases} \end{cases} \tag{3-8}$$

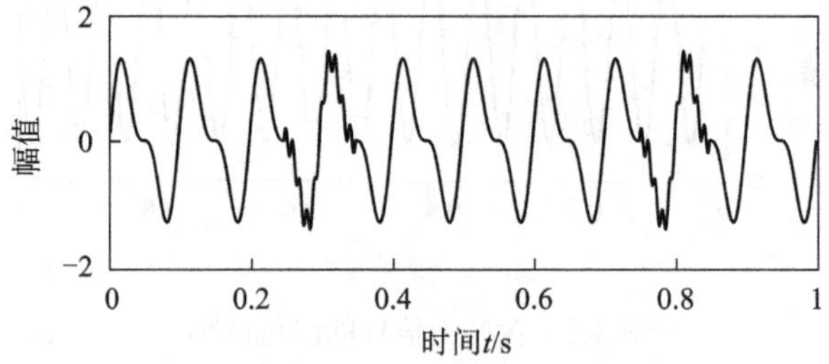


图 3-3　含高频间断信号的时域波形

对该信号分别进行 EMD 和 EWT 分解，结果如图 3-4 所示。从分解结果发现，EMD 分解结果中出现了模态混叠问题：IMF1 中包含有间断高频分量和部分正弦分量的这两个不同时间尺度成分。由于 EMD 分解过程中的误差累积，导致难以精确识别和分解间断性的低幅值高频振荡分量。因此，EMD 分解不但没有将正弦分量中包含的两个频率成分分解开，反而和间断高频分量混叠在一起。EWT 分解基于傅里叶频谱分割，高频振荡分量在频谱表现上远离信号其他分量，因此 EWT 将间断高频分量和两个正弦分量完整地分解到三个分量中。

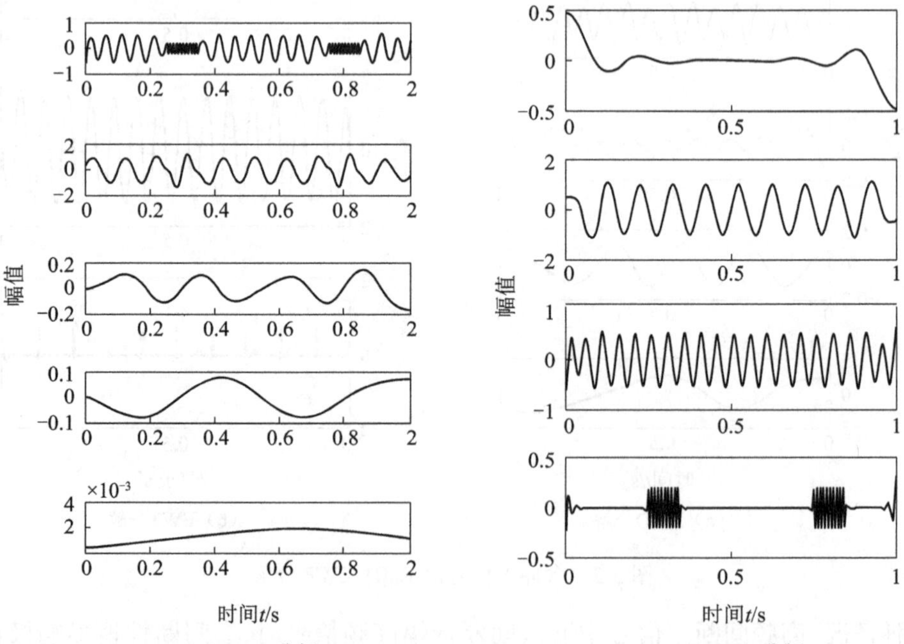


图 3-4　含高频间断信号的 EMD、EWT 分解

第三种情况：频率相近。信号中分量频率相近时，由于属于不同分量的极值点相距过近，很难准确分辨。分析式(3-9)所示的仿真信号，其时域波形如图 3-5 所示。

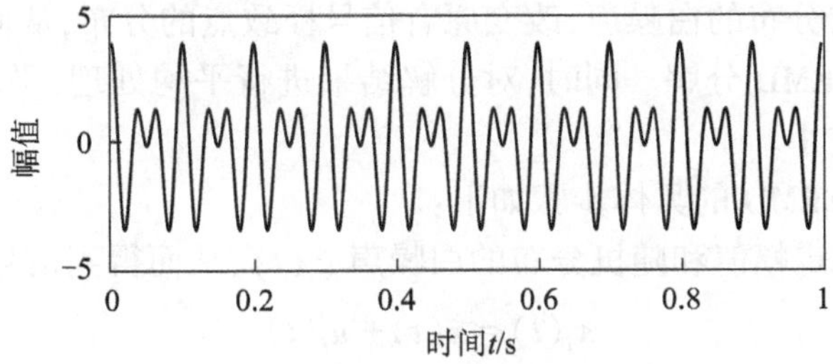


图 3-5　含频率相近信号的时域波形

$$\begin{cases} x_3(t) = f_1(t) + f_2(t) \\ f_1(t) = 2\cos 40\pi t \\ f_2(t) = 2\cos 60\pi t \end{cases} \tag{3-9}$$

对该信号分别进行 EMD 和 EWT 分解，结果如图 3-6 所示。由于信号的两个分量频率过于接近，在 EMD 分解结果中出现了模态混叠问题：分解得到的 IMF1 包含 $f_2(t)$ 和 $f_1(t)$ 的一部分；第二个分量中包含 $f_1(t)$ 的部分，同时伴随出现大量虚假分量。EWT 分解避免了模态混叠问题，两个分量被完整分解为不同分量。

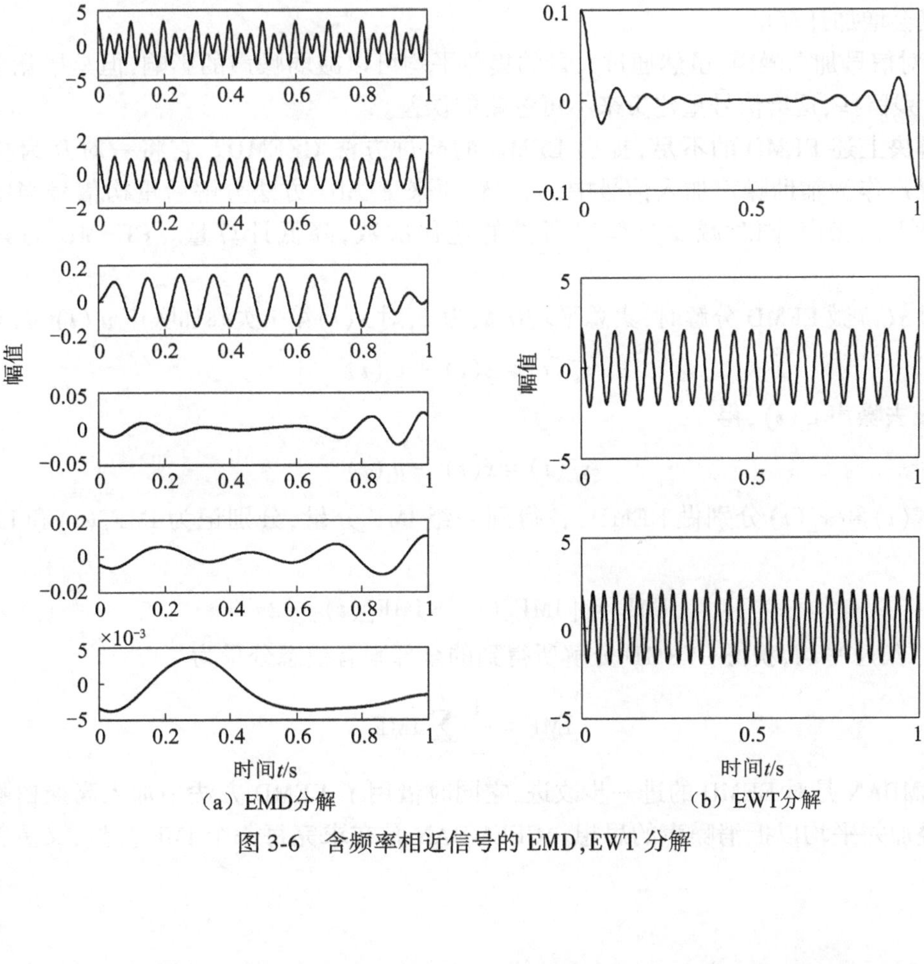


图 3-6　含频率相近信号的 EMD，EWT 分解

从上述三个例子可以看出,以上三种情况下 EMD 分解失败,出现多个虚假分量。EEMD 是黄锷团队提出的一种 EMD 改进的方法,用来抑制 EMD 方法中的模态混叠。它通过在分解的过程中多次引入均匀分布的白噪声,改变原有信号极致点的分布,从而得到更加精准的上下包络线,有利于进一步 EMD 分解。同时,对分解结果进行平均处理,平均处理次数越多,噪声给分解带来的影响就越小。

对信号 $x(t)$ 进行 EEMD 的具体步骤如下:

(1)对 $x(t)$ 加上一定幅值和随机分布的白噪声 $u_i(t)$,从而得到信号

$$x_i(t) = x(t) + u_i(t) \tag{3-10}$$

(2)对 $x_i(t)$ 做 EMD 分解,得到它的 IMF 分量为 $c_i^j(t)$,上标 $j$ 为 $x_i(t)$ 的第 $j$ 个 IMF 分量,$i=1,2,\cdots,L$。

(3)做集总平均,得到 $x(t)$ 的所有 IMF 分量为

$$c_j(t) = \frac{1}{L}\sum_{i=1}^{L} c_i^j(t) \tag{3-11}$$

式中,$L$ 是白噪声产生的次数,也是实现集总平均的次数。

EEMD 通过白噪声的不相关性能够改善 EMD 的模态混叠,但是 EEMD 自身也存在不足,主要为以下两点:

(1)EEMD 需要大量的集总平均次数才能将白噪声抵消掉或者仅仅留下可以忽略的量,这样无疑会增加计算量。

(2)对信号加白噪声,虽然通过大量的集总平均可以减弱噪声的影响,但是毕竟会在每个 IMF 分量残留些,这给信号重建带来不可忽略的误差。

为解决上述 EEMD 的不足,提出 EEMD 的改进方法 CEEMD。它将一对互为相反数的正负白噪声作为辅助噪声加入信号中,以减轻原来 EEMD 方法分解后重构信号当中残留的多余的辅助白噪声,同时减少分解时所需的迭代次数,降低计算量。CEEMD 的具体步骤如下:

在对 $x(t)$ 做 EEMD 分解时,集总平均次数为 $L$,对 $x(t)$ 第 i 次添加噪声 $u_i(t)$ 后,有

$$x_i^+(t) = x(t) + u_i(t) \tag{3-12}$$

令 $x(t)$ 减去噪声 $u_i(t)$,得

$$x_i^-(t) = x(t) - u_i(t) \tag{3-13}$$

对 $x_i^+(t)$ 和 $x_i^-(t)$ 分别做 EEMD,各得到一组 IMF 分量,分别记为 $\mathrm{IMF}_i^+(t)$ 和 $\mathrm{IMF}_i^-(t)$,令

$$\mathrm{IMF}_i = [\mathrm{IMF}_i^+(t) + \mathrm{IMF}_i^-(t)]/2 \tag{3-14}$$

对 $\mathrm{IMF}_i$ 求集总平均,获得 CEEMD 分解所得到的全部固有模态分量为

$$\mathrm{IMF} = \frac{1}{L}\sum_{i=1}^{L} \mathrm{IMF}_i \tag{3-15}$$

CEEMDAN 是对 EEMD 的进一步改进,它同时借用了 EEMD 方法中加入高斯白噪声和通过多次叠加并平均以抵消噪声的思想。CEEMDAN 是在求完每一个 IMF 分量,又重新给残差

加入白噪声,并求此时的IMF分量的集总均值,逐次迭代完成分解。相比于EEMD具有更快的计算速度和更好的模态分解结果。CEEMDAN的分解步骤如下:

(1)在对$x(t)$做CEEMDAN分解时,集总平均次数为$L$,对$x(t)$第$i$次添加噪声$u_i(t)$后,并对新的信号进行EMD分解,得到一阶IMF分量$c_1^j(t)$。

(2)对产生的$L$个模态分量$c_1^j(t)$进行集总平均,得到CEEMDAN分解的第一个IMF分量

$$c_1(t) = \frac{1}{L}\sum_{j=1}^{L} c_1^j(t) \tag{3-16}$$

(3)计算去除第一个IMF分量后的残差为

$$r_1(t) = x(t) - c_1(t) \tag{3-17}$$

(4)把$r_1(t)$作为新的原信号,重复步骤(1)。对后面的$r_k(t)$也进行同样的筛选,直到获得的残差信号为单调函数,算法结束。此时,得到IMF数量为$n$,则原信号$x(t)$最终被分解为

$$x(t) = \sum_{k=1}^{n} c_k(t) + r_n(t) \tag{3-18}$$

需要指出的是,上述改进方法能在一定程度上抑制EMD的模态混叠,但是由于EMD基于用曲线包络拟合极值点,模态混叠只是缓解,无法从根本上消除。这促进了其他自适应分解方法的发展。

## 3.3 经验小波分解

从前面的仿真信号分析可以看出,与EMD相比,经验小波分解(EWT)分解的虚假模态少很多,且都出现在第一个IMF,EWT分解能较好地抑制EMD中出现的模态混叠。EWT通过频谱分割实现信号分解,只要信号成分在频域是分离的,合理设计滤波器就能将各成分有效分解。EWT也存在端点效应,但是只发生在信号的两端,不会导致信号严重失真。

EWT假设信号由多个调幅调频(AM-FM)分量组成,这些分量频域可分。构造一组带通滤波器可以用于对频谱进行分割和滤波,并且可以将信号自适应地分解为几个固有模式分量。EWT可以通过以下三个步骤来实现:

(1)傅里叶频谱$F(\omega)$可以通过对离散信号$f(t)$做FFT来获得。假设傅里叶谱$[0,\pi]$连续划分为$N$个频带,则可以获得傅里叶谱中的前$N$个最大值$M=\{M_i\}, i=1,2,\cdots,N$,从而推导出它们对应的频率$\Omega=\{\Omega_i\}, i=1,2,\cdots,N$。在局部极值模式下[式(3-19)],可以确定连续最大值之间的最小值$(\Omega_{n-1},\Omega_n)$作为要划分的边界,还可以得到边界$\omega=\{\omega_i\}, i=1,2,\cdots,N$。每个频带可以表示为$\Lambda_n=[\omega_{n-1},\omega_n]$。

$$\omega_n = \begin{cases} 0, & n = 0 \\ \operatorname{argmin} X(\omega), & 1 \leqslant n \leqslant N-1, \Omega_{n-1} \leqslant \omega \leqslant \Omega_n \\ \pi, & n = N \end{cases} \tag{3-19}$$

(2)根据经验小波的定义,为每个频带构造一个合适的带通滤波器。在EWT中,经验小波的基函数是基于Meyer小波设计的。最后,可以构造由低通滤波器$\hat{\varphi}_n(\omega)$和$N-1$带通滤波器$\hat{\psi}_n(\omega)$组成的滤波器组。

$$\hat{\varphi}_n(\omega)=\begin{cases}1, & |\omega|\leqslant\omega_1-\tau_1\\ \cos\left\{\frac{\pi}{2}\beta\left[\frac{1}{2\tau_1}(|\omega|-\omega_1+\tau_1)\right]\right\}, & \omega_1-\tau_1\leqslant|\omega|\leqslant\omega_1+\tau_1\\ 0, & \text{其他}\end{cases}\tag{3-20}$$

$$\hat{\psi}_n(\omega)=\begin{cases}1, & \omega_n+\tau_n\leqslant|\omega|\leqslant\omega_{n+1}-\tau_{n+1}\\ \cos\left\{\frac{\pi}{2}\beta\left[\frac{1}{2\tau_{n+1}}(|\omega|-\omega_{n+1}+\tau_{n+1})\right]\right\}, & \omega_{n+1}-\tau_{n+1}\leqslant|\omega|\leqslant\omega_{n+1}+\tau_{n+1}\\ \sin\left\{\frac{\pi}{2}\beta\left[\frac{1}{2\tau_n}(|\omega|-\omega_n+\tau_n)\right]\right\}, & \omega_n-\tau_n\leqslant|\omega|\leqslant\omega_n+\tau_n\\ 0, & \text{其他}\end{cases}\tag{3-21}$$

式中,$\tau_n=\gamma\omega_n$,$\gamma$是大于零又充分小的参数,

$$\beta(x)=x^4(35-84x+70x^2-20x^3)$$

(3)根据小波理论和内积运算,可以提取出模式分量。进行内积运算,得到近似系数为

$$W_f^e(0,t)=(f,\varphi_1)=\int f(\tau)\overline{\varphi_1(\tau-t)}\mathrm{d}\tau\tag{3-22}$$

细节系数为

$$W_f^e(n,t)=(f,\psi_n)=\int f(\tau)\overline{\psi_n(\tau-t)}\mathrm{d}\tau\tag{3-23}$$

其中经验小波函数和尺度函数可以通过式(3-20)和式(3-21)获得;$\overline{(\cdot)}$表示复共轭;$(\cdot)$表示内积运算。

经验模式可以通过式(3-24)获得:

$$\begin{cases}f_0(t)=W_f^e(0,t)*\varphi_n(t)\\ f_n(t)=W_f^e(k,t)*\psi_n(t)\end{cases}\tag{3-24}$$

式中,$*$为卷积运算。

EWT根据信号特征确定节点的频带边界,构造自适应小波滤波器,提取信号中的不同模式,将自适应信号分解问题转化为自适应傅里叶频谱分割问题。EWT尺度函数和小波函数是基于所分析信号中包含的信息自适应生成的,并且不需要关于信号的先验信息。由于非迭代分解和自适应频带的选择,EWT可以克服固定频带分配引起的模态混叠问题。作为一种频率自适应分解方法,EWT创新性地结合了EMD的自适应分解概念和小波变换理论的紧密支撑框架,也为信号分析提供了新的思路[26]。

基于频谱分割方法的 EWT 将在频域中构建严格支撑的滤波器组来提取分量,从而在许多情况下避免了时间尺度的混叠。尽管 EWT 产生的模态混叠得到了抑制,但在分解复杂信号时,由于边界问题和其他因素,会出现伪分量。通过 3.2 节分析可知, EWT 可以有效地抑制模态混叠,适用于复杂信号分析。EWT 通过频谱划分实现信号分解。只要信号的分量在频域中分离,合理设计滤波器就可以有效地分解每个分量。尽管 EWT 具有末端效应,但这种分解方法不会造成严重的信号失真。

EWT 在对信号进行分解时,必须通过对傅里叶频谱的合理划分才能获得良好的结果。针对实际分析中存在的不便,本书提出一种基于循环包络谱分割方法和相关分量优化的改进经验小波变换方法(improved empirical wavelet transform,IEWT)。上述两个步骤如下:

**1. 循环包络谱分割算法**

在 EWT 的局部极值模式中,通常选择振幅相对较高的前 $N$ 个极值点作为频带划分的中心。虽然可以保留较高频率的分量,但会出现主分量过分解的问题,弱故障特征会与其他分量混合,给故障特征提取带来很大困难。因此,本书放弃了只以振幅为极值点的指标测量,而是引入了最大包络拟合,并提出循环包络谱分割(cycle envelope spectral segmentation,CESS)法。主要步骤如下:

(1)加载信号并进行快速傅里叶变换以获得信号的傅里叶频谱,并设置理想分解模式的数量 $N$。

(2)检测信号频谱中的所有极大值点,并计算极大值点的个数为 $m$。

(3)如果 $m>3N$,则需要通过相对幅值而不是绝对幅值来搜索频谱峰值。即对上一轮已查到的极大值点再次进行极大值检测,重新标记极大值点并重新计算极大值点的数量。重复步骤(2),直到 $m \leqslant 3N$。

(4)基于三次样条函数识别所有的局部极大值并插值所有的局部极值以形成谱的上包络。

(5)检测包络曲线上的所有局部极小值,并将其作为谱划分边界。

(6)在相邻边界之间构造经验小波滤波器,将信号分解为一系列单分量。

**2. 相关分量优化算法**

通过 CESS 确定分割频谱边界,可以将信号分解成一组单分量之和。

$$f(t)=\sum_{k=1}^{N} f_k(t)=\sum_{k=1}^{N} a_k(t)\cos[\varphi_k(t)] \tag{3-25}$$

式中,$a_k(t)$是第 $k$ 个调制信号;$\cos(\varphi_k(t))$是第 $k$ 个载波信号。

每个 $a_k(t)$可能包含周期性脉冲信息或属于不同载波信号的类似调制信号,这可能导致结果的冗余并削弱故障特性。由于在实际采集的信号中无法避免噪声和各种干扰的存在,因此有必要对具有相似主要信息的分量进行合理的优化或后处理。为了获得更合理的结果,本书提出相关分量优化方法(correlation component optimization,CCO)。在获得初始单个分量后,通过测量两个信号之间的线性关系的 Pearson 相关系数和经验标准来组合相似分量。Pearson 相关系数可通过以下公式计算:

$$r_{1,2}=\left|\frac{\sum_{i=1}^{n}[F_1(i)-\overline{F}_1][F_2(i)-\overline{F}_2]}{\sqrt{\sum_{i=1}^{n}[F_1(i)-\overline{F}_1]^2}\sqrt{\sum_{i=1}^{n}[F_2(i)-\overline{F}_2]^2}}\right| \tag{3-26}$$

式中，$\overline{F}_1$，$\overline{F}_2$ 分别表示 $F_1$，$F_2$ 的均值。

将计算相邻单个分量的包络谱 $f_{k1}(t)$ 和 $f_{k2}(t)$ 的相关系数，作为判断这两个分量是否属于同一模式的基础。$r_{1,2}$ 的值在[0,1]的范围内。如果 $r_{1,2}=1$，则两个被测分量满足线性相关性 $f_{k1}(t)=\lambda f_{k2}(t)$，这意味着两个信号的频率分量相同。如果 $r_{1,2}=0$，则两个分量之间的相关性较低。此外，判断阈值由式(3-27)给出：

$$\eta=\min(R)+l[\max(R)-\min(R)],l\in[0,1] \tag{3-27}$$

式中，$R$ 表示 Pearson 相关系数；$l$ 为常数(根据多次实验结果，选定 $l=0.6$)。

当两个分量之间的相关性大于 $\eta$ 时，可以确定这两个分量包含更多相似的信息，属于同一模式；否则，可以确定它们属于不同的模式。基于 CCO 的方法按以下步骤执行：

(1)加载通过循环包络频谱分割方法获得的初始分量。

(2)依次对得到的单个分量进行希尔伯特变换，得到包络谱。

(3)计算相邻分量包络谱的 Pearson 相关系数。

(4)基于相关性阵列中的最大值和最小值来计算相关性判别阈值。

(5)根据阈值，将对初始组件进行优化，并获得新的组件组。

实践证明，高速列车传动系统辐射信号主要分量频域可分，用本书提出改进经验小波处理信号能有效提出故障特征，本章 3.5 节将给出诊断实例。

## 3.4 变分模态分解

变分模态分解(VMD)是一种完全非递归的分解方法，它通过反复搜索最优化的变分模态解，不断地修正每个模态解和中心频率，从而获得几个频段内的 IMF 分量[27,28]。在 VMD 算法中，将本征模态函数定义为一个 AM-FM 信号为

$$u_k(t)=A_K(t)\cos[\varphi_k(t)]$$

$$\omega_k(t)=\varphi_k'(t)=\frac{\mathrm{d}\varphi_k(t)}{\mathrm{d}t}\geqslant 0$$

式中，$A_k(t)$ 是 $u_k(t)$ 的瞬时振幅；$\omega_k(t)$ 是瞬时频率。相位的变化速率高于包络和瞬时频率，这意味着在足够长的间隔内$[t-\delta,t+\delta]$，$\delta\approx 2\pi/\varphi_k'(t)$，该模式可以被视为具有幅值和瞬时频率的纯谐波信号。

对于每个 IMF，为了评估其带宽，首先通过希尔伯特变换计算其解析信号，以获得单边非负频率的频谱。然后，它的频谱通过与调频到相应中心频率的指数谐波相乘而转移到基带。最后，可以通过梯度的平方范数来估计带宽。由此产生的约束变分优化问题是

$$\min_{\{u_k(t)\},\{\omega_k\}} \sum_k \frac{\partial}{\partial t}\left\|\left\{\left[\delta(t)+\mathrm{j}\frac{1}{\pi t}\right]*u_k(t)\exp\right\}(-\mathrm{j}\omega_k t)\right\|_2^2$$

$$\text{s.t.} \sum_{k=1}^{K} u_k(t)=f(t) \tag{3-28}$$

式中,$\delta$ 为冲击函数;$K$ 为提取模态分量的个数;$f(t)$ 为输入信号;$u_k$ 为分解得到的 $k$ 个模态分量;$\omega_k$ 为各分量的中心频率;$*$ 为卷积操作。

在此基础上,引入二次惩罚函数,并引入拉格朗日乘数,从而将问题转化为非约束性变分问题。利用交替方向乘子法迭代更新求解相应的 $u_k^{n+1}$,$\omega_k^{n+1}$,$\lambda^{n+1}$ 为

$$\hat{u}_k^{n+1}(\omega)=\frac{\hat{f}(\omega)-\sum_{i\neq k}\hat{u}_i(\omega)+\dfrac{\hat{\lambda}(\omega)}{2}}{1+2\alpha(\omega-\omega_k)^2} \tag{3-29}$$

$$\omega_k^{n+1}=\frac{\int_0^{\infty}\omega\,|\hat{u}_k(\omega)|^2\mathrm{d}\omega}{\int_0^{\infty}|\hat{u}_k(\omega)|^2\mathrm{d}\omega} \tag{3-30}$$

$$\hat{\lambda}^{n+1}(\omega)=\hat{\lambda}^{n}(\omega)+\tau\left(\hat{f}(\omega)-\sum_{k}^{n+1}\hat{u}_k(\omega)\right) \tag{3-31}$$

式中,$\hat{u}_k^{n+1}(\omega)$,$\hat{u}_i(\omega)$,$\hat{f}(\omega)$,$\hat{\lambda}(\omega)$分别为 $u_k^{n+1}(t)$,$u_i(t)$,$f(t)$,$\lambda(t)$的傅里叶变换;$\tau$ 为噪声容忍度。

VMD 算法的采用迭代方法,其完整算法总结如下:

(1)将$\{u_k\}$,$\{\omega_k\}$,$\{\lambda^1\}$以及 $n$ 初始化为 0,并且预先设定收敛阈值 $\varepsilon$ 以及分解个数 $K$ 和惩罚因子 $\alpha$。

(2)利用式(3-29)~式(3-31)更新相应的 $u_k^{n+1}$,$\omega_k^{n+1}$,$\lambda^{n+1}$。

(3)直到满足 $\dfrac{\sum_k \|u_k^{n+1}-u_k^n\|_2^2}{\|u_k^n\|_2^2}<\varepsilon$,则停止迭代,退出循环,继续执行步骤(2)。

(4)最终得到 $K$ 个 IMF 的信号分量和相应的中心频率,完成分解。

VMD 放弃了 EMD 的三次样条曲线拟合的分解方法,将分解方法改为变分模型的构造和求解,不涉及局部极值点的拟合问题[29]。由于分解方法的本质区别,与常 EMD 相比,VMD 在抗模态混合和噪声鲁棒性方面具有明显优势,在计算上具有一定优势。

在 VMD 参数设置过程中,较小的模式数和惩罚因子可能导致模式混叠;小的模式数和大的惩罚因子将丢弃一些模式作为噪声;较大的模数和较小的惩罚因子将向分解的分量添加额外的噪声;较大的模式数和惩罚因子可能导致模式混叠。因此,如何确定要分离的 IMF 数量 $K$ 和惩罚因子 $\alpha$ 是 VMD 中的一个关键问题[30,31]。下面通过仿真信号分析说明 VMD 参数对分解结果的影响。

考虑多分量信号 $x(t)$:

$$\begin{cases}x_1(t)=2\sin 10\pi t+1.5\sin 20\pi t\\x_2(t)=(4+4\cos 10\pi t+3\cos 20\pi t)\sin 300\pi t\\x_3(t)=(3+3\cos 10\pi t+2\cos 20\pi t)\sin 600\pi t\\x_4(t)=\sum_{k=0}^{19}2\exp[-50(t-0.1k)]\sin[900\pi(t-0.1k)]\\x(t)=x_1(t)+x_2(t)+x_3(t)+x_4(t)+\varepsilon\cdot n(t)\end{cases}\tag{3-32}$$

信号 $x(t)$ 模拟一个齿轮轴的振动信号,如图 3-7 所示。采样频率 $f_s=2\ 000$ Hz;采样点 $N=4\ 000$。$x_1(t)$ 是轴振动信号,5 Hz 和 10 Hz 分别表示轴的旋转频率及其二次谐波。$x_2(t)$ 和 $x_3(t)$ 是齿轮振动信号,150 Hz 和 300 Hz 分别表示啮合频率及其二次谐波。$x_4(t)$ 是来自滚动轴承的振动信号,故障特征频率为 450 Hz。$n(t)$ 是零均值功率为 0.1 的高斯白噪声,$\varepsilon$ 是用于调整信噪比的常数。令 $\varepsilon=1$。

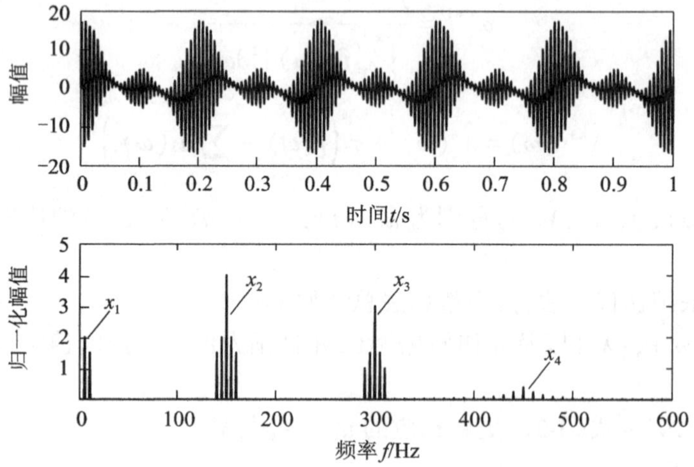


图 3-7　信号 $x(t)$ 波形和频谱

图 3-7 显示了信号 $x(t)$ 时域波形和频谱。容易看出,四个分量在频域可分。由于轴承振动信号微弱,故障特征频率不突出。图 3-8(a)显示了 EMD 的分解结果。可以发现,EMD 将原始信号分解为八个 IMF 和一个残差。很明显,EMD 发生了严重的模态混叠,出现了虚假 IMF。EEMD 的分解结果如图 3-8(c)所示。总共获得了 11 个 IMF,图中只绘制了前八个。显然,EEMD 可以缓解模态混叠,但模态混叠和虚假 IMF 仍然存在。此外,无法找到轴承振动信号。使用 CEEMD 和 CEEMDAN 处理信号。两种算法都获得了 10 个以上的分量,为方便对比,这里只显示了前八个分量。根据频谱图可以看出,EMD 的各种改进都不能消除模式混叠。添加白噪声改善了时域中极值点的分布,但其随机性并不能从根本上解决 EMD 的缺陷。与 EEMD 相比,CEEMD 和 CEEMDAN 可以提高分解效率,但不能有效减少模式混叠。

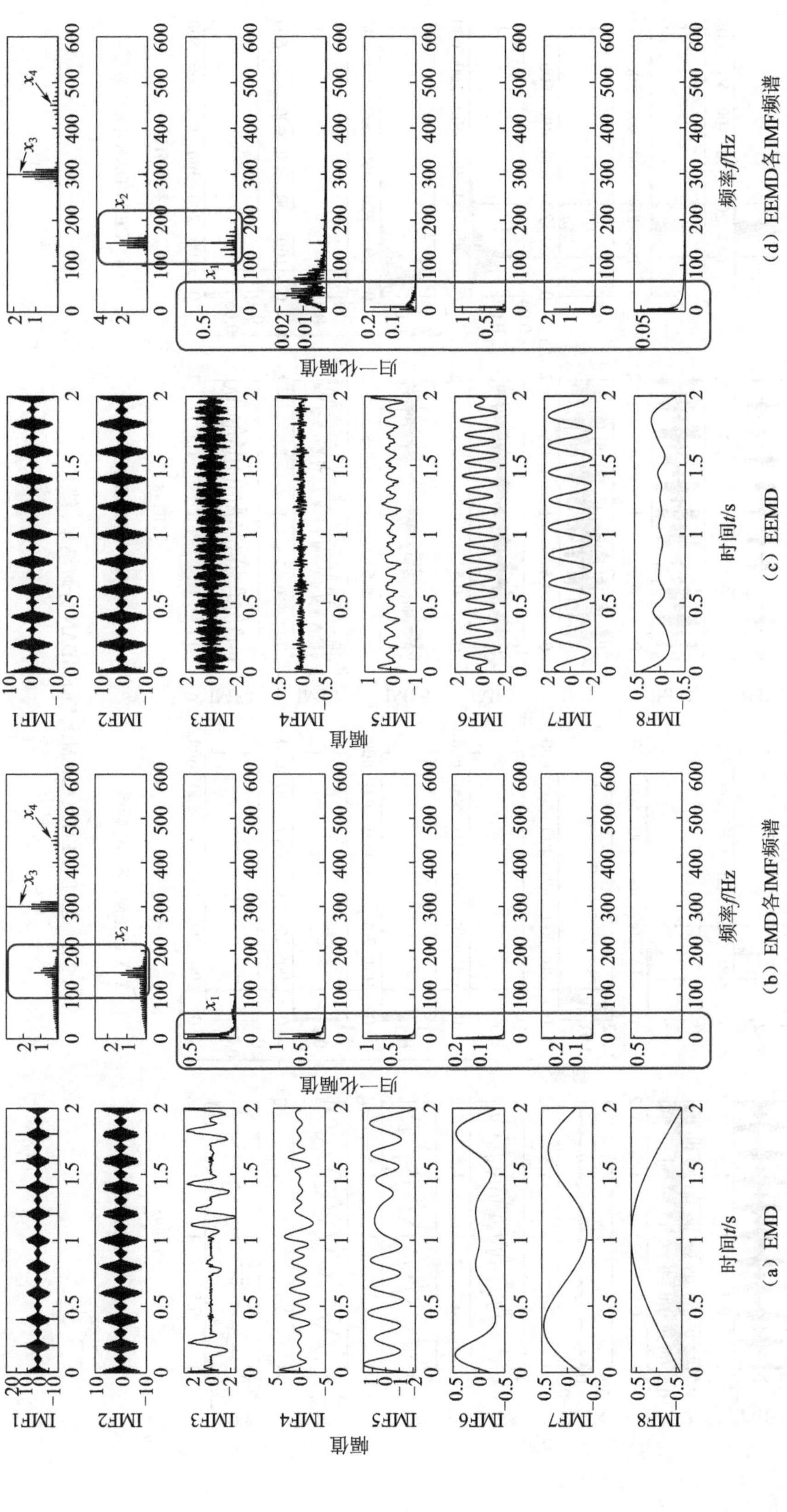


图 3-8　EMD，EEMD，CEEMD，CEEMDAN 分解结果

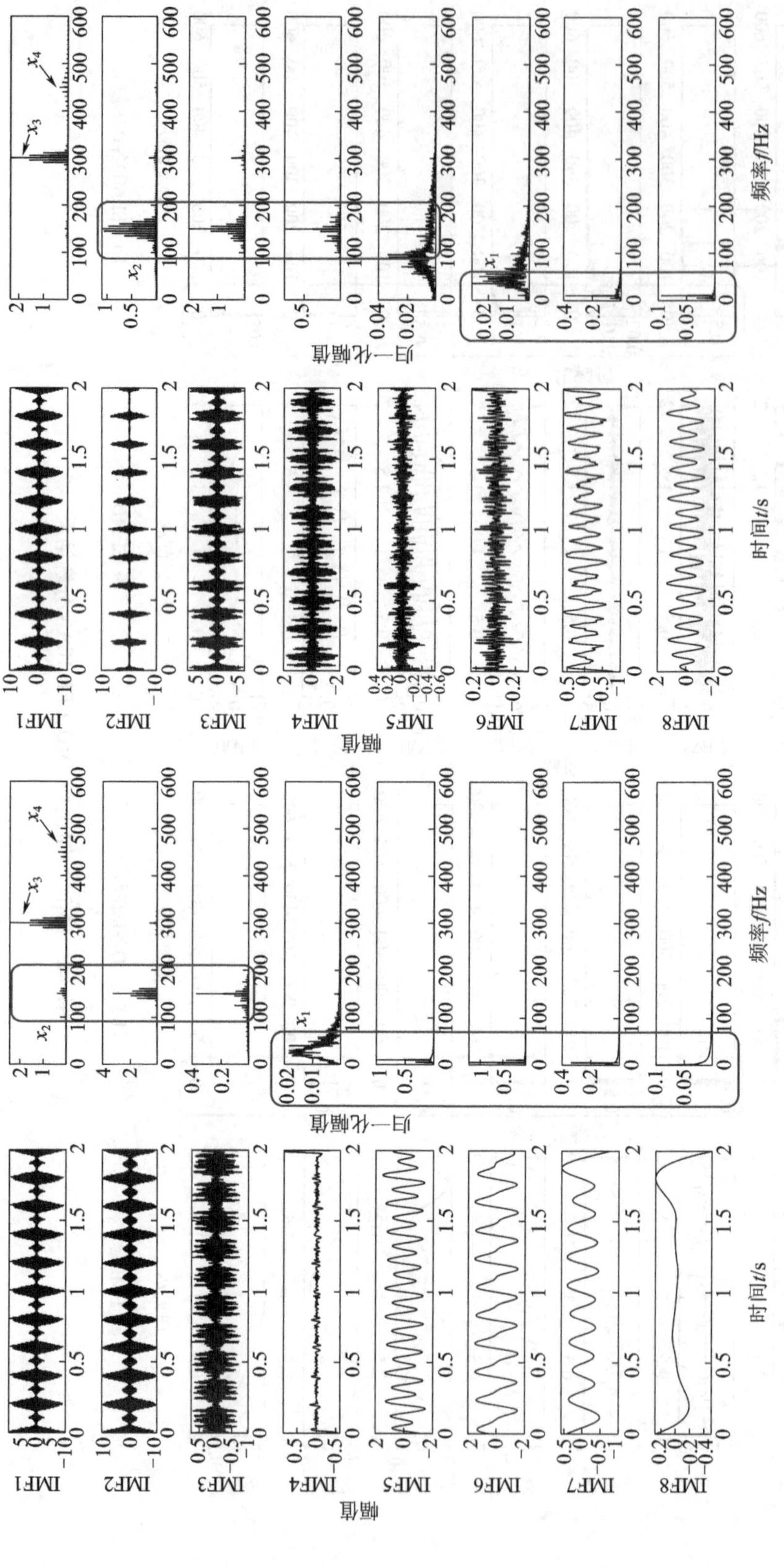


（e）CEEMD （f）CEEMD各IMF频谱 （g）CEEMDAN （h）CEEMDAN各IMF频谱

图 3-8 EMD，EEMD，CEEMD，CEEMDAN 分解结果（续）

对用式(3-32)生成的仿真信号$x(t)$进行VMD分解,设置VMD参数$K=4$和$\alpha=2\,100$。从图3-9中可以发现,获得了四个IMF。信号$x(t)$中的四个分量被很好地分离,并且不存在伪IMF。更重要的是,轴承振动信号几乎完全保留在IMF4中。图3-10(a)和图3-10(b)是参数选择不当时的VMD分解结果,模式数分别为$K=3$和$K=5$。可以看出,模式$K$的数量对VMD的分解结果起着决定性的作用,$K$的选择不当会导致完全错误的分解结果。设置VMD参数$K=4$和$\alpha=2\,500$,分解结果如图3-11所示。与图3-9相比,分解结果差异较小。惩罚因子$\alpha$决定了IMF的带宽,对分解结果的影响相对较小。然而,如果$\alpha$的值与最优值相差很大,即$\alpha=1\,000$时,也会导致错误的分解结果,如图3-12所示。

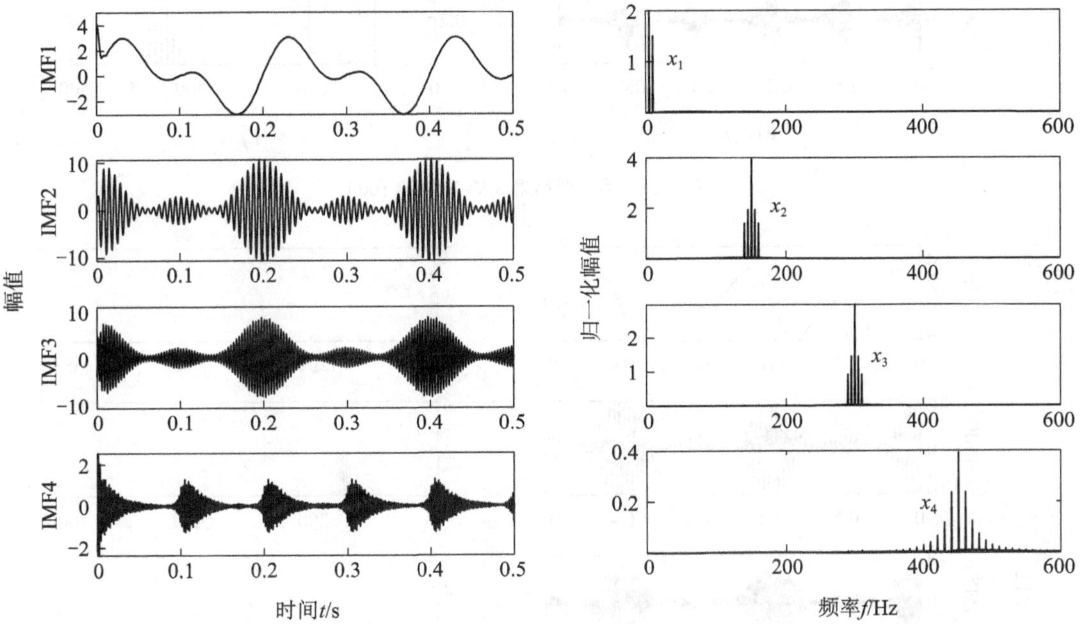


图3-9 VMD分解的结果($K=4,\alpha=2\,100$)

如前所述,模态个数和惩罚因子的不同组合将影响VMD分解结果的准确性。如果模态混叠和中心频率重叠在分解后没有发生或不严重,则达到预期效果。因此,提前准确设置参数成为一个新问题。VMD的参数选择过去采用的是经验法或试算法。目前,参数大多是通过优化算法搜寻[32,33]。通常情况下,VMD的最佳参数可以通过优化算法找到。但是,优化算法需要初始化许多参数,如果参数选择不当,就会陷入局部最优解,这限制了其使用。由于$K$和$\alpha$取离散值,一些学者建议使用有限穷举方法来搜索VMD的最优参数组合,以避免局部最小值的干扰。熵能从系统的角度描述信号和系统的不规则性和不确定性,被广泛用作适应度函数[34]。不适当的参数选择会增加VMD分解后每个分量的熵值,因此,通过计算各种参数组合($K,\alpha$)下分解分量的熵值,熵最小值对应的($K,\alpha$)就是VMD的最佳参数。有限穷举方法对适应度函数提出了更高的要求,适应度函数要能反映信号的复杂性,同时计算不能太费时。

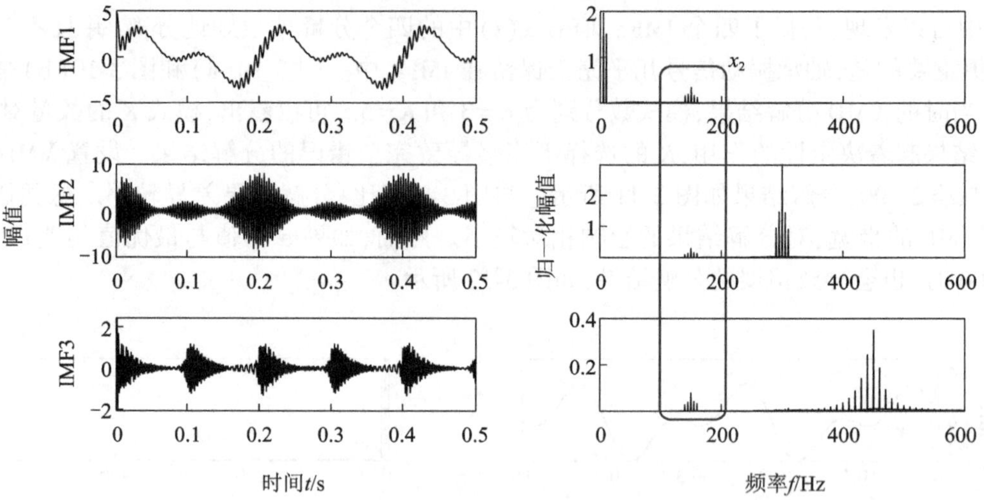


（a）第一个结果（$K$=3，$\alpha$=2 100）

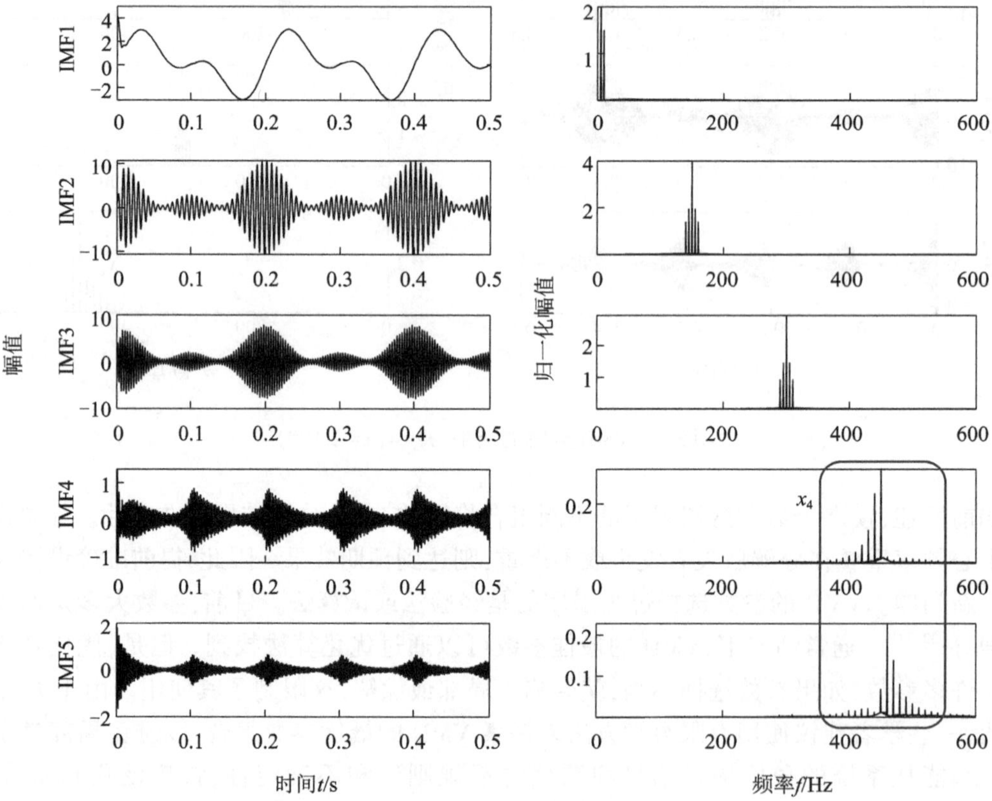


（b）第二个结果（$K$=5，$\alpha$=2 100）

图 3-10　VMD 分解的结果

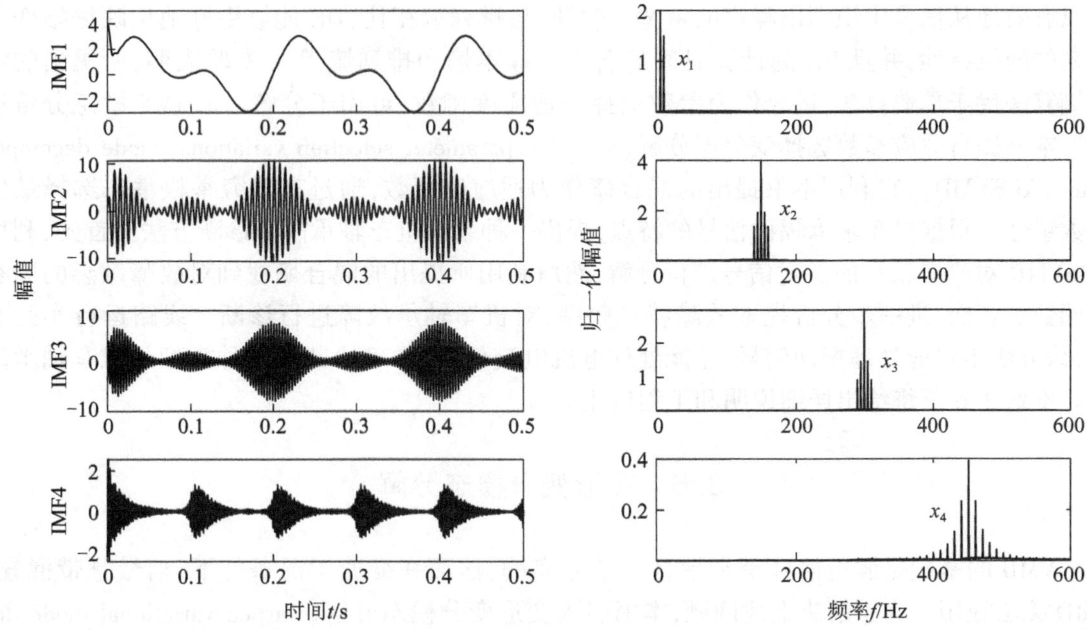


图 3-11　VMD 分解的结果（$K=4,\alpha=2\ 500$）

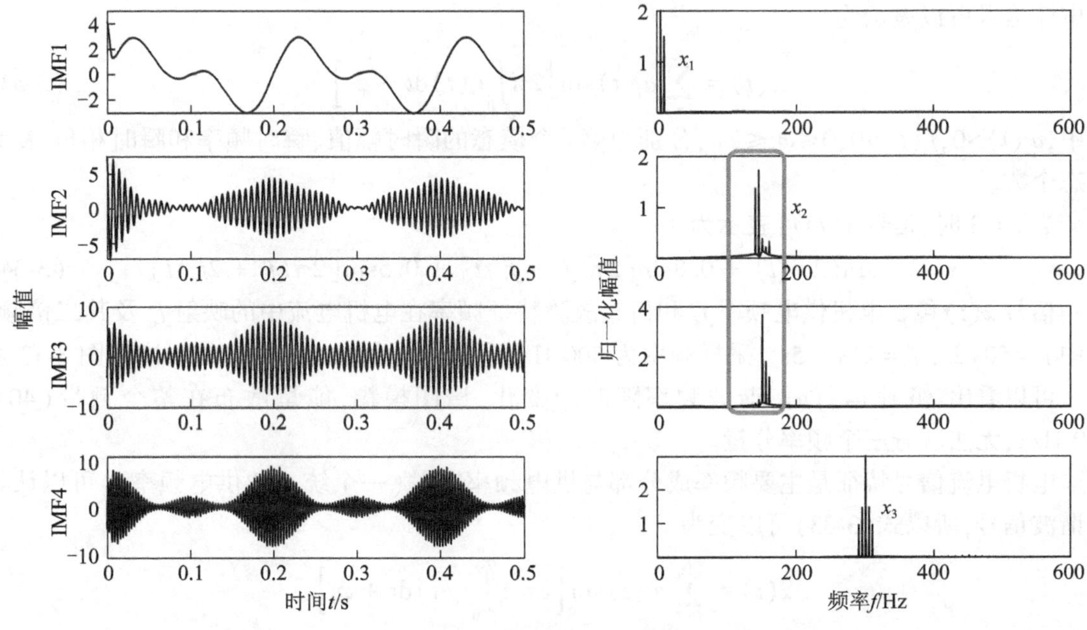


图 3-12　VMD 的分解结果（$K=4,\alpha=1\ 000$）

为了构造一个有用的适应度函数，本书从模糊性和随机性两个不同的方面提出一种新的混合熵来描述随机信号。本书首先提出包络模糊熵。它具有模糊熵对时间序列长度不敏感、对噪声具有鲁棒性的优点，它通过对序列执行包络分析来减少计算量。此外，色散熵（dispersion entropy，DE）可以测量信号的随机特性，具有较强的抗干扰能力[35]。实际数据分析表明，DE

可以有效地从信号中识别出噪声的带宽。此外，与排列熵相比，DE 能够更好地反映振幅变化带来的随机特性，并且 DE 的计算时间显著少于样本熵和排列熵[36]。实验表明，所提出的混合熵算法优于单熵算法，适合作为参数选择的适应度函数，可用于分解后的 IMF 敏感分量选择。本书提自适应参数选择变分模分解(adaptive parameter selection variational mode decomposition，APSVMD)，它利用本书提出的混合熵作为适应度函数，通过有限穷举枚举来选择最优参数组合。根据机车轴承辐射信号的特点，提出一种新的机车轴承故障诊断方法。首先，利用 APSVMD 对机车轴承的发射信号进行分解，然后利用所提出的混合熵找到对故障敏感的固有模函数。其次，进一步分析提取故障特征频率，对机车轴承故障进行诊断。线路运行实验表明，该方法不仅能处理振动信号，还能处理电机电流信号，准确诊断出各种类型的机车轴承故障。本章 3.6 节将给出详细说明和工程应用。

## 3.5 变形变分模态分解

VMD 的基础是假定信号是窄带且频域分离的，然而在变速工况条件下，信号频带混叠，VMD 无法施用。为了解决上述问题，本书引入变形变分模态分解(warped variational mode decomposition，WVMD)[19]，原理如下：

实际线路运行的机车牵引电机定子电流信号，含有多组 AM-FM 成分。当变速运行时，电机电流信号可以表示为

$$x(t) = \sum_{i=1}^{K} a_i(t)\sin\left[2\pi\int_0^t f_i(t)\,\mathrm{d}t + \varphi_i\right] \tag{3-33}$$

式中，$a_i(t)>0$，$f_i(t)>0$，$0\leqslant\varphi_i\leqslant 2\pi$，分别为第 $i$ 个模态的瞬时幅值、瞬时频率和瞬时相位，$K$ 为模态个数。

当 $K=3$ 时，信号 $x(t)$ 可表示为

$$x(t) = \sin(2\pi f_s t) + 0.8\sin[2\pi(f_s + f_c)t] + 0.5\sin[2\pi(f_s + 2f_c)t] \tag{3-34}$$

信号 $x(t)$ 包含电机供电频率 $f_s$ 和齿轮故障特征频率在电机电流中的映射 $f_c$ 及其二倍频，其中 $f_s=50+2t$，$f_c=23+1.5t$。采样频率为 500 Hz，采样点数为 2 000，信号的频谱如图 3-13 所示。可以看出，变速运行时，谐波频率随时间变化，谱图模糊，能量散布在整个频带(40～150 Hz)，无法区分三个频率分量。

电机电流信号特征是主要频率成分都与供电频率有关(一个统一的供电频率)，可以认为是谐波信号，所以式(3-33)可以变为

$$\begin{aligned} x(t) &= \sum_{i=1}^{K} a_i(t)\sin\left[2\pi\alpha_i\int_0^t f_s(t)\,\mathrm{d}t + \varphi_i\right] \\ &= \sum_{i=1}^{K} a_i(t)\sin[2\pi\alpha_i\varphi_s(t) + \varphi_i] \end{aligned} \tag{3-35}$$

式中，$f_s(t)>0$ 是供电频率；$\alpha_i$ 代表谐波次序；$\varphi_s(t)=\int_0^t f_s(t)\,\mathrm{d}t$。

针对式(3-35)，可以用相位 $\varphi_s(t)$ 作为新的坐标系将信号由时域转变为相位域，新的坐标系为 $y=\varphi(t)\in[0,\varphi(T)]$，$t\in[0,T]$，然后用 $t=\varphi^{-1}(t)$，带入式(3-35)中，获得变形信号为

$$x^{\omega}(y)=x[\varphi^{-1}(y)]=\sum_{i=1}^{n}\alpha_i^{\omega}(y)\sin(2\pi\alpha_i y+\varphi_i),\quad 0\leqslant y\leqslant\varphi(T)\tag{3-36}$$

式中,$x^{\omega}(y)$代表在新的坐标系 $y$ 下的变形信号;$\alpha_i^{\omega}(y)$是第 $i$ 个变形信号的幅值;$\alpha_i,i=1,2,\cdots,K$ 为频率(也可以认为是谐波序列)。

将供电频率的相位代入式(3-34)中得

$$x^{\omega}(y)=\sin[2\pi\alpha_1(y)y]+0.5\sin[2\pi\alpha_2(y)y]+0.2\sin[2\pi\alpha_3(y)y]\tag{3-37}$$

变形后信号的频谱(阶谱)如图 3-14 所示。实际电流信号中,由于供电频率和齿轮故障频率不是严格的线性关系,为准谐波信号,导致谐波次序是变化的。其中,$\alpha_1(y)=1$,$1.4<\alpha_2(y)<1.6$,$1.9<\alpha_3(y)<2.1$。变形后三个谐波分量频带是分离的,符合 VMD 假定条件,因此可用 VMD 分解。

VMD 分解获得的信号分别为$\{\tilde{x}_i^{\omega}(y)\}$,$i=1,2,\cdots,K$,然后通过逆变换转变为原始的坐标系,使用 $y=\varphi(t)$,可以获得

$$\tilde{x}_i(t)=\tilde{x}_i^{\omega}[\varphi(t)],\quad 0\leqslant t\leqslant T\tag{3-38}$$

式中,$\{\tilde{x}_i(t)\}$,$i=1,2,\cdots,K$ 为 WVMD 分解的最终信号。

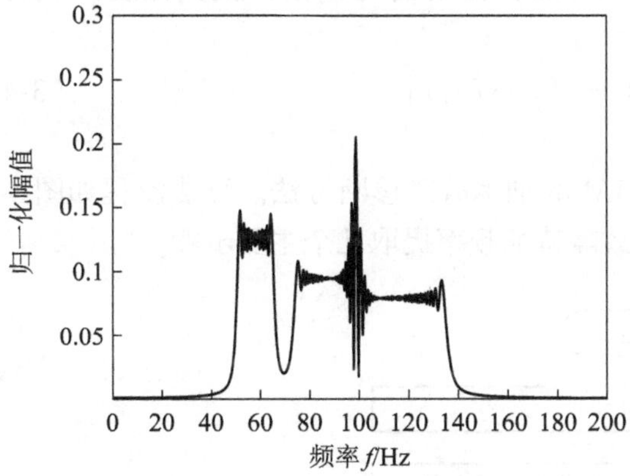


图 3-13 信号 $x(t)$的频谱

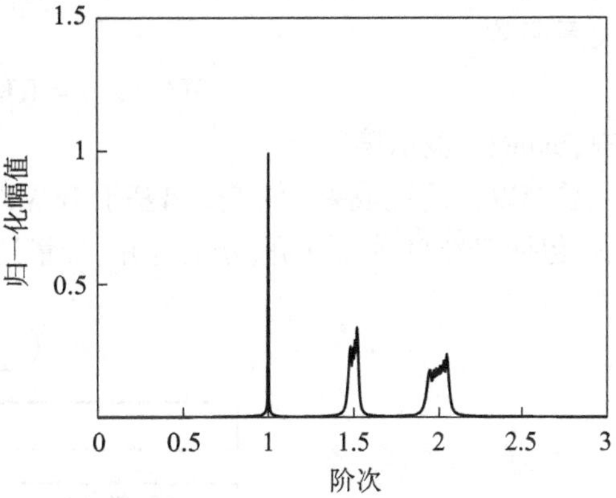


图 3-14 变形信号 $x^{\omega}(y)$的频谱

## 3.6 工程应用

### 3.6.1 基于 IEWT 的故障诊断

**1. 基于 IEWT 的诊断流程**

原信号经过自适应分解为多个 IMF 分量,需要筛选出包含故障信息最多、最清晰的分量进一步分析,提取故障特征。峭度对随机脉冲很敏感,被广泛是用来选择故障敏感分量。但是,峭度易受噪声干扰,有时不够准确。本节提出了新的敏感分量评估指标(sensitive IMFs assessing index,SIAI)结合信号的相关性和对称性,获得时域、频域和幅度域的特征,提取故障信息。

能量熵作为一类信息熵,可以反映故障分布信息。轴承故障特征更多地体现在 IMF 分量

的包络谱中，因此首先选择包络谱能量熵从频域评价 IMF 分量。假定信号 $x$ 可以分解得到一组分量$\{x_1,\cdots,x_n\}$，将分量 $x_i$ 的包络谱 $X_i$ 划分为 $H$ 个区域，其中第 $h$ 区域的能量为 $E_h$，总能量为 $E=\sum_{h=1}^{H}E_h$，定义 $P_h=\frac{E_h}{E}$，则分量 $x_i$ 的包络谱能量熵为

$$\mathrm{ESE}(x_i)=-\sum_{h=1}^{H}(P_h\ln P_h) \tag{3-39}$$

显然，IMF 分量包含的信息量越多，其 ESE 值越大。由于分量是 IEWT 分解信号后时间尺度上的模函数，ESE 越大，其中包含的频率的贡献概率就越一致。因此，成分更有可能包含故障信息。ESE 可用于评估组件的价值，用于故障诊断或特征提取。当故障发生时，分量与原始故障信号之间的相关系数直接指示其故障特征在时域中的程度。因此，在包络谱能量熵中引入分量与信号之间的相关系数 $R(x_i,x)$ 可以更合理地评估时域和频域中的分量。最后，得到该分量的时频指标 $\mathrm{RE}(x_i)$ 为

$$\mathrm{RE}(x_i)=|\mathrm{ESE}(x_i)|*R(x_i,x) \tag{3-40}$$

为了平衡函数关系，引入偏度来衡量成分形态分布的偏离程度。如果偏差程度较低，则形态分布更加均匀和对称。敏感 IMF 评估指数（SIAI）的特征是由时频指标及其偏度组成的线性关系函数：

$$\mathrm{SIAI}(x_i)=\mathrm{RE}(x_i)-|\mathrm{Skew}(x_i)| \tag{3-41}$$

式中，Skew( )表示偏度。

总结以上研究成果，本书提出基于 IEWT 和 SIAI 的轴承故障诊断方法。算法流程如图 3-15 所示，包括信号自适应分解、分量合并、分量选择、故障特征频率提取几个主要步骤。

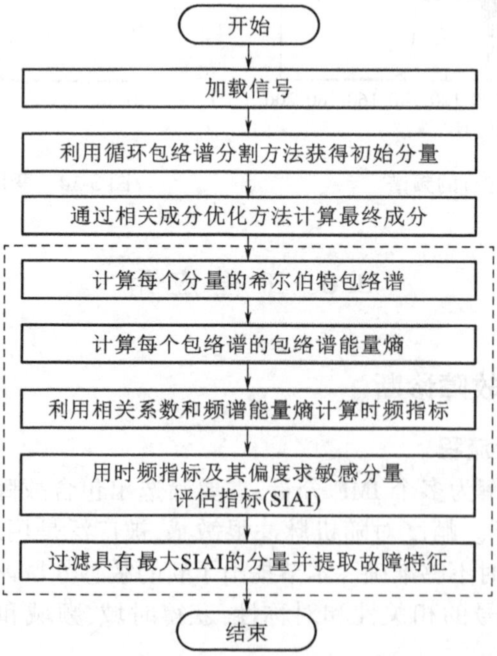


图 3-15　基于 IEWT 的故障特征提取算法流程图

**2. 工程应用——机车轴承故障诊断**

实验机车型号为 HXD3C 型电力机车,在机车轴箱轴承上安装振动加速度传感器。机车实际线路运行速度为 100 km/h,对应车轮转速为 424 r/min,转频为 7 Hz。振动信号采样频率为 8 kHz。该型号机车的轴箱轴承为 FAG 801804 型圆锥滚子轴承,相关参数见表 3-2,由此计算得到测试转速下的轴承各元件故障特征频率见表 3-3。

**表 3-2　机车走行部轴箱轴承参数**

| 轴承型号 | 内圈直径/mm | 外圈直径/mm | 节圆直径/mm | 滚子直径/mm | 滚子个数/个 | 接触角/(°) |
|---|---|---|---|---|---|---|
| FAG 801804 | 160 | 270 | 215 | 30 | 18 | 0° |

**表 3-3　机车走行部轴箱轴承故障特征频率**

| 损伤位置 | 外圈 | 内圈 | 滚动体 | 保持架 |
|---|---|---|---|---|
| 特征频率/Hz | 54. 7 | 72. 8 | 24. 0 | 3. 0 |

采集到的信号波形及其频谱如图 3-16 所示。可见波形很复杂,有很多冲击,但很难确定其周期性。频谱中的高频分量占很大比例,并表现出明显的调制特性,表明轴承存在故障,但特征频率淹没在环境噪声中。下面利用 IEWT 对轴承故障分析诊断。

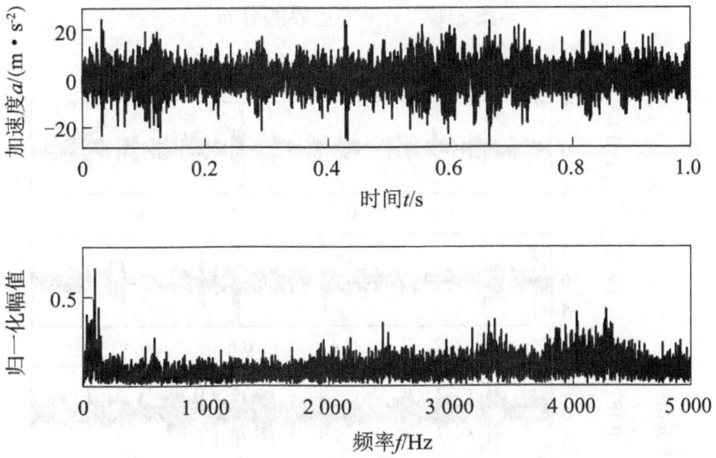


图 3-16　振动信号波形和频谱

经过计算,原始边界如图 3-17(a)所示。频谱分为 17 个部分,其中一些是噪声。为了减少无效分量的数量并抑制模态混叠,应用了所提出的 CCO。如果相邻分量的 Pearson 相关系数高于阈值,则它们将被合并。组(13,14)和组(11,12)的相关性较低。前 11 个 IMF 与后三个 IMF 的相关性相似,阈值为 0. 760 8,最终将获得 5 个边界,如图 3-17(c)所示。图 3-18 显示了 IEWT 获得的分量。

为了过滤包含最多故障信息的分量,应用了敏感 IMF 评估指数(SIAI)。表 3-4 列出了计算过程中包络谱能量熵(ESE)、时频指标(RE)、偏度(Skew)和敏感 IMF 评估指数(SIAI)的值。

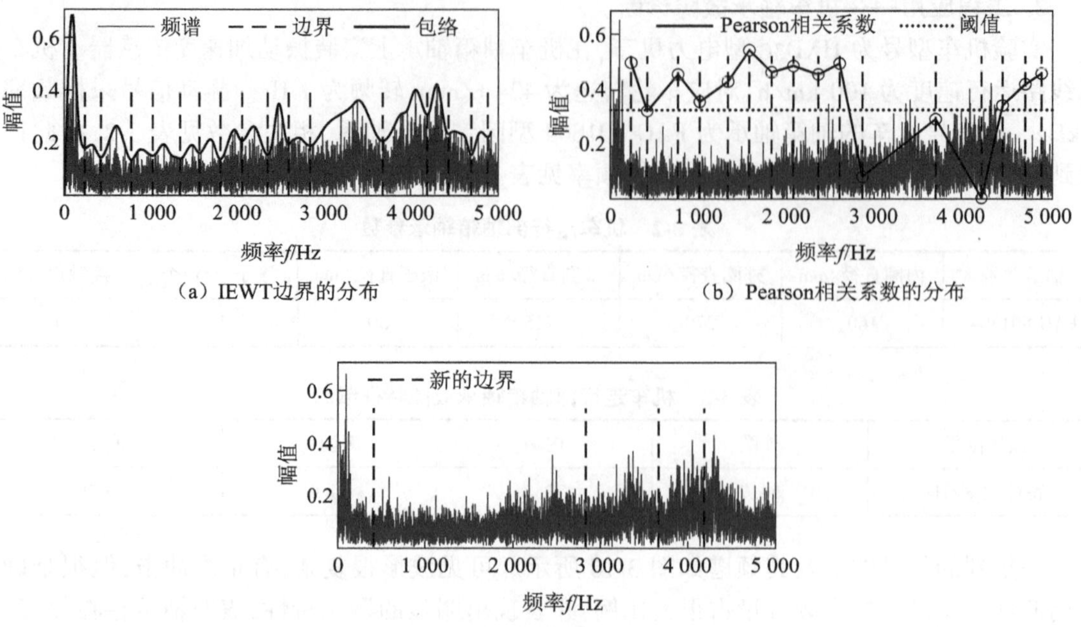


（a）IEWT边界的分布

（b）Pearson相关系数的分布

（c）IEWT的最终边界

图 3-17　IEWT 边界的分布

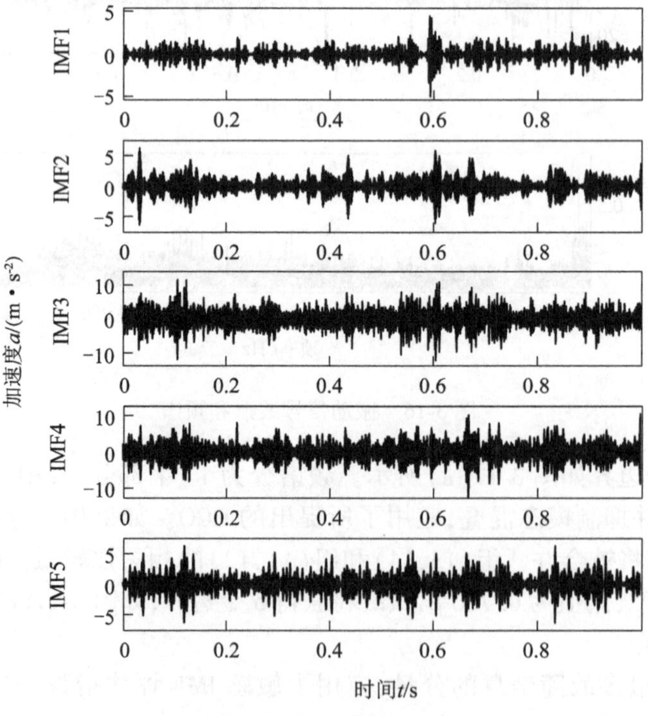


图 3-18　IEWT 的分解结果

表 3-4　IEWT 的规格化敏感参数值

| IMF | ESE | RE | Skew | SIAI |
|---|---|---|---|---|
| 1 | -0.695 2 | 0.098 3 | -5.71e-08 | 0.983 |
| 2 | -0.694 8 | 0.155 3 | -3.04e-13 | 0.155 3 |
| 3 | -0.721 2 | 0.321 6 | -0.088 3 | 0.233 3 |
| 4 | -0.706 9 | 0.299 5 | -2.62e-14 | 0.299 5 |
| 5 | -0.694 3 | 0.143 8 | 2.65e-08 | 0.143 8 |

尽管 IMF3 具有最大的 RE，但其较大的偏度影响最终结果。因此，提取具有最大 SIAI 的 IMF4，并计算其包络谱，如图 3-19 所示。比较容易找到轴的旋转频率及其倍频。轴承内圈故障的特征频率(72 Hz)及其二倍频(144 Hz)也清晰可见。因此，判断轴承存在内圈故障。机车随后被送回机务段。卸下轴承，发现轴承内圈损坏，证实了诊断结论。

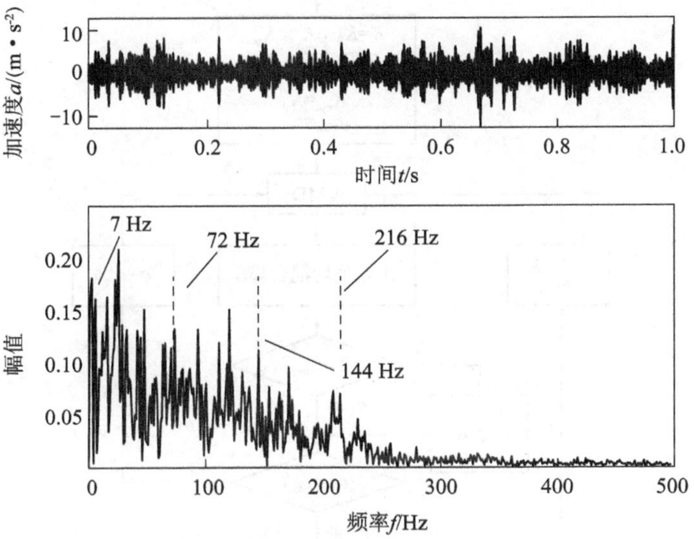


图 3-19　IMF4 及其包络谱

## 3.6.2　基于 APSVMD 的故障诊断

### 1. 基于 APSVMD 的诊断流程

基于熵的 VMD 参数选择对熵算法提出了很高的要求。本书将包络模糊熵和色散熵混合为新的混合熵描述信号复杂性，作为一个适应度函数来评估分解效果。此外，提出自适应参数选择变分模式分解(APSVMD)，该方法以新的混合熵为评价指标，通过有限穷举枚举选择最优参数组合。使用该方法进行参数优化的精度可以根据不同的要求进行选择。实验表明，在正常情况下 $\alpha$ 步长为 500 时，可以获得令人满意的参数；当要求参数精度高时，设置 $\alpha$ 步长为 100。当计算时间没有限制时，搜索步长 $\alpha$ 设置为 1 以获得最优解。APSVMD 的主要步骤如下：

(1)设置参数 $K$ 的初始值、最大值和步长，即流程图中的 $K=K_0:K_i:K_{\max}$。$K_0$ 是分解个数的初始值,通常取为 3。$K_i$ 是算法中使用的步长,建议值为 1。$K_{max}$ 是模型的最大值,通常不大于 10。然后对惩罚因子 $\alpha$ 进行初始化。根据文献和实验经验确定了最佳值:初始值 $\alpha_0=500$,最大值 $\alpha_{max}=4\ 000$,步长 $\alpha_i=500$。

(2)由于混合熵总是小于 6,因此,将其设置为 6 的初始值,即 $S_{min}=6$。$K_{opt}$ 和 $\alpha_{opt}$ 分别用于表示参数 $K$ 和 $\alpha$ 的最优值。初始时,$K_{opt}=3$,$\alpha_{opt}=500$。

(3)将 VMD 应用于给定信号。

(4)计算每个 IMF 的混合熵 $S$。如果 $S<S_{min}$,则设 $S=S_{min}$。更新参数 $K_{opt}$ 和 $\alpha_{opt}$ 的最佳值。

(5)设 $\alpha=\alpha+\alpha_i$,重复步骤(3)和(4),直到 $\alpha=\alpha_{max}$。

(6)设 $K=K+K_i$,然后重复步骤(3)和步骤(4),直到 $K=K_{max}$。

(7)输出参数 $K_{opt}$ 和 $\alpha_{opt}$ 的最佳值。

APSVMD 算法流程图如图 3-20 所示。

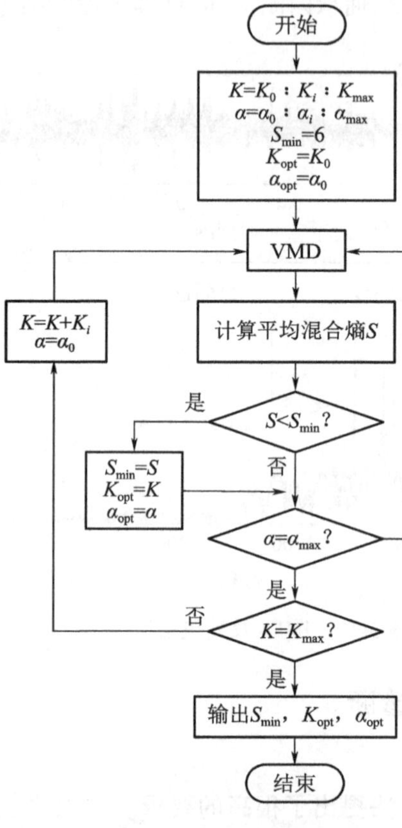


图 3-20　APSVMD 算法流程图

通过 APSVMD 算法获得 VMD 合适的参数组合后,用此参数进行 VMD 分解。再根据混合熵特征,选择最敏感的 IMF 进一步分析,提取故障特征。

**2. 工程应用——牵引电机轴承故障诊断**

本节使用电机电流特征分析技术来诊断电机故障。诊断测试也在 HXD3C 机车上进行。机车装有六台 YJ85A 型四极感应牵引电动机。每台电机的额定功率为 1 250 kW,额定电源电压为 2 150 V,额定电流为 390 A。轴端轴承为 NU330(单列圆柱滚子轴承),风扇端轴承为

NU320 和 QJ318(四点接触球轴承)。当机车以 118 km/h 的速度运行时,以 2 000 Hz 的采样频率采集机车第四轴牵引电机的一相的电流信号。信号的波形和相应的功率谱如图 3-21 所示。从图 3-21 中可以看出,牵引电机电流中有许多分量,其中电源频率(79. 1 Hz)及其 5、7、11 次谐波明显。

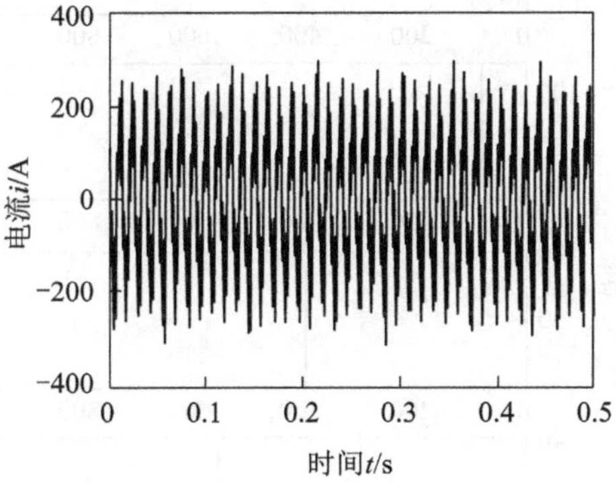


(a) 牵引电机电流信号波形

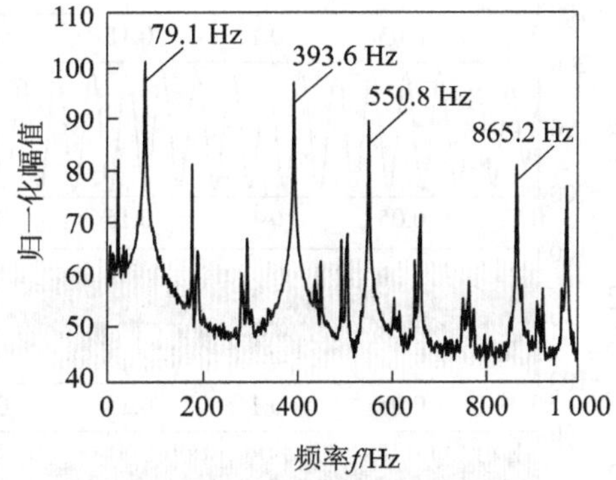


(b) 电机电流信号的功率谱

图 3-21 机车牵引电机电流信号

轴承部件的故障会引起轴承的异常振动,导致定子和转子之间的相对运动,从而改变定子和转子间的气隙。然后,气隙的变化将在定子电流中产生新的频率分量。电机定子电流谱中与轴承故障相关的频率见表 3-5。

**表 3-5 电机定子电流谱中的轴承故障频率**

| 位 置 | 径向偏心 | 扭 转 |
|---|---|---|
| 外圈故障 | $f_{outer}=f_s \pm kf_o$ | $f_{outer}=f_s \pm kf_o$ |
| 内圈故障 | $f_{inner}=f_s \pm f_r \pm kf_i$ | $f_{inner}=f_s \pm kf_i$ |
| 滚动体故障 | $f_{roller}=f_s \pm f_{cg} \pm kf_b$ | $f_{roller}=f_s \pm kf_b$ |

表 3-5 中,$f_s$ 是电源频率;$f_o$ 是轴承外圈故障的特征频率;$f_i$ 是轴承内圈故障的特征频率;$f_b$ 是滚柱故障的特征频度;$f_{cg}$ 是保持架故障的特征频次;$f_r$ 是电机轴的旋转频率;$k=1$, 2,3…。根据表 3-5,可以通过分析电机定子电流中谐波分量来检测电机轴承故障。

HXD3C 型电力机车的传动比为 21 : 101,机车的运行速度为 118 km/h,因此牵引电动机的转子转速为 2 436 r/min。这样可以计算在该速度下轴承的特征故障频率。例如,轴端轴承外圈故障的特征频率为 213. 4 Hz。

将 APSVMD 应用于电流信号,得到五个本征模函数。图 3-22(a)显示了左侧的五个 IMF 及其右侧的相应频谱。根据上述混合熵,选择 IMF1 进行进一步分析。IMF1 在对数谱中的放大和功率谱重绘如图 3-22(b)所示。从图中可以找到 21 Hz($f_b-f_s$)、179 Hz($f_s+f_b$)和 280 Hz ($f_s+2f_b$)的分量。它们是电机电流中轴承滚柱故障的特性频率,提示牵引电机轴承滚动体损伤。联系了维修部门,对牵引电机进行了拆卸。当取下轴端轴承时,发现滚动体已严重损坏。

更换新的轴承后，故障消失，证实了诊断结论。APSVMD 是高速列车传动系统故障特征提取的有力工具。

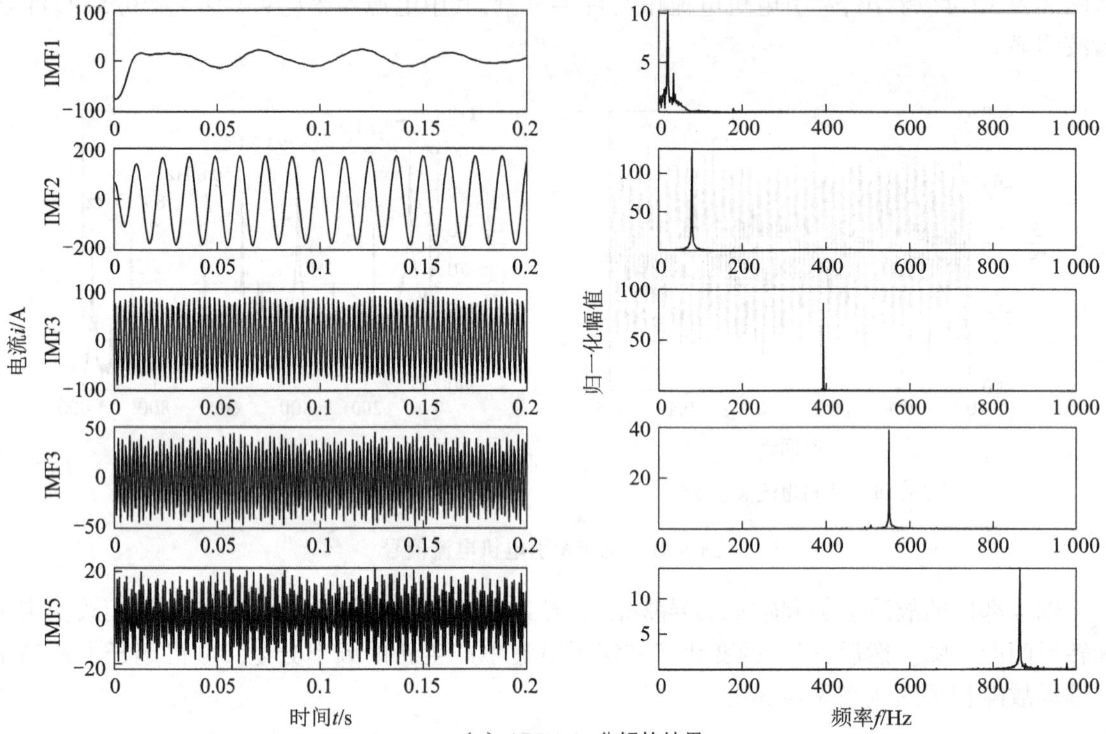


(a) APSVMD分解的结果

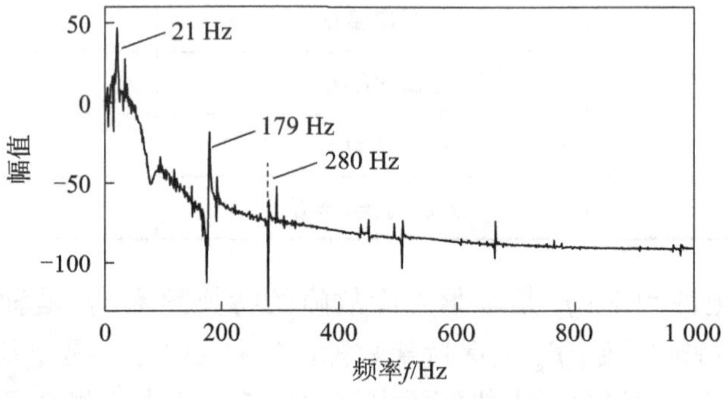


(b) IMF1的功率谱

图 3-22　电机电流信号 APSVMD 的分解结果

## 小　结

(1)高速列车实际线路运行时，对外辐射信号非常复杂，信号非平稳、非高斯性特征突出，包括多组调幅调频分量。此外，传动轴上零部件很多，信号传递路径长，使得有用信号信噪比往往很低，准确提取故障特征一般需要对信号先做预处理，分解成不同子带分量，抑制噪声，减小不同分量之间的相互影响。

(2)信号的自适应分解是根据信号本身的特征,将信号分解成不同时间尺度且具有明确物理意义的分量。与小波变换等固定基分解方法不同,自适应分解不需要预先设定参数,根据信号自身特征分解信号,构成一自适应滤波器组。频带个数、宽度等都由信号本身的特点所决定,所以能够克服小波分解中频带二分所引起的缺乏灵活性的缺点,也不要求选择窄带滤波的中心频率及带宽等参数,降低了对分析人员的要求。因此,具有很好的工程应用价值。

(3)高速列车传动系统辐射信号包含很多设备和零件的故障信息,一般而言这些信息占据不同的频带。因此,经验小波变换、变分模态分解这些基于频域滤波的自适应信号分析方法适用于高速列车传动系统故障诊断。

(4)经验小波变换通过构造紧支撑自适应滤波器将信号分解为多个固有模态分量,有效抑制了端点效应和模态混叠。经验小波分解必须通过傅里叶谱的合理分割来达到良好的效果。针对实际信号复杂多变、经验小波变换实施不便的问题,本书提出改进经验小波变换算法。通过引入循环包络分析,根据局部极值分割信号频谱,获取多个单分量;然后用相关系数衡量相邻分量间的关联度,将关联度高的单分量合并,减少滤波器的数量抑制噪声影响。工业现场应用证明了该方法能更高效合理地进行频谱分割,准确提取故障特征。

(5)变分模态分解适应性广,但是需要合理选择模态个数和惩罚因子,才能得到有好的效果。针对参数选择难题,本书提出基于混合熵的自适应参数选择变分模态分解。通过构造包含包络模糊和色散特性的混合熵,统一描述信号复杂性,检测变分模态分解固有模态分量的动态变化,作为适应度函数搜索确定变分模态分解的最优模态个数和惩罚因子。实验证明,本书提出的自适应参数选择变分模态分解能有效分解高速列车传动系统辐射信号。

(6)高速列车线路运行时,速度波动会引发频率调制,使得牵引电机电流信号具有宽带非平稳特征。因某些分量频谱重叠,常用自适应分析方法分解困难。电机电流信号的主要频率成分都与供电频率有关联,构成准谐波结构。这些谐波结构在谐波阶次域是分离的。基于变形原理的变形变分模态分解能有效分解存在频带重叠的非平稳电机电流信号,降低不同分量间的相互干扰。

## 参考文献

[1] 于德介,程军圣,杨宇. 机械故障诊断的 Hilbert-Huang 变换方法[M]. 北京:科学出版社,2006.

[2] 郑祖光,刘莉红. 经验模态分解与小波分析及其应用[M]. 北京:气象出版社,2010.

[3] 黄锷,张钰,吴召华. 非线性非平稳数据自适应分析方法[M]. 北京:科学出版社,2023.

[4] HUANG N E,SHEN Z,LONG S R,et al. The empirical mode decomposition and the hilbert spectrum for nonlinear and non-stationary time series analysis[J]. Proceedings of The Royal Society of London A:Mathematical, Physical and Engineering Sciences,1998,454:903-995.

[5] KEDADOUCHE M,THOMAS M,TAHAN A. A comparative study between empirical wavelet transforms and empirical mode decomposition methods:application to bearing defect diagnosis[J]. Mechanical Systems and Signal Processing,2016,81:88-107.

[6] JIANG X,WANG J,SHEN C,et al. An adaptive and efficient variational mode decomposition and Its application for bearing fault diagnosis[J]. Structural Health Monitoring,2020,20(5):2708-2725.

[7] WU Z,HUANG N E. Ensemble empirical mode decomposition:a noise-assisted data analysis method[J]. Advances in Adaptive Data Analysis,2009,1(1):1-41.

[8] 向玲,唐贵基,胡爱军.旋转机械非平稳振动信号的时频分析比较[J].振动与冲击,2010,29(2):42-45.

[9] YEH J R,SHIEH J S,HUANG N E. Complementary ensemble empirical mode decomposition:a novel noise enhanced data analysis method[J]. Advances in Adaptive Data Analysis,2010,2(2):135-156.

[10] HASSAN A R,SUBASI A,ZHANG Y C. Epilepsy seizure detection using complete ensemble empirical mode decomposition with adaptive noise[J]. Knowledge-Based Systems,2020,191(5):105333.

[11] XUAN B,XIE Q,PENG S. EMD sifting based on bandwidth[J]. IEEE Signal Processing Letters,2007,14(8):537-540.

[12] CHEN Q,HUANG N,RIEMENSCHNEIDER S,et al. A b-spline approach for empirical mode decompositions[J]. Advances in Computational Mathematics,2006,24(1-4):171-195.

[13] SMITH J S. The local mean decomposition and its application to EEG perception data[J]. Journal of The Royal Society Interface,2005,2(5):443-454.

[14] FREI M G,OSORIO I. Intrinsic time-scale decomposition:time-frequency-energy analysis and real-time filtering of non-stationary signals[J]. Proceedings of The Royal Society A:Mathematical,Physical and Engineering Sciences,2007,463(2078):321-342.

[15] 程军圣,郑近德,杨宇.一种新的非平稳信号分析方法:局部特征尺度分解法[J].振动工程学报,2012,25(2):215-220.

[16] FELDMAN M. Time-varying vibration decomposition and aanalysis based on the hilbert transform[J]. Journal of Sound and Vibration,2006,295:518-553.

[17] GILLES J. Empirical wavelet transform[J]. IEEE Transactions on Signal Processing,2013,61(16):3999-4010.

[18] DRAGOMIRETSKIY K,ZOSSO D. Variational mode decomposition[J]. IEEE Transactions on Signal Processing,2013,62(3):531-544.

[19] CHEN S,YANG Y,DONG X,et al. Warped variational mode decomposition with application to vibration signals of varying-speed rotating machineries[J]. IEEE Transactions on Instrumentation and Measurement,2018,68(8):2755-2767.

[20] DAUBECHIES I,LU J,WU H T. Synchrosqueezed wavelet transforms:an empirical mode decomposition-like tool[J]. Applied and Computational Harmonic Analysis,2011,30(2):243-261.

[21] PHAM D H,MEIGNEN S. High-order synchrosqueezing transform for multicomponent signals analysis—with an application to gravitational-wave signal[J]. IEEE Transactions on Signal Processing,2017,65(12):3168-3178.

[22] IATSENKO D,MCCLINTOCK P V E,STEFANOVSKA A. Nonlinear mode decomposition:a noise-robust,adaptive decomposition method[J]. Physical Review E,2015,92(3):032916.

[23] LEI Y,LIN J,HE Z,et al. A review on empirical mode decomposition in fault diagnosis of rotating machinery[J]. Mechanical Systems and Signal Processing,2013,35(1-2):108-126.

[24] XU C,YANG J,ZHANG T,et al. Adaptive parameter selection variational mode decomposition based on a novel hybrid entropy and its applications in locomotive bearing diagnosis[J]. Measurement,2023:113110.

[25] LIU Q,YANG J,ZHANG K. An improved empirical wavelet transform and sensitive components selecting method for bearing fault[J]. Measurement,2022,187:110348.

[26] ZHANG K,MA C,XU Y,et al. Feature extraction method based on adaptive and concise empirical wavelet transform and its applications in bearing fault diagnosis[J]. Measurement,2021,172:108976.

[27] ZHANG X,MIAO Q,ZHANG H,et al. A parameter-adaptive VMD method based on grasshopper optimization algorithm to analyze vibration signals from rotating machinery[J]. Mechanical Systems and Signal Processing, 2018,108:58-72.

[28] LI J,CHEN W,HAN K,et al. Fault diagnosis of rolling bearing based on GA-VMD and improved WOA-LSSVM[J]. IEEE Access,2020,8:166753-166767.

[29] KHARE S K,BAJAJ V. An evolutionary optimized variational mode decomposition for emotion recognition [J]. IEEE Sensors Journal,2020,21(2):2035-2042.

[30] 王琇峰,文俊. 基于噪声信号和改进 VMD 的滚动轴承故障诊断[J]. 噪声与振动控制,2021,41(2):118-124.

[31] 唐贵基,王晓龙. 变分模态分解方法及其在滚动轴承早期故障诊断中的应用[J]. 振动工程学报,2016,29(4):638-648.

[32] WANG J,ZHAN C,LI S,et al. Adaptive variational mode decomposition based on archimedes optimization algorithm and its application to bearing fault diagnosis[J]. Measurement,2022,191:110798.

[33] 李可,牛园园,宿磊,等. 参数优化 VMD 的滚动轴承故障诊断方法[J]. 振动工程学报,2023,36(1):280-287.

[34] KHARE S K,BAJAJ V. Entropy-based drowsiness detection using adaptive variational mode decomposition [J]. IEEE Sensors Journal,2020,21(5):6421-6428.

[35] ROSTAGHI M,AZAMI H. Dispersion entropy:a measure for time-series analysis[J]. IEEE Signal Processing Letters,2016,23(5):610-614.

[36] LI Y,GENG B,JIAO S. Dispersion entropy-based lempel-ziv complexity:a new metric for signal analysis[J]. Chaos,Solitons & Fractals,2022,161:112400.

# 第4章　高阶谱分析

第1章、第2章分析指出,高速列车牵引传动系统振动信号和电机电流信号都具有非高斯性的特征,具体表现形式为信号某些频率成分之间存在二次相位耦合。振动信号中最突出的二次相位耦合现象是齿轮和滚动轴承振动信号中的幅度调制,产生边频带结构[1,2]。齿轮局部故障导致机械扭矩变化,会引发传动系统产生以旋转频率为周期的剧烈振动,映射到驱动电机定子电流中在供电频率两侧形成边频带[3,4]。所有类型的牵引电机故障都会在电机电流中引发产生新的频率分量,这些频率分量间存在二次相位耦合[5,6]。基于小波变换的高精度频谱分析可以识别边频带结构,但是无法分析二次相位耦合程度。高速列车牵引传动系统信号中的二次相位耦合与故障有关,故障越严重,耦合程度越深[7,8]。高阶谱是处理非高斯信号的有力工具[9,10],能从根本上解决功率谱不能分析二次相位耦合程度的问题。本章介绍用高阶谱提取信号中的二次相位耦合及高速列车传动系统故障诊断中的应用。

## 4.1　高阶谱分析概述

### 4.1.1　高阶谱定义

高阶谱用累积量定义,因此也称累积量谱[11]。

对于随机变量$\{x(n)\}$,它的均值为0,$k$阶累积量绝对可和

$$\sum_{m_1=-\infty}^{\infty}\cdots\sum_{m_{k-1}=-\infty}^{\infty}|c_{k,x}(m_1,m_2,\cdots,m_{k-1})|<\infty \tag{4-1}$$

则$\{x(n)\}$的$k$阶谱为$k$阶累积量的$k-1$维傅里叶变换

$$S_{k,x}(\omega_1,\omega_2,\cdots,\omega_{k-1})=\sum_{m_1=-\infty}^{\infty}\cdots\sum_{m_{k-1}=-\infty}^{\infty}c_{k,x}(m_1,m_2,\cdots,m_{k-1})\exp\left(-\mathrm{j}\sum_{i=1}^{k-1}\omega_i m_i\right) \tag{4-2}$$

当$k=2$时

$$S_{2,x}(\omega_1)=\sum_{m_1=-\infty}^{\infty}c_{2,x}(m_1)\exp[-\mathrm{j}(\omega_1 m_1)] \tag{4-3}$$

为二阶累积量的一维傅里叶变换,即广泛使用的功率谱。

当$k=3$时

$$S_{3,x}(\omega_1,\omega_2)=\sum_{m_1=-\infty}^{\infty}\sum_{m_2=-\infty}^{\infty}c_{3,x}(m_1,m_2)\exp[-\mathrm{j}(\omega_1 m_1+\omega_2 m_2)] \tag{4-4}$$

为三阶累积量的二维傅里叶变换,称为双谱[12]。一般双谱可以表示为

$$B(f_1,f_2)=E\{X(f_1)X(f_2)X^*(f_1+f_2)\} \tag{4-5}$$

### 4.1.2　高阶谱性质

(1)双谱$B(f_1,f_2)$满足以下对称性质:

$$
\begin{aligned}
B(f_1, f_2) &= B(f_2, f_1) = B^*(-f_2, -f_1) = B^*(-f_1, -f_2) \\
&= B(-f_1-f_2, f_2) = B(-f_1-f_2, f_1) \\
&= B(f_1, -f_1-f_2) = B(f_2, -f_1-f_2)
\end{aligned}
\tag{4-6}
$$

(2)零均值高斯信号的高阶谱等于零。因此,双谱很适宜于分析淹没在高斯噪声中的非高斯信号,理论上可以完全抑制噪声,提取有用信息。

(3)双谱保留了信号的相位信息,可以用来描述非线性相位耦合。使用中常将双谱作归一化处理得到双相干谱[13],双相干谱的定义为

$$
\mathrm{BIC}(f_1, f_2) = \frac{|B(f_1, f_2)|}{\sqrt{E\{|X(f_1)X(f_2)|^2\}E\{|X(f_1+f_2)|^2\}}} \tag{4-7}
$$

双相干系数 $\mathrm{BIC}(f_1, f_2)$ 是归一化的双谱,值域在 0 和 1 之间,描述的是二次相位耦合程度。当系数值为 1 时,表示 $f_1+f_2$ 全部由 $f_1$, $f_2$ 相位耦合而成;当系数值为 0 时,表示 $f_1$, $f_2$ 完全没有相位耦合关系。也可理解为 $f_1$, $f_2$ 相位耦合能力在 $f_1+f_2$ 处能量所占比例。

### 4.1.3　高阶谱的物理意义

与功率谱相比,双谱的物理意义并不十分明确。功率谱表征信号能量随频率的分布,而双谱没有如此清晰的物理意义。结合机械振动信号的特点,可对双谱的物理意义提出近似的解释——零时延二阶累积量是信号的方差,零时延三阶累积量是信号的歪度[14]。因此,功率相当于信号方差在频域的分解,双谱是信号歪度在频域的分解。上述方法解释双谱的物理意义虽然不够严格,但是能比较容易地解释双谱的性质:双谱相当于频域的歪度,因而可以描述信号的非对称、非线性的特征。

### 4.1.4　$1\frac{1}{2}$维谱

双谱估计需要的计算量很大,并且二维图形不够直观。在应用中,常常使用 $1\frac{1}{2}$维谱来分析信号。$1\frac{1}{2}$维谱的定义如下[15]:

三阶累积量 $c_{3,x}(m_1, m_2)$ 的对角线切片为

$$
c(m) = c(m, m) = E[x(n)x(n+m)x(n+m)] \tag{4-8}
$$

做一维傅里叶变换,得到 $1\frac{1}{2}$维谱

$$
S(\omega) = \sum_{m=-\infty}^{+\infty} c(m)\exp(-\mathrm{j}\omega m) \tag{4-9}
$$

由于 $1\frac{1}{2}$维谱是基于双谱的对角线切片,因此 $1\frac{1}{2}$维谱继承了双谱的相关性质:

(1)$1\frac{1}{2}$维谱具有很强的抑制噪声的能力,理论上完全抑制高斯噪声。一般而言,机械振动信号中的噪声可以作为高斯加性噪声处理,因而用 $1\frac{1}{2}$维谱分析振动信号容易获取有用信息。

(2)能够检测二次相位耦合。机械系统发生故障时，系统行为相对于正常状态往往表现出较强的非线性，故障越严重，非线性就越强。最常见的现象是两个谐波成分间的相互关联作用，产生一个和频与一个差频频率成分，即发生二次相位耦合。$1\frac{1}{2}$维谱可以描述二次相位耦合，在$1\frac{1}{2}$维谱上仅出现参与相位耦合的频率成分。

## 4.2 调制信号双谱

考虑如下信号：

$$x(n)=0.8\sin(2\pi 200n+\varphi_1)+\sin(2\pi 700n+\varphi_2)+0.8\sin(2\pi 900n+\varphi_3)+w(n) \tag{4-10}$$

式中，$w(n)$为 −20 dB 白噪声，$\varphi_3=\varphi_1+\varphi_2$。显然，信号$x(n)$中 900 Hz 频率分量是由 200 Hz 和 700 Hz 频率分量耦合生成。图 4-1(a)为$x(n)$的功率谱，从中可以找到 200 Hz，700 Hz，900 Hz 三个频率分量，但不能确定三个频率间的关系。因此，计算信号$x(n)$的双谱和双相干谱，如图 4-1(b)和图 4-1(c)所示。

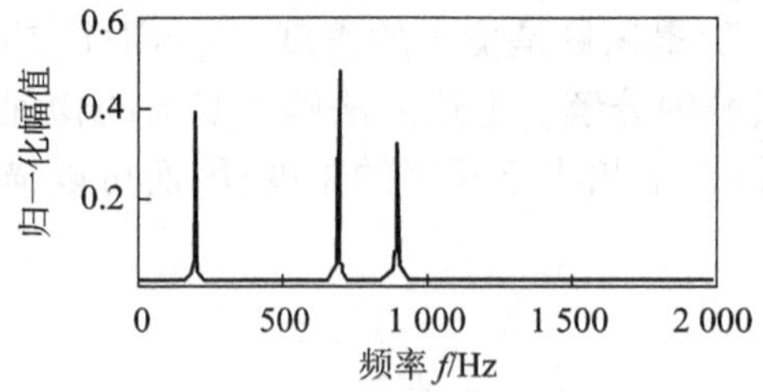

(a) $x(n)$的功率谱

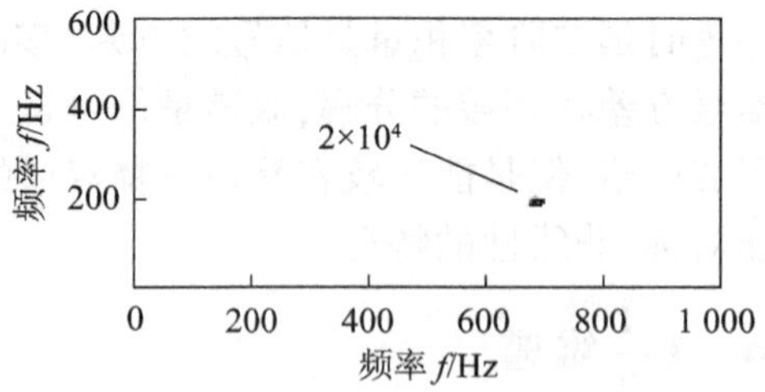

(b) $x(n)$的双谱

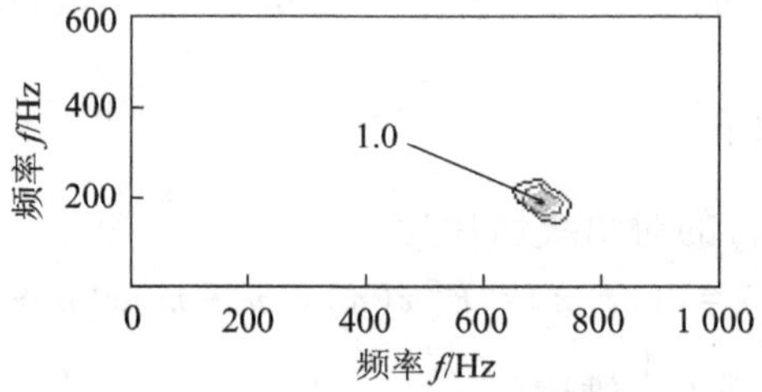

(c) $x(n)$的双相干谱

图 4-1　二次相位耦合检测

双谱在(200 Hz,700 Hz)出现峰值($2\times10^4$)，表示这两个频率分量发生相位耦合生成 900 Hz 分量。但是，双谱不能说明 900 Hz 分量的能量多少来自 200 Hz 和 700 Hz 分量的频率耦合，多少能量来自 900 Hz 独立频率成分。双相干谱在 (200 Hz,700 Hz)峰值为 1.0，表示 900 Hz 分量的能量全部来自 200 Hz 和 700 Hz 间的相位耦合。如果式(4-10)中$\varphi_3\neq\varphi_1+\varphi_2$，即 900 Hz 为独立频率分量，那么双相干谱没有峰值。当信号中只有一组相位耦合频率分量时，双相干谱能准确识别二次相位耦合。

考虑另一仿真信号：

$$
\begin{aligned}
x(n) = {} & 0.8\sin(2\pi 200n + \varphi_1) + \sin(2\pi 700n + \varphi_2) + \\
& 0.8\sin(2\pi 900n + \varphi_2 + \varphi_1) + \\
& 0.8\sin(2\pi 500n + \varphi_2 - \varphi_1) + w(n)
\end{aligned} \tag{4-11}
$$

这是一个典型的幅度调制信号,200 Hz 频率分量和 700 Hz 频率分量相互作用产生一个和频分量 900 Hz 和一个差频分量 500 Hz。图 4-2(a)为信号功率谱,图 4-2(b)为信号双相干谱。考虑式(4-5)双谱定义,双谱实际只检测和频频率成分。因此,双相干谱不仅正确识别出 900 Hz 是由 200 Hz 频率分量和 700 Hz 频率分量发生相位耦合生成,也错误地提示 200 Hz 频率分量和 500 Hz 频率分量发生相位耦合生成 700 Hz 频率分量。

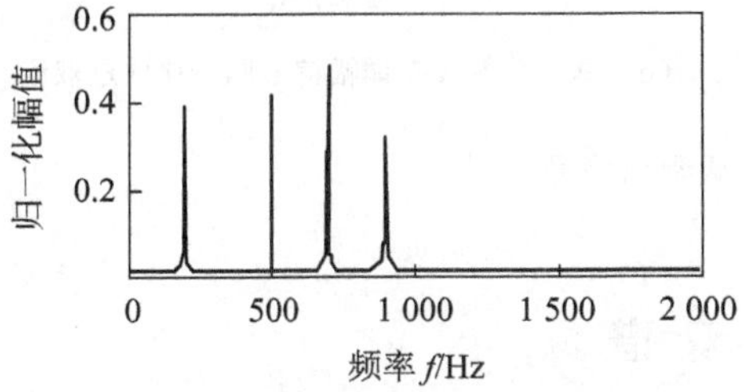

(a) 调幅信号功率谱

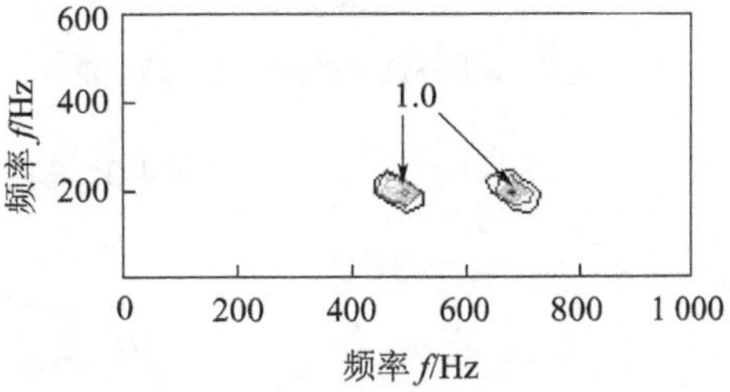

(b) 调幅信号双相干谱

图 4-2　调幅信号分析

用双谱分析调幅信号还有一个缺点,就是只有当低频基带信号[如式(4-10)中的 200 Hz 分量]和载波信号[如式(4-10)中的 700 Hz 分量]强度相当时,才能检验出二次相位耦合。在机械振动信号中往往存在这样的情况:载波频率及其边频带由于结构共振等原因较强,而故障特征频率等低频信号由于阻尼等因素作用衰减很大,以至于在功率谱图上只能观察到载波频率和边频带,而观察不到低频基带信号[参见图 4-3(a)]。在检测载波信号及边频带时,如使用滤波器滤除噪声干扰,还会加深这种影响。滚动轴承早期故障诊断时,这种情况尤为突出。故障特征频率(低频基带信号)包含的能量很少,淹没在噪声中,而在高频区以故障特征频率为间隔的边频带结构可能比较清晰。

为了解决双谱分析调幅信号的不足,Stack 提出调制信号双谱[16],其定义为

$$
B_{\text{ms}}(f_1, f_2) = E\{X(f_2 + f_1)X(f_2 - f_1)X^*(f_2)X^*(f_2)\} \tag{4-12}
$$

其归一化形式为

$$
\text{BIC}_{\text{ms}}(f_1, f_2) = \frac{|B_{\text{ms}}(f_1, f_2)|}{\sqrt{P(f_2)P(f_2)P(f_2 + f_1)P(f_2 - f_1)}} \tag{4-13}
$$

根据式(4-12),改进双谱检测载波、和频、差频分量,并不要求有基带信号。通过以下仿真信号说明其检测调幅信号的能力。

$$
\begin{aligned}
x(n) = {} & 0.01\sin(2\pi 200n + \varphi_1) + \sin(2\pi 700n + \varphi_2) + \\
& 0.8\sin(2\pi 900n + \varphi_2 + \varphi_1) + \\
& 0.8\sin(2\pi 500n + \varphi_2 - \varphi_1) + w(n)
\end{aligned} \tag{4-14}
$$

与式(4-10)表示的信号相比,该信号中低频基带信号非常弱。在功率谱已经中找不到这一频率分量,只有载波和边频带结构,如图 4-3(a)所示。用双相干谱分析,谱图上没有明显峰

值,检测不到信号中的二次相位耦合和幅度调制。归一化调制信号双谱分析结果如图 4-3(b)所示,在(200 Hz,700 Hz)频率点谱峰为 1.0,表示这两个分量发生幅度调制,产生和频 900 Hz 分量和差频 500 Hz 分量,和频与差频成分的全部能量来自幅度调制。

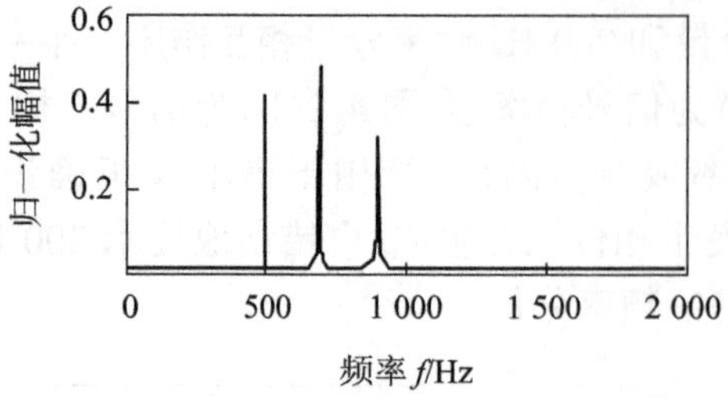


(a) 基带分量衰减调幅信号功率谱

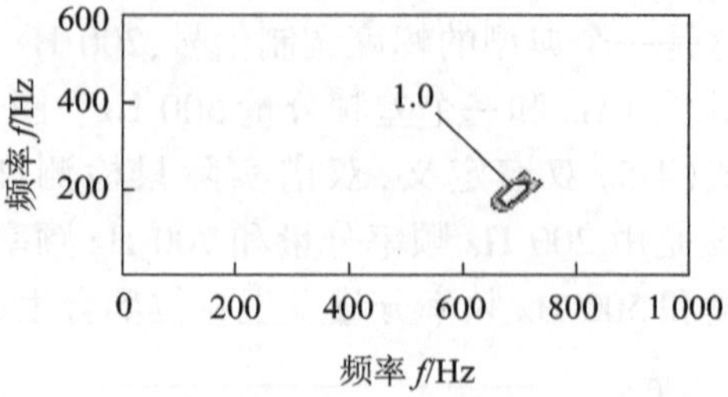


(b) 基带分量衰减调幅信号归一化改进双谱

图 4-3 基带分量衰减调幅信号

## 4.3 小波双谱

### 4.3.1 小波双谱与小波双相干谱

双谱是检测与故障相关的二次相位耦合的有力工具,但是计算双谱需要大量的数据平均,不适合短数据的情况。此外,经典双谱基于傅里叶变换,没有提供时间信息,无法检测瞬时发生的二次相位耦合[17]。列车线路实际运行时,大多数情况下并不能保持匀速,因此必须引入适合短数据条件下二次相位耦合检测的信号分析方法。

小波双谱是将小波变换与双谱处理分析相结合的信号处理方法。由于结合了小波的特性,与傅里叶双谱相比,小波双谱有更高的时间分辨率和频率分辨率。小波双谱由 Milligen 首先提出[18]。

信号 $x(t)$ 的连续小波变换定义为信号与经过尺度运算和归一化的小波基函数的卷积,记为

$$W_{\psi}(f,t)=\frac{1}{\sqrt{|s|}}\int_{-\infty}^{\infty}x(t')\psi^{*}\left(\frac{t'-t}{s}\right)\mathrm{d}t \tag{4-15}$$

式中,* 代表复数共轭;$\psi(t)$ 为小波基函数;$s$ 为尺度因子;$t$ 为时移变量;$f$ 等价于傅里叶频率。

小波双谱的定义为

$$B_{\mathrm{WT}}(f_1,f_2)=\int_{T}W_{\psi}(f_1,\tau)W_{\psi}(f_2,\tau)W_{\psi}^{*}(f_3,\tau)\mathrm{d}\tau \tag{4-16}$$

式中,$T$ 为信号有限时间长度;频率值 $f_1$, $f_2$ 和 $f_3$ 满足 $f_3=f_1+f_2$。

得到的小波双谱为复数,可以表示为模和相角形式

$$B_{\mathrm{WT}}(f_1,f_2)=A(f_1,f_2)\mathrm{e}^{\mathrm{j}\varphi(f_1,f_2)} \tag{4-17}$$

双相位计算公式为

$$\varphi(f_1,f_2)=\varphi(f_1)+\varphi(f_2)-\varphi(f_3) \tag{4-18}$$

式中，$\varphi(f_1)$，$\varphi(f_2)$，$\varphi(f_3)$通过连续小波变换获得。

与傅里叶双谱一样，小波双谱也有其归一化的形式——小波双相干，定义为

$$b_{\mathrm{WT}}^2(f_1, f_2) = E\left(\frac{|B_{\mathrm{WT}}(f_1, f_2)|^2}{\int_T |W_\psi(f_1,\tau)W_\psi(f_2,\tau)|^2\mathrm{d}\tau\int_T |W_\psi(f_3,\tau)|^2\mathrm{d}\tau}\right) \tag{4-19}$$

式中，$E[\cdot]$表示平均运算。

小波双谱的峰值提示在时间段 $T$ 内双频率$(f_1, f_2)$间存在二次相位耦合，数值意义与傅里叶双谱相同。小波双谱分辨率提高，与傅里叶双谱相比，可以用少量数据描述二次相位耦合。但是小波双谱原则上只能分析在时间段 $T$ 内平稳的信号，无法识别频率随时间变化的二次相位耦合。

### 4.3.2 小波双谱熵

工程实际信号小波双谱复杂，需要引入参数定量描述其特征[19]。有多个参数可以用来描述双谱双频域的变化，熵能较好反映信号动态变化[20]。本书提出小波双谱熵[21]，计算步骤如下：

（1）对信号 $x(t)$ 做小波双谱变换，得到小波双谱 $B_{\mathrm{WT}}(f_1, f_2)$；

（2）小波双谱具有对称性，为去除冗余信息，将小波双谱的频域划分到一个三角形定义域内：$f_2 \geqslant 0$，$f_1 \geqslant f_2$，$f_1+f_2 \leqslant f_s$（其中 $f_s$ 为采样频率），这样可以得到 $B'_{\mathrm{WT}}(f_1, f_2)$；

（3）计算双频域小波双谱能量概率

$$P_{\mathrm{WB}}(f_1, f_2) = \frac{|B'_{\mathrm{WT}}(f_1, f_2)|}{\sum\limits_{f_1=0}^{f_s/2}\sum\limits_{f_2=0}^{f_2/2}|B'_{\mathrm{WT}}(f_1, f_2)|} \tag{4-20}$$

（4）小波双谱熵定义为

$$E_{\mathrm{WB}} = -\sum_{f_1=0}^{f_s/2}\sum_{f_2=0}^{f_2/2} P_{\mathrm{WB}}(f_1, f_2)\log_2 P_{\mathrm{WB}}(f_1, f_2) \tag{4-21}$$

与其他的信息熵类似，小波双谱熵同样具有非负性、对称性、可加性和对称性。小波双谱的幅值在双频域分布越均匀，小波双谱熵的值越大，反之越小。下一节通过仿真信号分析说明小波双谱熵能有效检测信号双频域特征变化。

### 4.3.3 瞬时小波双谱

根据式(4-16)，小波双谱是估计时间间隔 $T$ 内的平均值，而非信号的瞬时值。因此，小波双谱分析瞬态信号，频率分辨率比较低，且会出现伪双相干。为了将小波双谱用于瞬态信号分析，Yong Li 提出不需要时间平均的瞬时小波双谱[22]，同时使用瞬时幅值、频率与双相位。其定义为

$$B_{\mathrm{WT}}(f_1, f_2, t) = E[W_\psi(f_1,t)W_\psi(f_2,t)W_\psi^*(f_3,t)\mathrm{e}^{\mathrm{j}R\varphi(f_1,f_2,t)}] \tag{4-22}$$

瞬时小波双谱是频率 $f_1$，$f_2$ 和时间 $t$ 的函数。$\mathrm{e}^{\mathrm{j}R\varphi(f_1,f_2,t)}$ 的作用是将瞬时相位随机化，$R$ 是在$(-\pi,\pi]$ 区间随机分布的变量，$E[\cdot]$ 表示同步平均运算。

瞬时小波双谱是一个复序列，可以用瞬时幅值 $A(f_1, f_2, t)$ 和瞬时双相位 $\varphi(f_1, f_2, t)$ 表示，即

$$B_{WT}(f_1, f_2, t) = A(f_1, f_2, t)\mathrm{e}^{\mathrm{j}\varphi(f_1, f_2, t)} \tag{4-23}$$

式中，$\varphi(f_1, f_2, t)$ 是瞬时双相位，用下式计算：

$$\varphi(f_1, f_2, t) = \varphi(f_1, t) + \varphi(f_2, t) - \varphi(f_3, t) \tag{4-24}$$

其中 $\varphi(f_j, t)$ 为连续小波变换得到的瞬时相位。

瞬时小波双谱描述信号在时间-频率空间的二次相位耦合，其峰值提示信号在准确的时间-频率点 $(f_1, f_2, t)$ 存在二次相位耦合。瞬时小波双谱的幅值在 0 和 1 之间。但是由于没有时间平均，除了 0 与 1 两端，其他瞬时小波双谱的幅值不能准确反映二次耦合的程度。因此，引入定量指标描述二次耦合在双频域的分布尤为重要。

小波双谱熵可以当作能量密度在双频域的概率分布。正常工况下，电机电流信号二次相位耦合不严重，小波双谱幅值分布相对均匀。这时小波双谱熵的数值较大。发生故障以后，电机信号某些频率二次相位耦合程度增加，对应频率小波双谱幅值增加，分布不再均匀，小波双谱熵数值下降。故障越严重，信号二次相位耦合程度越深，分布越不均匀，小波双谱熵数值也就越低。因此，小波双谱熵值可以作为指标监测电机的工作状况。下一章将通过仿真信号说明小波双谱熵与瞬时小波双谱联用，能在变速条件下有效提取故障特征。

### 4.3.4 仿真信号分析

考虑仿真信号

$$x_1(t) = \cos(2\pi f_2 t + \theta_2) + \cos(2\pi f_3 t + \theta_3) + \frac{1}{2}\cos(2\pi f_4 t + \theta_4) + \cos(2\pi f_2 t + \theta_2)\cos(2\pi f_3 t + \theta_3) + e(t) \tag{4-25}$$

式中，$f_2 = 0.11\times f_s$，$f_3 = 0.19\times f_s$；$f_4 = f_2 + f_3$，$\theta_2$，$\theta_3$ 和 $\theta_4$ 是在 $[0, 2\pi]$ 内均匀分布的随机数；$e(t)$ 为 −20 dB 白噪声。在 $f_4 = f_2 + f_3$ 处，一半能量来自 $f_2$ 与 $f_3$ 间的耦合，另一半独立于 $f_2$ 与 $f_3$；而在 $f_1 = f_3 - f_2$ 处，除少量噪声，几乎全部能量来自 $f_2$ 与 $f_3$ 间的耦合。采样频率取 $f_s = 1\ 024$ Hz，实验生成 64 段样本，每段样本 256 个点。信号 $x_1(t)$ 的波形和功率谱如图 4-4 所示。观察信号 $x_1$ 功率谱，可以看出 $x_1$ 包括四个频率成分，其中 $f_1$ 的能量是其他三个频率成分的一半。功率谱抑制信号相位，从中无法获得更多的信息。图 4-5 为信号 $x_1$ 的傅里叶双相干谱，可以看出在频率对 $(f_2, f_3)$ 和 $(f_1, f_2)$ 有两个明显的峰值。在频率对 $(f_2, f_3)$ 双相干谱幅值为 0.48，提示两个频率分量相位耦合程度为 0.48，接近一半能量来自这两个频率间的相位耦合。在频率对 $(f_1, f_2)$ 双相干谱幅值为 0.98，提示这两个频率分量相位耦合程度为 0.98，几乎全部能量来自这两个频率间的相位耦合。在数据量足够的条件下，傅里叶双谱能有效检测信号二次相位耦合。

考虑另一个仿真信号 $x_{11}(t)$，$x_{11}(t)$ 构成与 $x_1(t)$ 完全一样，只是数据量小很多，只有四段样本。图 4-6 为 $x_{11}(t)$ 的傅里叶双相干谱，从中无法找到任何有用的信息。在数据量小的情况下，傅里叶双谱无法检测信号的二次相位耦合。

对信号做 $x_{11}(t)$ 小波双相干谱分析，结果如图 4-7 所示。谱图上除了在频率对 $(f_2, f_3)$ 和 $(f_1, f_2)$ 有两个明显的峰值以外，在边界还有一些“伪峰”。在数据量小的情况下，牺牲频率分

辨率,小波双相干谱能够勉强反映出二次相位耦合。此外,由于平均次数少,小波双相干谱的幅值不能反映二次相位耦合的程度,可以看出在频率对$(f_2, f_3)$和$(f_1, f_2)$小波双相干谱的峰值几乎相等。

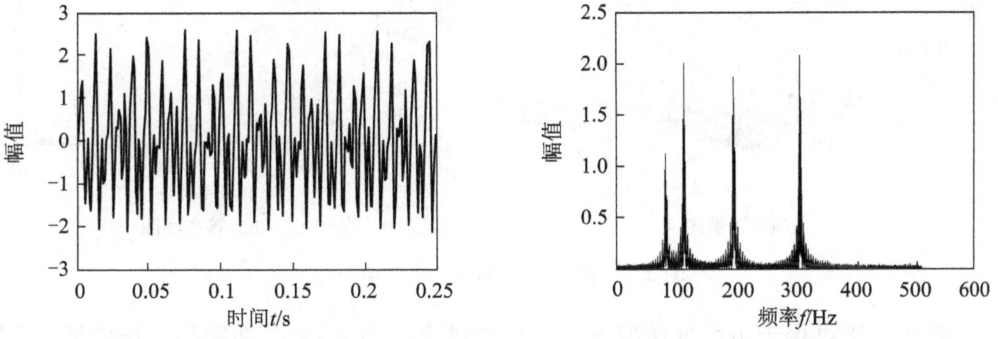


(a) 时域波形　(b) 功率谱

图 4-4　信号 $x_1(t)$ 的时域波形和功率谱

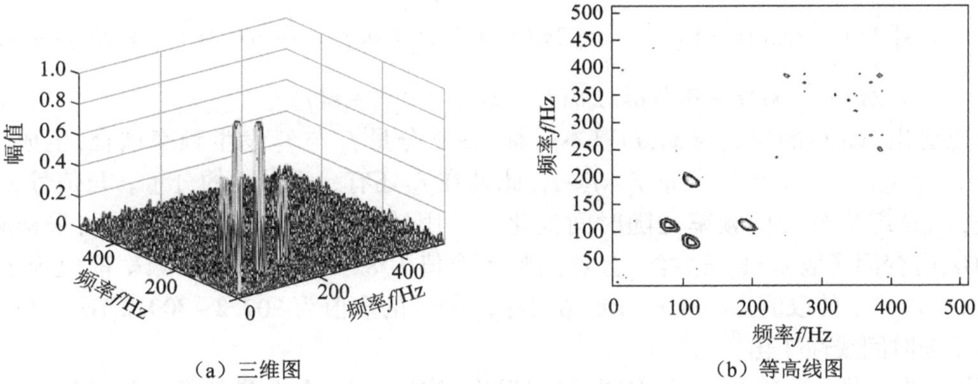


(a) 三维图　(b) 等高线图

图 4-5　信号 $x_1(t)$ 的傅里叶双相干谱

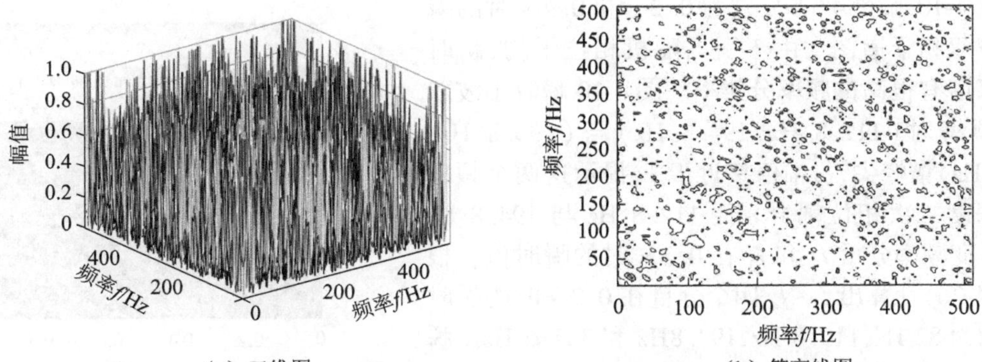


(a) 三维图　(b) 等高线图

图 4-6　信号 $x_{11}(t)$ 的傅里叶双相干谱

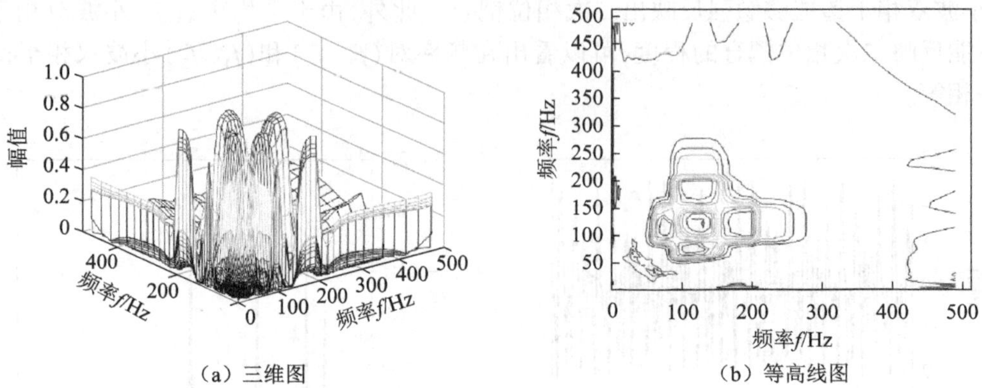


(a) 三维图　　(b) 等高线图

图 4-7　信号 $x_{11}(t)$ 的小波双相干谱

小波双相干谱可用于短数据情况下二次相位耦合检验，但是存在频率分辨率低，幅值不能反映相位耦合程度的缺点。对于某些工况条件，如电机转速变化，参与二次相位耦合的频率不断变化，这时小波双谱无法识别这种时变二次相位耦合，需要引入新的数学工具。

考虑信号

$$x_2(t)=\cos[2\pi(f_2+kt)t+\theta_2]+\cos[2\pi(f_3+kt)t+\theta_3]+\frac{1}{2}\cos[2\pi(f_4+2kt)t+\theta_4]+\cos[2\pi(f_2+kt)t+\theta_2]\cos[2\pi(f_3+kt)t+\theta_3]+e(t) \tag{4-26}$$

可以看出，$x_2(t)$ 的组成与 $x_1(t)$ 基本一样，独立分量 $f_2$ 与 $f_3$ 发生频率耦合，生成一个和频分量 $f_4=f_2+f_3$ 与一个差频分量 $f_1=f_3-f_2$，此外在 $f_4$ 还有一个独立的分量。与信号 $x_1(t)$ 不同的是，$x_2(t)$ 组成分量的频率是随时间变化的。用计算机生成 1 024 点数据，采样频率为 1 024 Hz，时变因子取 $k=1$。这样 $f_1$ 分量的频率取值为 82 Hz，$f_2$ 分量的频率取值为 112. 6~113. 6 Hz；$f_3$ 分量的取值为 194. 6~195. 6 Hz；$f_4$ 分量的取值为 307. 2~309. 2 Hz 。以上分量的频率都随时间线性变化。

图 4-8 为信号 $x_2(t)$ 的时频分布图，可以看出，信号 $x_2(t)$ 各分量的频率随时间线性增加。图 4-9 为信号 $x_2(t)$ 的小波双相干谱，谱图上存在一些峰值。但是频率分辨率很低，无法对这些峰值做出合理的解释。

图 4-10 和图 4-11 分别为 0. 2 s 和 0. 7 s 时的瞬时小波双相干谱图。由于引入随机相位平均，瞬时小波双谱有很高的频率分辨率。图 4-10 瞬时小波双谱在频率对（112. 8 Hz，194. 8 Hz）与（194. 8 Hz，112. 8 Hz）谱峰尖锐，幅值接近于 1，提示这两个频率存在深度二次相位耦合。而 112. 8 Hz 与 194. 8 Hz 正是时变频率分量 $f_2$ 和 $f_3$ 在 0. 2 s 时的瞬时值。根据式(4-26)计算出 $f_1$~$f_4$ 四个分量在 0. 2 s 时的瞬时值分别为 82 Hz，112. 8 Hz，194. 8Hz 和 307. 6 Hz。瞬时小波双谱在频率对(82 Hz，112. 8 Hz)与(112. 8 Hz，82 Hz)存在清晰的谱峰，提示这两个频率也存在二次

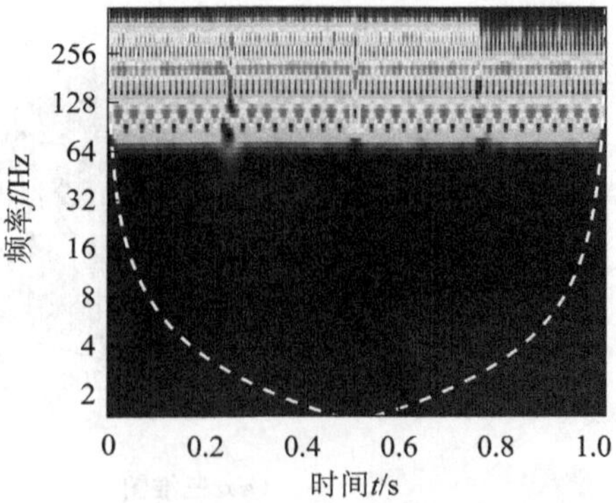


图 4-8　信号 $x_2(t)$ 的时频分布

相位耦合。(112.8 Hz,194.8 Hz)为分量 $f_2$, $f_3$ 相互作用产生的“和频”成分,(82 Hz,112.8Hz)为对应的“差频”分量。此外,谱图对角线上存在一些“伪峰”,如(82 Hz,82 Hz),(112.8 Hz,112.8 Hz),这与瞬时小波双谱计算引入随机相位平均有关。瞬时小波双相干谱图关于对角线对称,因此实际绘瞬时小波双谱时,可以只画出半边谱图,然后滤除边界的峰值,这样就可以有效滤除伪峰。

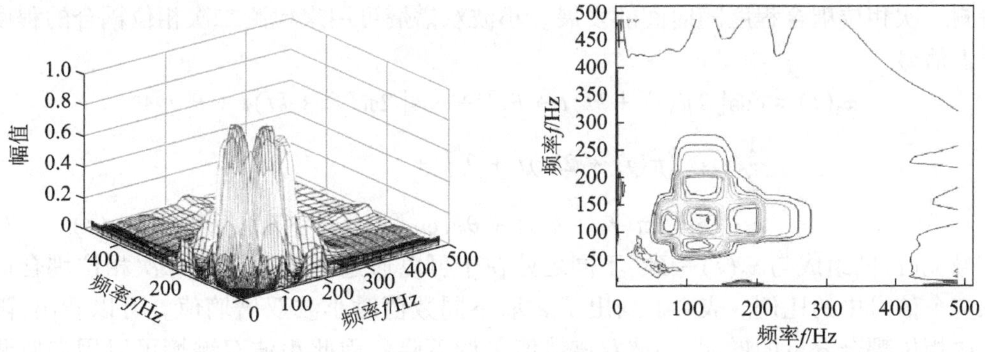


(a) 三维图　　(b) 等高线图

图 4-9　信号 $x_2(t)$ 的小波双相干谱

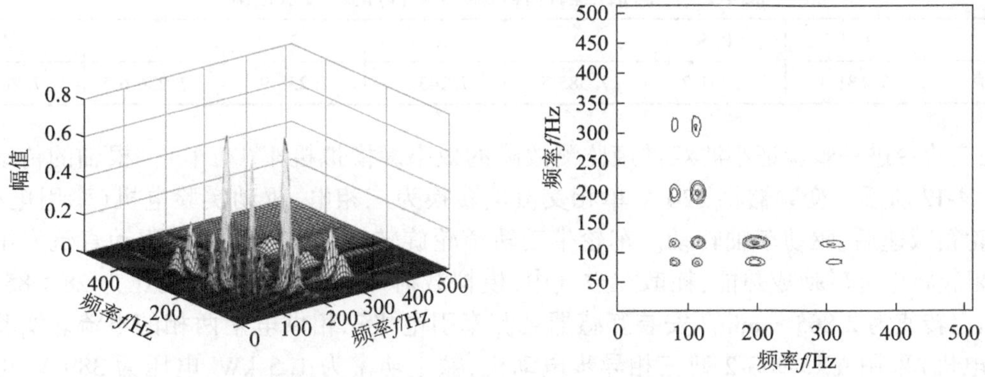


(a) 三维图　　(b) 等高线图

图 4-10　$t=0.2$ s 信号 $x_2(t)$ 的瞬时小波双谱

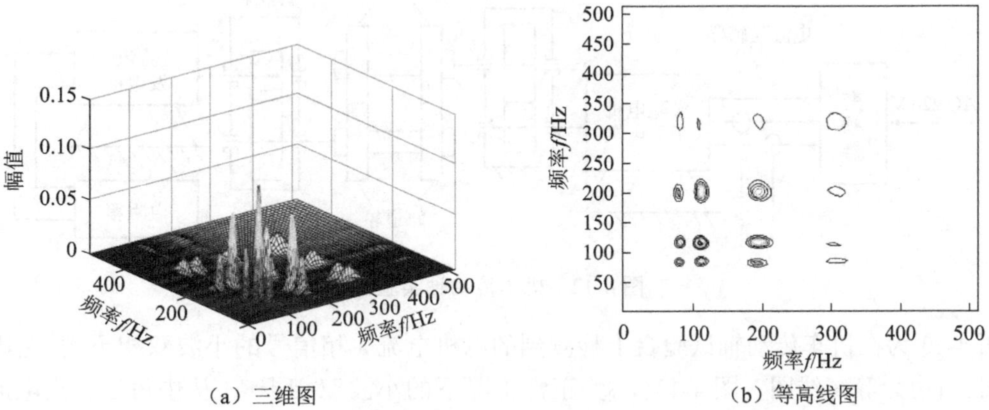


(a) 三维图　　(b) 等高线图

图 4-11　$t=0.7$ s 信号 $x_2(t)$ 的瞬时小波双相干谱

图 4-11 可在频率对(113.3 Hz,195.3 Hz)和(82 Hz,113.3 Hz)找到清晰的谱峰,为 0.7 s 时刻频率分量$f_2$,$f_3$相互作用产生的“和频”与“差频”频率成分。瞬时小波双相干谱有很高的频率分辨率,能准确识别信号中随时间不断变化的二次相位耦合。

瞬时小波双谱能有效检测瞬时发生的二次相位耦合,但是由于没有时间平均,幅值并不能说明二次相位耦合程度。因此,引入小波双谱熵,通过检测二次相位耦合引起的谱峰分布均匀程度检测二次相位耦合程度随时间的发展。小波双谱熵可用来检测二次相位耦合的程度。

考虑信号

$$
\begin{aligned}
x_3(t) = &\cos[2\pi(f_2 + kt)t + \theta_2] + \cos[2\pi(f_3 + kt)t + \theta_3] + \\
&\frac{1}{2}\cos[2\pi(f_4 + 2kt)t + \theta_4] + \\
&\varepsilon \cdot \cos[2\pi(f_2 + kt)t + \theta_2]\cos[2\pi(f_3 + kt)t + \theta_3] + e(t)
\end{aligned} \tag{4-27}
$$

信号$x_3(t)$的组成与$x_2(t)$一致,不同之处在于可以通过调整$\varepsilon$调整二次相位耦合产生的成分在整个信号中的比例。表 4-1 列出了$\varepsilon$取不同数值时小波双谱熵值。可以看出,随之信号中二次相位耦合分量的增加,小波双谱熵值单调下降。因此小波双谱熵可以用来监测信号中二次相位耦合的严重程度。

**表 4-1 不同相位耦合程度信号 $x_3(t)$ 的小波双谱熵**

| $\varepsilon$ | 0.1 | 0.5 | 1 | 1.5 | 2 | 2.5 | 3 |
|---|---|---|---|---|---|---|---|
| 熵值 | 7.681 9 | 7.431 2 | 7.385 5 | 7.243 3 | 7.238 9 | 7.236 6 | 7.201 8 |

在实验台进一步验证小波双谱熵监测故障的效果。模拟机车(动车)一根轴的传动实验台如图 4-12 所示。变频器将 220 V 单相交流电转换为三相电,驱动实验电机(牵引电机)旋转,齿轮箱减速后,驱动车轴转动。车轮带动轨道轮旋转,经齿轮箱增速,驱动直流发电机发电,电阻箱将电能转换成热能,耗散在空气中,模拟载荷。实验齿轮箱传动比为 28∶85,实验电机额定转速为 2 865 r/min。安装互感器观测牵引电机三相供电中两相的电流。实验电机(牵引电机)采用 YX3-90S-2 型三相异步电动机,额定功率为 1.5 kW、电压为 380 V、电流为 3.3 A、供电频率为 50 Hz,极数为 2。

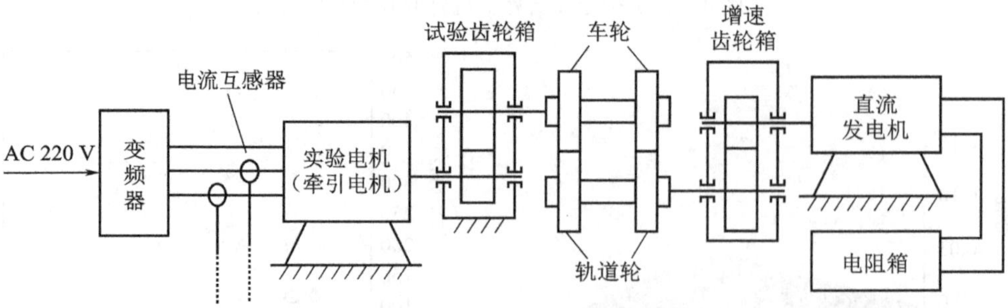


图 4-12 机车传动轴实验台

图 4-13 为在机车传动轴试验台上检测到的电机电流 a 相信号的小波双相干谱,左边是三维谱图,右边为等高线图。图 4-13(a)为正常工况下的小波双相干谱,从中可以看出电流信号二次相位耦合程度很低,近似均匀分布,小波双谱熵值为 8.54。图 4-13(b)为早期轻微故障时的

小波双相干谱，可以看出，电流信号若干频率对二次相位耦合程度增加，不再是均匀分布，小波双谱幅值减小到8.12。图4-13(c)为故障进一步发展的小波双相干谱，电流信号中某些频率的二次相位耦合增较为突出，分布更加不均匀，小波双谱熵值下降到7.75。小波双谱熵描述信号中二次相位耦合分布的均匀程度，而二次相位耦合的均匀程度与故障程度关联。因此，小波双谱熵可以作为诊断指标监测电机的工作状况。

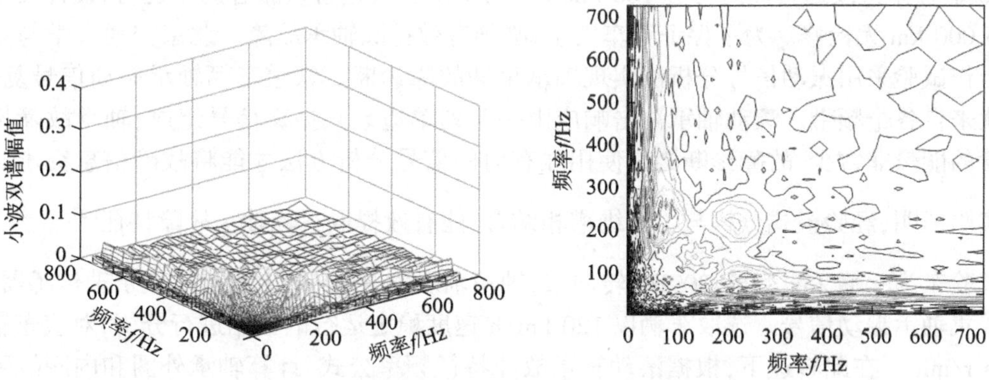


(a) 正常工况下的小波双相干谱及其等高线图

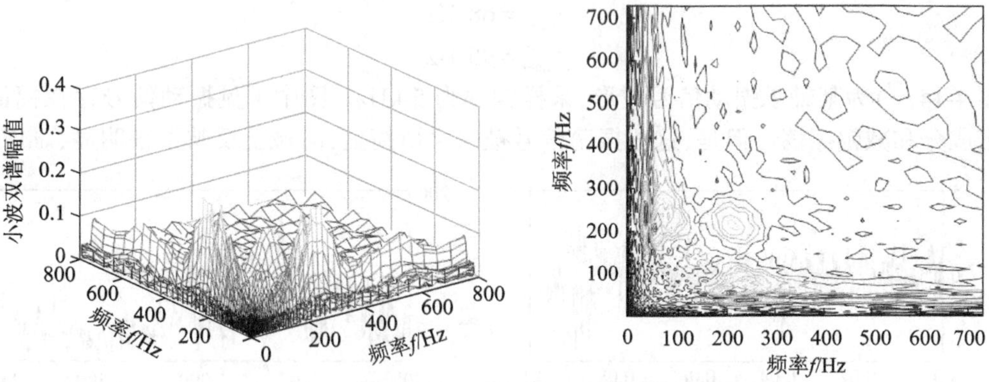


(b) 早期轻微故障时小波双相干谱及其等高线图

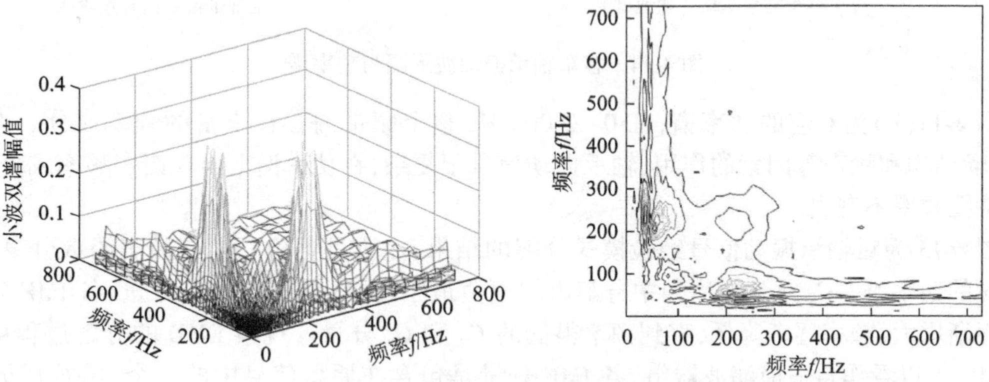


(c) 故障进一步发展的小波双相干谱及其等高线图

图4-13 电机电流a相信号的小波双相干谱

## 4.4 工程应用

### 4.4.1 $1\frac{1}{2}$维谱应用

25 型客车持续运行速度可达 160 km/h。为了配合直达特快旅客列车运行，设计要求连续运行 5 000 km 无检修。为了保证行车安全，必须有效排除轴承故障。北京交通大学与郑州铁路局合作试验采用振动信号分析法实现轴承早期故障诊断。铁道车辆轴承振动信号复杂，噪声干扰来自各个频带。滚动轴承冲击响应由一系列单边衰减振荡信号组成，轴承故障特征频率包含的能量非常少，故障诊断必须使用强有力的信号分析方法才能将故障信息突出。线路运行实验证明，经验模式分解与 $1\frac{1}{2}$维谱相结合，能有效提取车辆轴承故障特征[23]。

试验车为一辆 25k 型车，209HS 转向架，轴箱轴承为 NJ3266X1 型圆柱磙子轴传感器，随车运行采集轴承振动信号。选取车辆以 120 km/h 速度稳定运行的数据进行分析，对应车轴转速为 696 r/min。在此转速下，根据滚动轴承故障特征频率公式，计算轴承外圈和内圈故障特征频率分别为

$$f_{\text{outer}} = 68 \text{ Hz}$$
$$f_{\text{inner}} = 95 \text{ Hz}$$

图 4-14(a)为某轴承振动信号波形，采样频率为 5 kHz。图中可见振动信号存在幅值较大的冲击成分和减幅振荡。但是，这些振荡信号被噪声所掩盖，时域上反映不很明显，难以分析。

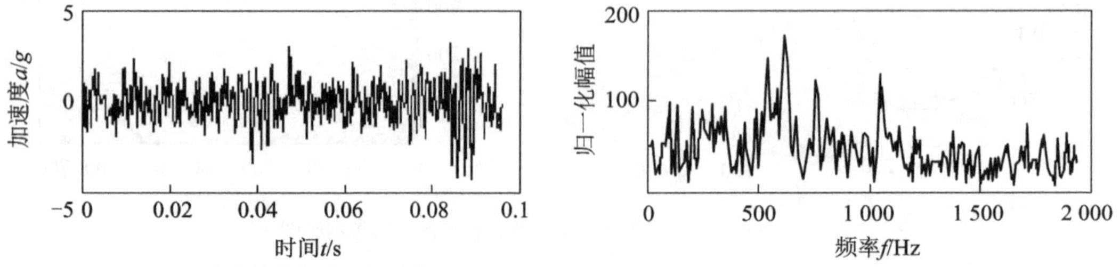


（a）客车轴承振动（加速度）　（b）客车轴承振动信号功率谱

图 4-14　客车轴承振动波形图与功率谱

图 4-14(b)为对应的功率谱，在 0～2 000 Hz 整个频带内存在丰富的频率成分。由于线路、车辆结构和噪声等因素的作用，轴承振动信号很复杂，在功率谱上出现诸多频率成分，轴承故障特征频率不突出。

图 4-15 为对轴承振动信号经验模式分解的结果，左边是各阶列固有模态函数分量，右边是对应的功率谱。$C_1$ 是从原序列中分解出的幅值最小、频率最高的 IMF 分量，各 IMF 分量的幅值逐渐增大、频率逐渐降低，直到频率很低的 $C_7$ 和 $C_8$ 分量。观察 EMD 的分解过程可以发现，EMD 可以看作自适应滤波器组，各 IMF 分量是包含在原始信号中的一个“特征成分”，占据不同的频带，带宽由信号本身的特点所决定。EMD 完全在时域进行，因而是一种很好的信号预处理方法。

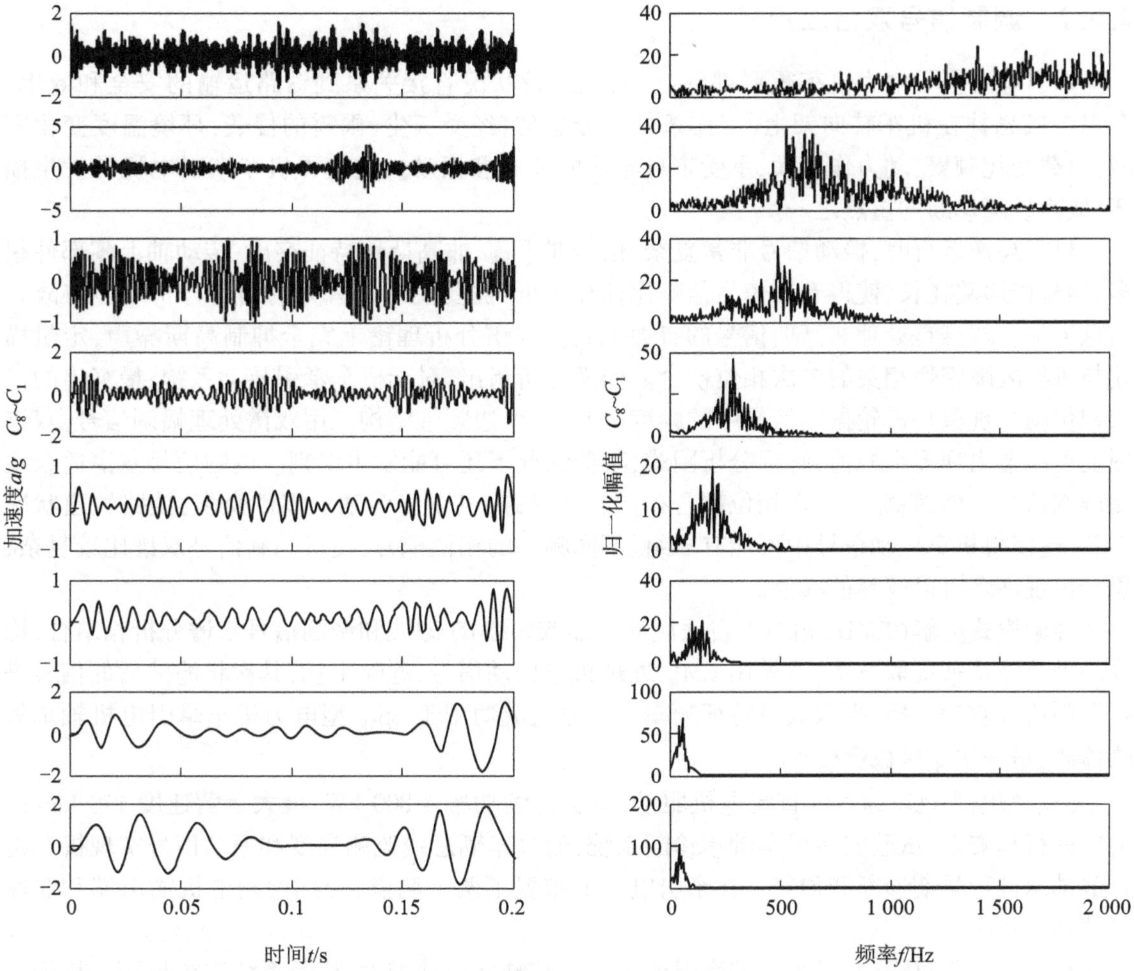


图 4-15　客车轴承振动信号经验模式分解

注意到 IMF$C_4$ 和 $C_5$ 分量占 10～500 Hz 频带，将二者合并，形成一个新分量 $C_{45}$，图 4-16 为 $C_{45}$ 分量的 $1\frac{1}{2}$维谱（平均 64 次）。图中可见在 68 Hz，136 Hz，204 Hz，272 Hz 和 340 Hz 出现清晰的谱线，为间隔 68 Hz 的频带，表明轴承振动信号中存在二次相位耦合。68 Hz 是轴承外圈故障特征频率，由此判断轴承外圈出现损伤。试验过程中，轴承温度报警系统显示轴承温度正常。跟踪车辆轴承，在车辆回库检修时将其拆解，发现轴承外圈存在划伤，证实了诊断结论。用经验模式分解和 $1\frac{1}{2}$维谱相分析轴承振动信号能有效提取轴承故障二次相位耦合特征，实现铁路客车轴承的早期故障诊断。

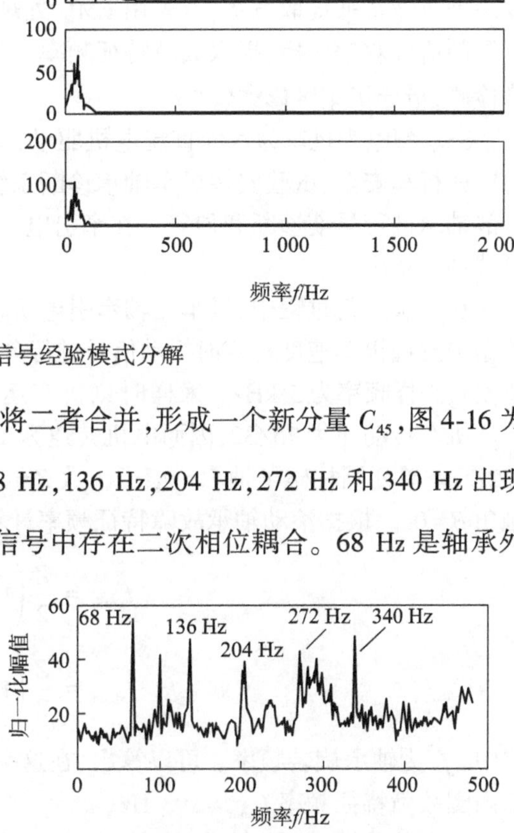


图 4-16　轴承振动信号 IMF$C_{45}$ 分量的 $1\frac{1}{2}$维谱

### 4.4.2 调制信号双谱应用

牵引电动机是电力机车重要部件之一,其运行状况直接关系到铁路运输的安全和效率。牵引电机悬挂在机车转向架上,工作条件十分恶劣:经受灰尘、雨雪的侵袭,环境温度变化剧烈;负载变化频繁;动力作用大,承受来自轮轨的冲击和振动。这使得机车牵引电机易发生损坏,成为故障诊断的重点之一。

机车高速运行时,振动信号非常复杂,信号非平稳、非高斯性特征突出;传动轴上零部件很多,信号传递路径长,使得有用信号信噪比往往很低,需要使用强有力的信号分析才能将故障信息突出。双谱是处理非高斯信号的有力工具。双谱分析理论上完全抑制高斯噪声,定量描述与机械故障密切相关的二次相位耦合。前面分析指出,对于机车牵引传动系统,最突出的二次相位耦合现象是齿轮振动信号中的幅度调制,产生边频带结构。用双谱处理幅调信号,双谱图上可能会出现多个峰值,解释分析困难,某些情况下还可能发生误判。调制信号双谱适合检测调幅信号。然而,振动二次相位耦合存在多种模式,机车传动轴上零件众多,铁路轨道状况多变,这使得机车振动信号中可能有多组、不同频率的相位耦合,使得调制信号双谱比较复杂,仍会出现许多难以解释的峰值。

经验模式分解(EMD)相当于自适应滤波器族。EMD 滤波和调制信号双谱分析相结合,构成一种故障特征提取方法:首先用 EMD 处理机车振动信号,滤除干扰;其次将滤波后的信号进行调制信号双谱变换,提取故障特征频率。该方法成功用于 $SS_{7E}$ 型电力机车牵引电机轴承故障检测,指导机车维修[24]。

$SS_{7E}$ 型电力机车为六轴直流电机驱动,牵引持续功率 4 800 kW,最大运营速度 170 km/h。为保证行车安全,试验安装机车轴承诊断系统,通过车辆总线监测温度和振动信号实现机车走行部轴承进行早期诊断和预警。在牵引电机上布置了两个测点,分别检测电机输出端和非输出端轴承状况。

在一次运行过程中,机车三轴牵引电机输出端轴承振动增大,诊断系统连续报警。从记录数据中挑选机车速度稳定时振动信号进行分析。图 4-17(a)为观测到的电机轴承振动信号(加速度),采样频率为 5 kHz。采样时刻机车运行速度为 140 km/h,对应车轴转速为 594 r/min。$SS_{7E}$ 机车传动比为 75/32,因而电机转速为 1 392 r/min。牵引电机输出端轴承型号为 SKF NU 332ECM 单列圆柱磙子轴承。滚子个数 $Z=14$,磙子直径 $d_B=47$ mm,节圆直径 $D_p=250$ mm,接触角 $\beta=0°$。根据滚动轴承故障特征频率计算公式为

$$f_{\text{outer}} = \frac{Z}{2}\left(1 - \frac{d_B}{D_p}\cos\beta\right) \times f_r \tag{4-28}$$

$$f_{\text{inner}} = \frac{Z}{2}\left(1 + \frac{d_B}{D_p}\cos\beta\right) \times f_r \tag{4-29}$$

式中,$f_r$ 为轴承旋转频率。可以算出,在这一转速下,轴承外圈故障特征频率 $f_{\text{outer}}=131$ Hz,轴承内圈故障特征频率 $f_{\text{inner}}=193$ Hz。

机车传动轴上零件众多,车体、轨道等的振动都会混入电机振动信号。此外,由于调制和噪声等因素的作用,使得机车牵引电机轴承振动信号非常复杂,在图 4-17(a)中甚至难以找到

准确周期成分。图 4-17(b)为信号功率谱,也非常复杂,在 500~1 500 Hz 频带内存在许多难以解释的谱峰,故障特征频率不突出,很难判断轴承发生何种类型故障。

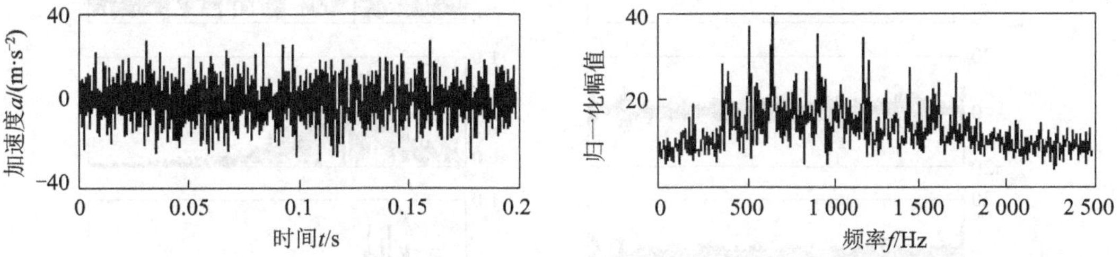

(a) 牵引电机轴承振动信号波形　　(b) 牵引电机轴承振动信号功率谱

图 4-17　牵引电机轴承振动信号及其功率谱

对轴承振动信号做经验模态分解,图 4-18 列出了前八阶固有模态函数分量。图 4-18 中左边是各阶列固有模态函数分量,右边是对应的功率谱。$C_1$ 是从原序列中分解出的幅值最小、频率最高的 IMF 分量,各 IMF 分量的幅值逐渐增大、频率逐渐降低,直到频率很低的 $C_7$ 和 $C_8$ 分量。观察 EMD 的分解过程可以发现,EMD 可以看作自适应滤波器组,各 IMF 分量是包含在原始信号中的一个"特征成分",占据不同的频带,带宽由信号本身的特点所决定。EMD 完全在时域进行,因而是一种很好的信号预处理方法。

注意到 IMF$C_2$ 和 $C_3$ 分量占 500~1 500 Hz 频带,将二者合并,形成一个新分量 $C_{23}$,图 4-19 为 $C_{23}$ 分量的双相干谱分析结果。图中存在较多小的峰值(最大值为 0.14),表示对应频率对存在二次相位耦合,但是故障特征频率不突出,难以分析。图 4-20 为 $C_{23}$ 分量改进双谱分析结果。在归一化改进双谱等高线图上出现多个较大峰值,表示轴承振动信号在这些频率对存在幅度调制。注意到纵轴显示第一行明显的谱峰所在的频率约为 131 Hz,而第 2 行和第 3 行谱峰所在的频率为其倍频(262 Hz 和 393 Hz),同时横轴显示这些谱峰的间隔约为 131 Hz。131 Hz 是轴承外圈故障特征频率。改进双谱上的这些谱峰说明牵引电极轴承外圈出现损伤。

在机车回库检修时将该牵引电机拆解,发现输出端轴承外圈存在划伤,证实了诊断结论。发生局部损伤的滚动轴承,振动信号表现为较强的非高斯性。最为显著的非高斯性是各频率分量间相互作用,发生幅度调制,将故障特征频率搬移到高频段。调制信号双谱分析能有效识别幅度调制,提取轴承故障特征频率,诊断轴承故障。

### 4.4.3　瞬时小波双谱应用

小波双谱熵能够描述信号中二次相位耦合分布均匀程度,而二次相位耦合的均匀程度与故障严重程度有关。因此,小波双谱熵可以作为诊断指标监测电机的工作状况。小波双谱频率分辨率低,无法准确识别故障特征频率确定故障类型。瞬态小波双谱通过引入随机相位能有效消除伪峰而有更好的频率分辨率,可以有效提取故障频率。但是,由于缺乏时间平均,瞬时小波双谱的幅值不能反映频率耦合程度。因此,本书提出一种新的变速条件下,机车牵引电机定子电流信号处理方法,算法流程图如图 4-21 所示。

下面通过两个工业现场应用的实例,说明上述电机故障诊断方法的有效性。

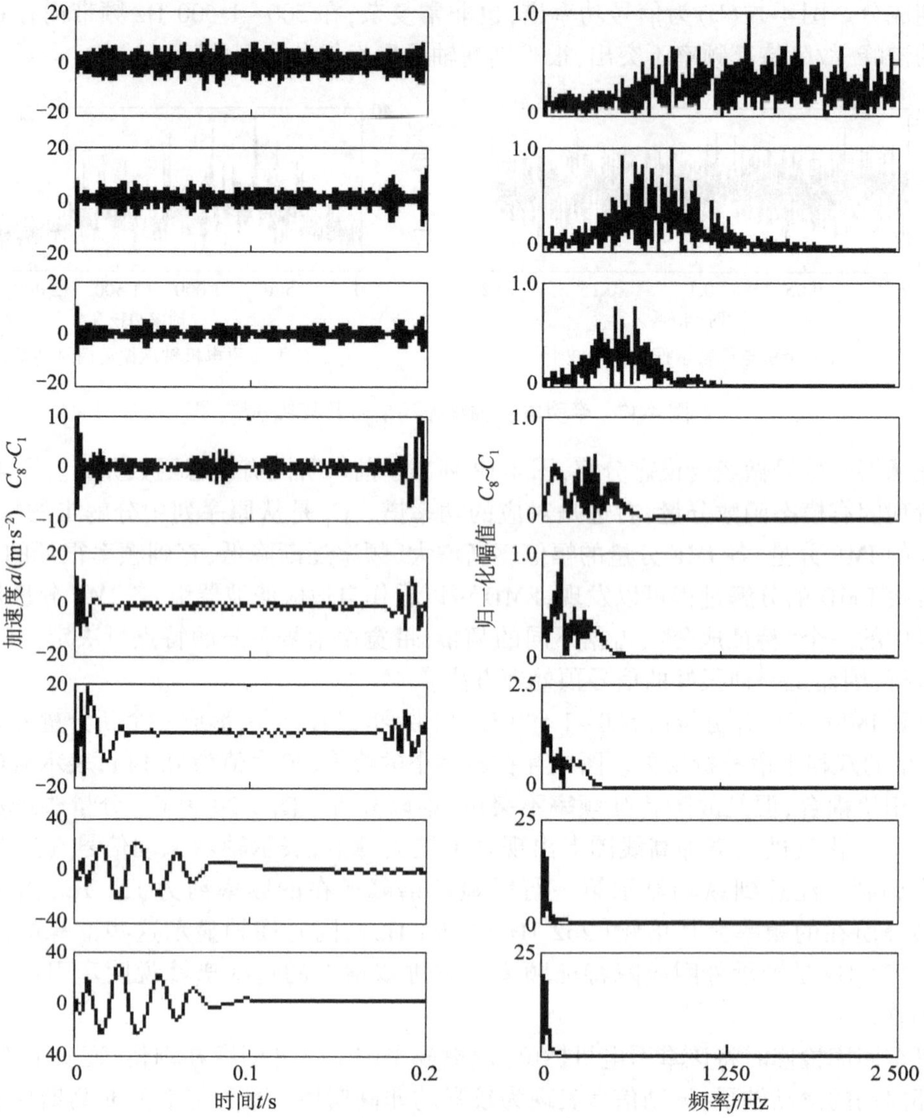


图 4-18 电机轴承振动信号经验模式分解

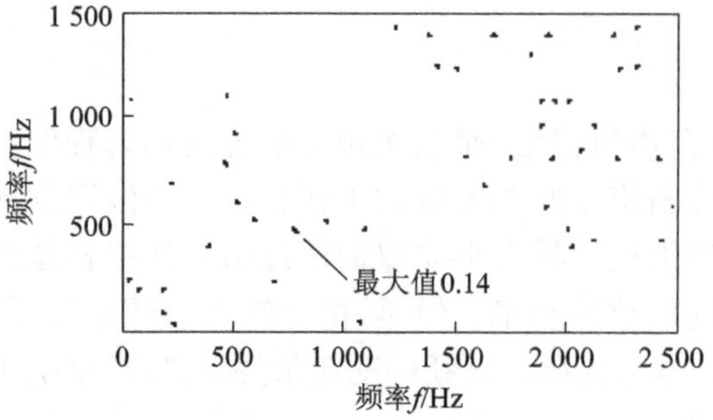


图 4-19 $C_{23}$ 分量双相干谱

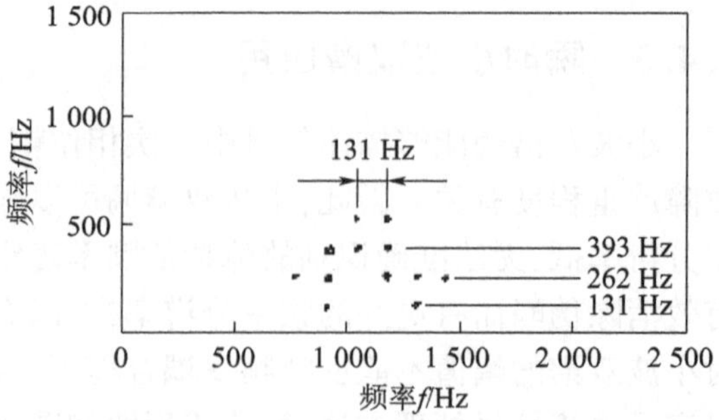


图 4-20 $C_{23}$ 分量归一化改进双谱

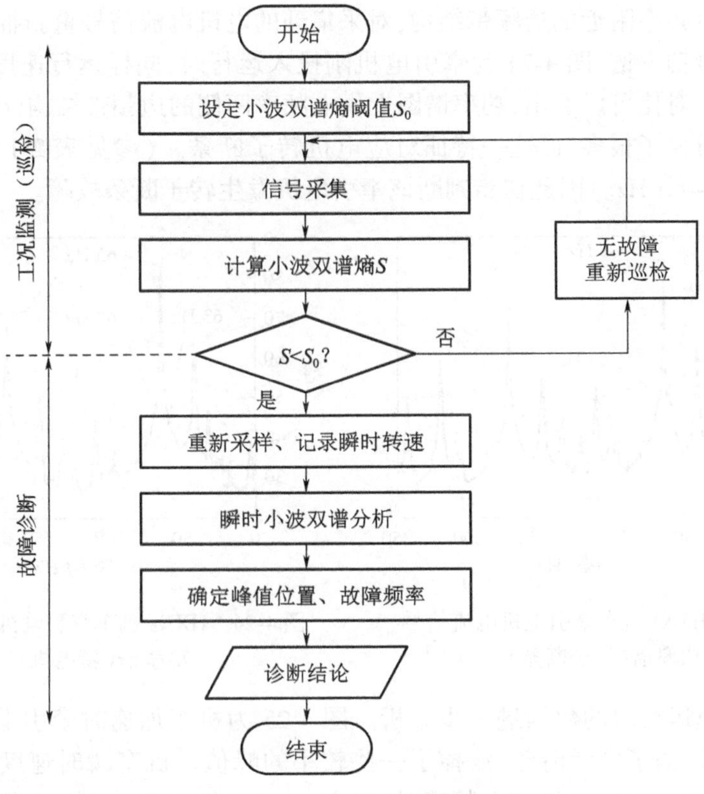


图 4-21　算法流程图

**案例一:牵引电机转子断条故障检测**

实验机车为 HXN3 型电力机车,共有六台 A2938-5 型鼠笼式三相异步牵引电动机,额定功率 690 kW,额定转速为 3 220 r/min,电机转差率为 1.6%。齿轮箱传动比为 85 : 16。

图 4-22 为一台临近维修期的牵引电机电流信号和频谱图。采样时机车运行速度为 70 km/h,对应牵引电机转速为 1 950 r/min,供电频率为 65 Hz。从图 4-22 中可以看出,由于电机结构、电网谐波以及噪声的作用,机车牵引电机电流中存在诸多谐波分量。功率谱图上电机供电频率 65 Hz 两侧有边频带,是电机电流频谱最基本的特征。

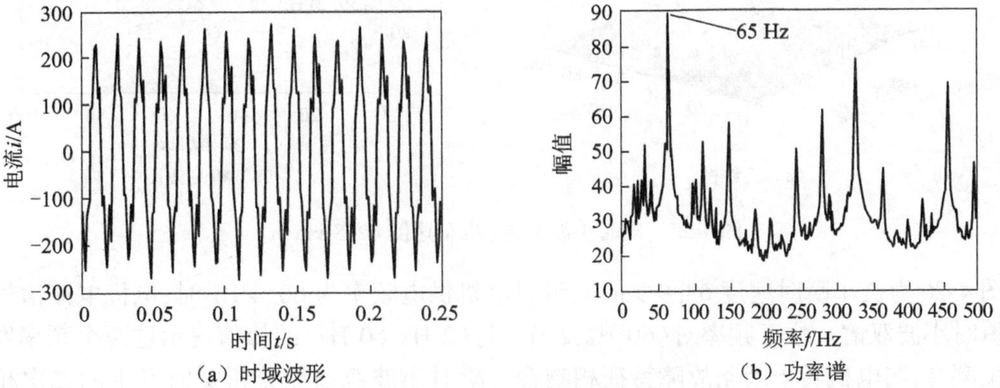


（a）时域波形　（b）功率谱

图 4-22　HXN3 机车牵引电机电流信号

为了观察供电频率附近的边频带结构,对采集到的电机电流信号重新抽样。图 4-23 为重画的电机电流信号功率谱,图 4-24 为牵引电机刚投入运行时,同样运行速度下采集到的电机电流信号功率谱。对比可以看出,功率谱图上供电频率两侧的边频带结构(63 Hz 和 67 Hz)比电机刚投入使用时大了很多,而这一特征对应电机转子断条。(参见表 2-1,$f_{sb}=f_s \pm k \cdot 2sf_s$,$k=1$,$s=0.016$,$f_s=65$ Hz。)因此初步判断该牵引电机发生转子断条故障。

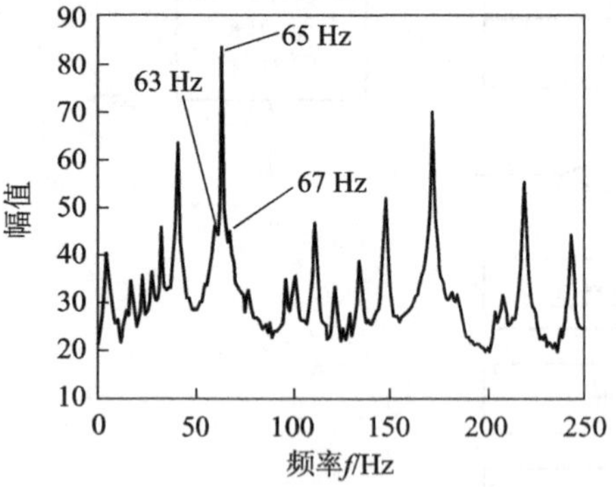


图 4-23 HXN3 机车牵引电机电流信号功率谱(转子断条)

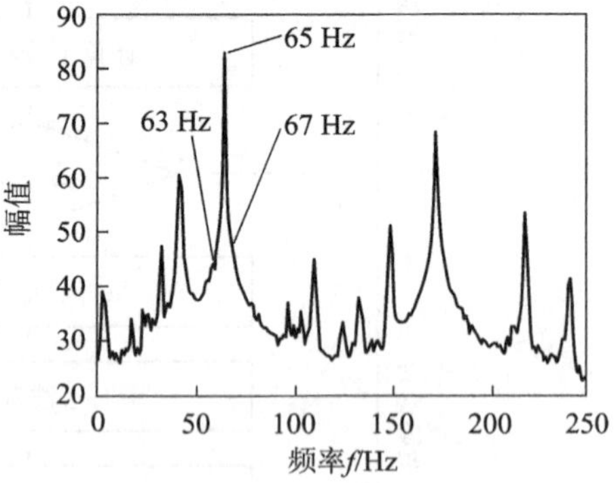


图 4-24 HXN3 机车牵引电机电流信号功率谱(新电机)

选取机车变速运行时的数据进一步分析。图 4-25 为机车加速时牵引电机电流信号的归一化瞬时小波双谱,为了图示清楚,滤掉了一些较小的峰值。机车瞬时速度为 62.8 km/h,牵引电机供电频率为 59.2 Hz。谱图上频率对(59 Hz,2 Hz)与(2 Hz,59 Hz)存在明显的峰值,提示这两个频率发生二次相位耦合。其中 59 Hz 数值接近电机供电频率,而 2 Hz 正是转子断条故障产生的边频带分量。(参见表 2-1,$f_{sb}=f_s \pm k \cdot 2sf_s$,$k=1$,$s=0.016$,$f_s=59$ Hz)。

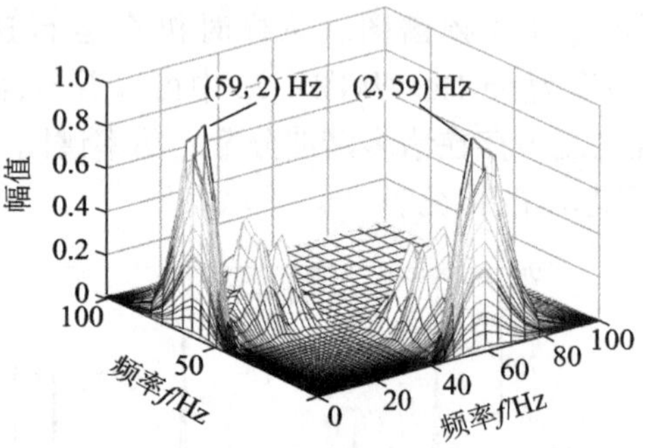


(a) 三维图

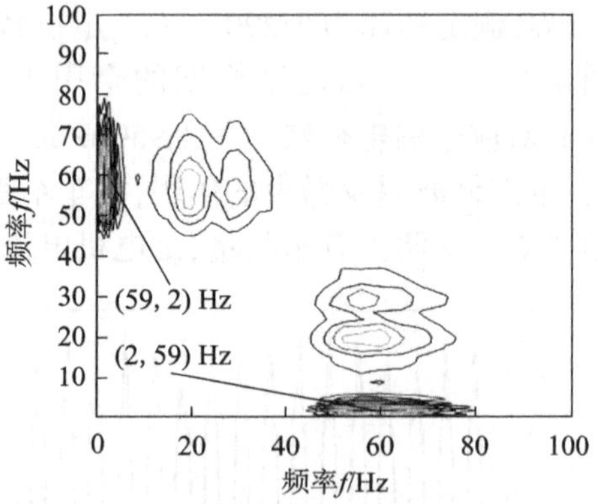


(b) 等高线图

图 4-25 瞬时小波双谱(机车速度 62.8 km/h)

图 4-26 为机车瞬时速度 63.9 km/h,牵引电机供电频率为 60.4 Hz 时,电机电流信号的归一化瞬时小波双谱。位于频率对(60 Hz,2 Hz)与(2 Hz,60 Hz)的峰值提示这两个频率发生二次相位耦合,与电机转子断条故障特征相吻合。瞬时小波双谱能分析瞬时发生的二次相位耦合,且有较好的频率分辨率,能满足工业现场使用要求。

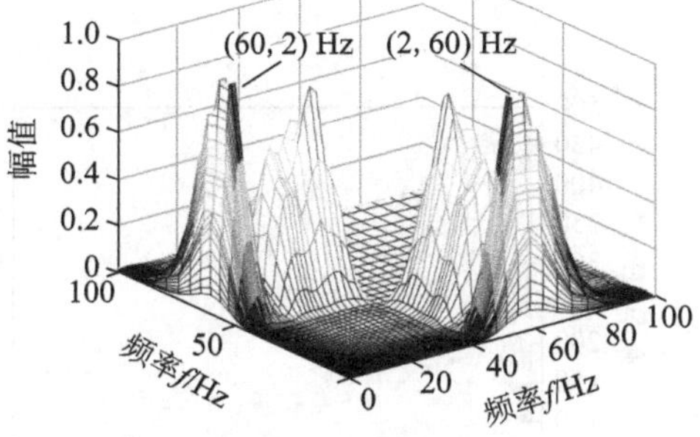


（a）三维图

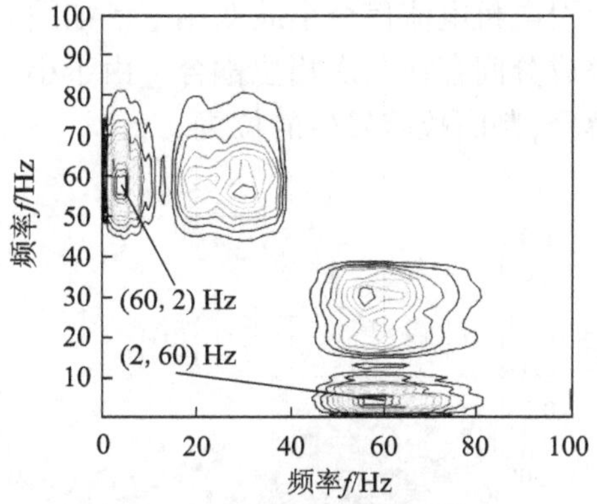


（b）等高线图

图 4-26　瞬时小波双谱(机车速度 63.9 km/h)

通过两种不同工况(机车匀速运行和变速运行),三种速度下电机电流分析,故障特征都指向牵引电机存在断条故障。在机车检修时拆解牵引电机,发现电机转子发生三根断条,证实了诊断结论。用瞬时小波双谱分析瞬时发生的二次相位耦合的诊断方法获得了初步成功。

**案例二:机车轴承故障检测**

HXD3 型机车为交流传动干线客货通用电力机车,具有六根交流传动轴,总功率为 7 200 kW,传动比为 101 : 21,最高运行速度为 120 km/h。机车装备六台 YJ85A1 型牵引电机,额定功率为 1 250 kW,额定电压为 2 150 V,额定电流为 390 A,极数为 4 极,转差率为 1.4%。传动端轴承为 NU330 圆柱滚子轴承,非传动端轴承为 NU320 圆柱滚子轴承和 QJ318 四点接触球轴承。

机车实验安装基于电机电流分析的故障监测系统,在机车线路运行时采集分析牵引电机电流信号。一段时间的连续监测发现:某台机车第三轴牵引电机电流信号的小波双谱熵值不断下降,提示存在故障且在发展。

图 4-27 为机车变速运行时该电机 a 相的定子电流时域波形和功率谱,采样频率为 2 000 Hz。机车运行速度为 87~113 km/h,对应的电机供电频率为 41~52 Hz。牵引电机结构复杂,功率谱图上存在很多频率成分。此外,变速运行引起频率模糊,无法分辨特征频率,变转速下电机故障诊断是具有挑战性的工作。

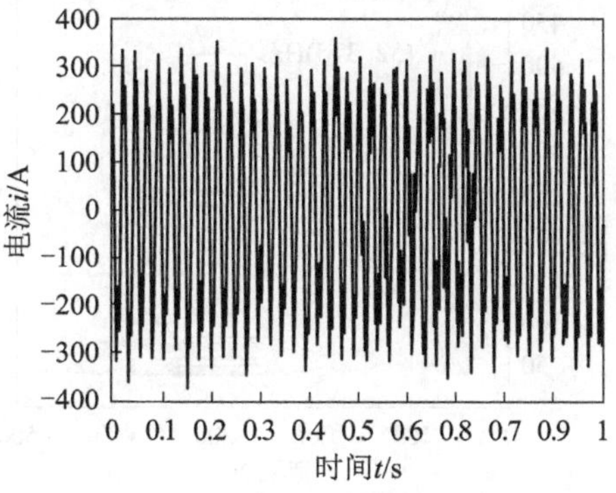


（a）时域波形

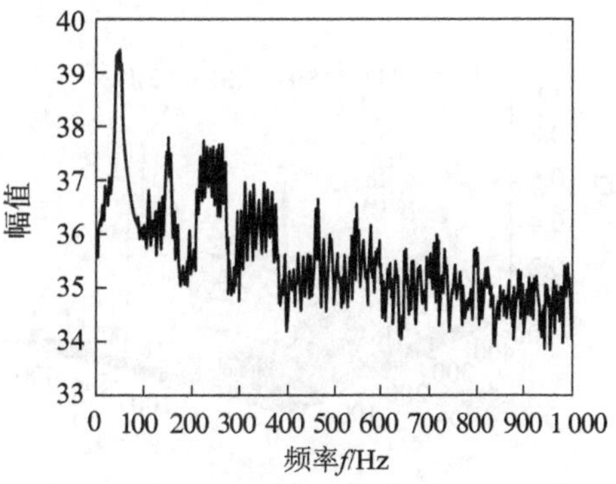


（b）功率谱

图 4-27　HXD3 型机车牵引电机电流信号

牵引电机电流信号小波双相干谱如图 4-28 所示。可以看出谱图上存在一些峰值,提示某些频率成分间存在二次相位耦合。由于小波双谱频率分辨率低,因此难以对这些峰值做出合理的解释,判断故障发生的位置。

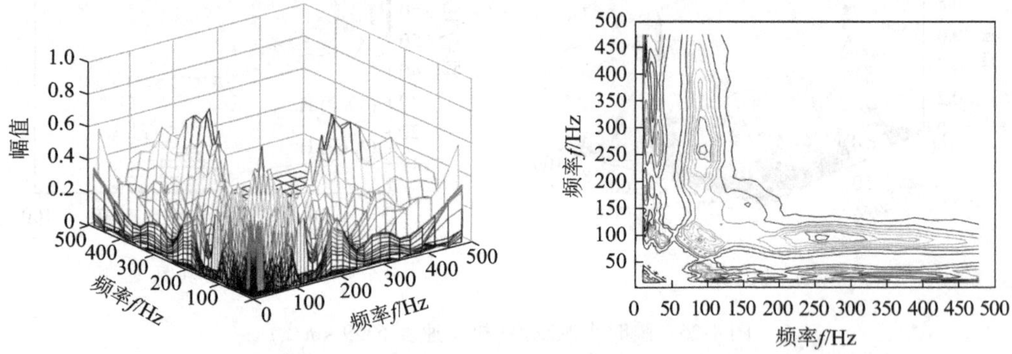


（a）三维图　　（b）等高线图

图 4-28　牵引电机电流信号小波双相干谱

提取机车瞬时运行速度 88 km/h 和 112 km/h 时该牵引电机定子电流信号分析,瞬时小波双谱分别如图 4-29 和图 4-30 所示。与以前的画图方法一样,为了图示清楚,滤掉了一些较小的谱峰。

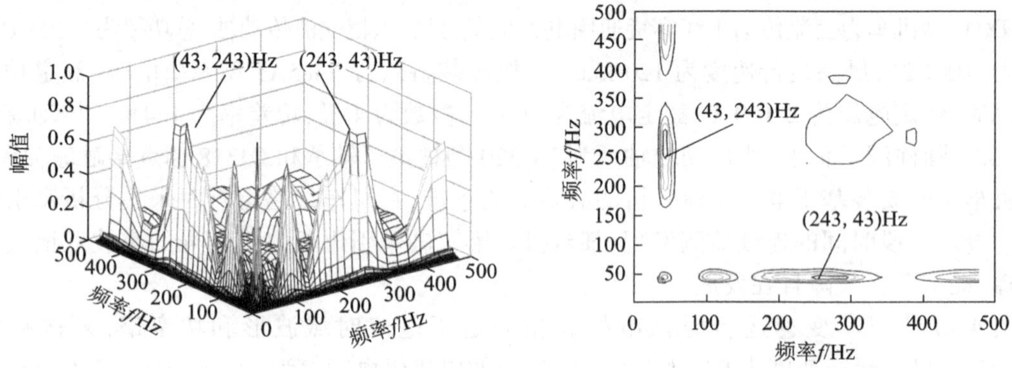


（a）三维图　　（b）等高线图

图 4-29　瞬时小波双谱(机车速度 88 km/h)

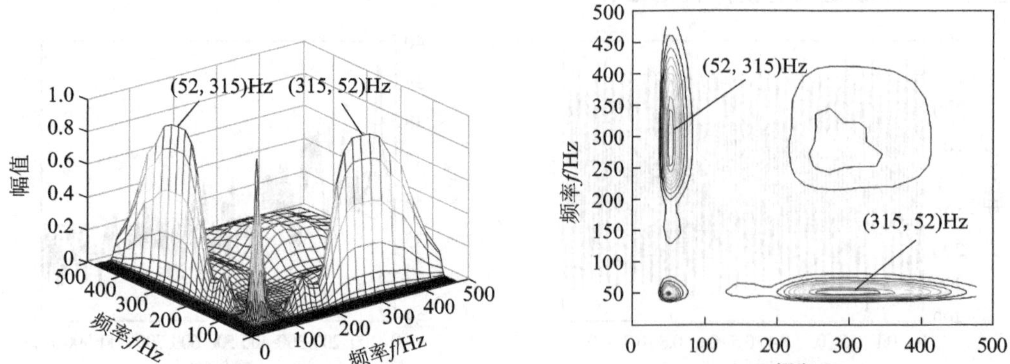


（a）三维图　　（b）等高线图

图 4-30　瞬时小波双谱(机车速度 112 km/h)

在图 4-29 上可以观察到两个明显的谱峰，位置在频率对（43 Hz，243 Hz）和（243 Hz，43 Hz）。其中 43 Hz 与牵引电机供电频率接近，而 243 Hz 是该速度下牵引电机传动端轴承内圈故障频率。说明电机供电频率和轴承内圈故障特征频率发生二次相位耦合，提示轴承内圈故障（参见表 2-1。）图 4-30 谱峰位置在频率对（52 Hz，315 Hz）和（315 Hz，52 Hz），其中 52 Hz 为牵引电机供电频率，315 Hz 与该速度下牵引电机传动端轴承内圈故障频率接近。说明电机供电频率和轴承内圈特征频率发生二次相位耦合，对应电机内圈发生故障。

与此同时，基于振动信号的机车轴承诊断系统也提示轴承故障。机车回机务段检修，拆解了牵引电机，发现传动端轴承内圈碾损，证实了诊断结论。本节提出的电机诊断方法成功用于工业现场。

## 小　结

本章主要介绍了高阶谱分析在高速列车传动系统故障诊断中的应用。高速列车线路运行时，对外辐射信号非常复杂，信号非平稳、非高斯性特征突出。对于振动信号最突出的二次相位耦合现象是齿轮和滚动轴承振动信号中的幅度调制，产生边频带结构；各种类型的牵引电机故障都会引发电机电流信号二次相位耦合加剧，齿轮故障也会使电机定子电流信号二次相位耦合更加突出。

双谱检测二次相位耦合需要大量数据，适用于列车匀速运行信号分析。$1\frac{1}{2}$维谱是双谱的对角线切片，可以大大减小计算量，且二维谱图直观，用于随车运行的诊断优势突出。调制信号双谱更适合分析调幅信号，提取故障特征。

当机车实际线路运行时，牵引电机转速随时间变化，定子电流信号频率也在不断变化，存在时变的二次相位耦合关系。瞬时小波双谱是分析变速下电机电流信号的有力工具，能准确提取信号中的时变二次相位耦合。小波双谱熵定量描述信号二次相位耦合成分在双频域内的分布均匀程度。可以作为诊断指标，监测机车牵引电机电流信号变化，量化牵引电机工作状态。

# 参考文献


[1] 陈峙，王铁，谷丰收，等. 基于电动机电流信号双谱分析的齿轮传动故障诊断[J]. 机械工程学报，2012，48(21)：84-90.

[2] YANG J，XU J. Higher order spectral analysis in fault diagnosis of rotors[J]. Chinese Journal of Mechanical Engineering (English Edition)，2001，14(1)：40-44.

[3] XU Y，TANG X，SUN X，et al. A squeezed modulation signal bispectrum method for motor current signals based gear fault diagnosis[J]. IEEE Transactions on Instrumentation and Measurement，2022，71：1-8.

[4] 张璋，杨江天，薛灿灿，等. 基于电机定子电流分析的机车齿轮箱故障诊断[J]. 铁道学报，2020，42(5)：51-57.

[5] THOMSON W T，FENGER M. Current signature analysis to detect induction motor faults[J]. IEEE Industry Applications Magazine，2001，7(4)：26-34.

[6] VERUCCHI C, BOSSIO J, BOSSIO G, et al. Misalignment detection in induction motors with flexible coupling by means of estimated torque analysis and MCSA[J]. Mechanical Systems and Signal Processing, 2016, 80: 570-581.
[7] ZHAO S, WANG P, LI S. Study on the fault diagnosis method of scraper conveyor gear under time-varying load condition[J]. Applied Sciences, 2020, 10(15): 5053.
[8] GUO J, HE Q, YANG Y, et al. A local modulation signal bispectrum for multiple amplitude and frequency modulation demodulation in gearbox fault diagnosis[J]. Structural Health Monitoring, 2023: 14759217221144724.
[9] 李辉,郝如江. 相关熵和双谱分析齿轮故障诊断研究[J]. 振动工程学报, 2021, 34(5): 1076-1084.
[10] 杨江天,陈家骥,曾子平. 基于高阶谱的旋转机械故障征兆提取[J]. 振动工程学报, 2001, 14(1): 13-18.
[11] MENDEL J M. Tutorial on higher-order statistics (spectra) in signal processing and system theory: theoretical results and some applications[J]. Proceedings of The IEEE, 1991, 79(3): 278-305.
[12] NIKIAS C L, RAGHUVEER M R. Bispectrum estimation: a digital signal processing framework[J]. Proceedings of The IEEE, 1987, 75(7): 869-891.
[13] 郑海波,陈心昭,李志远. 基于双谱的齿轮故障特征提取与识别[J]. 振动工程学报, 2002(3): 110-114.
[14] 杨江天,陈家骥,曾子平. 双谱分析及其在机械诊断中的应用[J]. 中国机械工程, 2000, 11(4): 424-426.
[15] 张严,王树勋,李生红. 二次相位耦合的 1(1/2)维谱分析[J]. 电子学报, 1996, 24(4): 109-112.
[16] STACK J R, HARLEY R G, HABETLER T G. An amplitude modulation detector for fault diagnosis in rolling element bearings[J]. IEEE Transactions on Industrial Electronics, 2004, 51(5): 1097-1102.
[17] JAMŠEK J, STEFANOVSKA A, MCCLINTOCK P. Wavelet bispectral analysis for the study of interactions among oscillators whose basic frequencies are significantly time variable[J]. Physical Review E, 2007, 76(4): 046221.
[18] MILLIGEN B P V, SANCHEZ E, ESTRADA T, et al. Wavelet bicoherence: a new turbulence analysis tool[J]. Physics of Plasmas, 1995, 2(8): 3017-3032.
[19] KHOSHNEVIS S A, SANKAR R. Applications of higher order statistics in electroencephalography signal processing: a comprehensive survey[J]. IEEE Reviews in Biomedical Engineering, 2019, 13: 169-183.
[20] BAO M, ZHENG C, LI X, et al. Acoustical vehicle detection based on bispectral entropy[J]. IEEE Signal Processing Letters, 2009, 16(5): 378-381.
[21] ZHANG M, YANG J, ZHANG Z. Locomotive gear fault diagnosis based on wavelet bispectrum of motor current [J]. Shock and Vibration, 2021, 2021: 1-12.
[22] LI Y, ZHOU S. A new instantaneous wavelet bicoherence for local fault detection of rotating machinery[J]. IEEE Transactions on Instrumentation and Measurement, 2019, 69(1): 135-143.
[23] 陈晓军,杨江天. 基于经验模式分解和 1(1/2)维谱的客车轴承故障诊断[J]. 铁道机车车辆, 2011, 31(6): 101-104.
[24] 杨江天,赵明元. 改进双谱和经验模态分解在牵引电机轴承故障诊断中的应用[J]. 中国电机工程学报, 2012, 32(18): 116-122.

# 第5章　分数阶傅里叶变换

1980年Namias从数学的角度提出了分数阶傅里叶变换(fractional Fourier transform,FrFT)并在量子力学中首次使用[1]。1987年McBride在前人研究的基础上,对FrFT的定义做出修改,并且从理论上推导了积分的定义形式[2]。1993年Almeida提出FrFT的物理性质,它可以抽象为信号在坐标平面上的逆时针旋转[3]。1996年,Ozakta研究了离散形式的定义,计算量等同于傅里叶变换[4]。从此,开创了分数阶信号分析的时代。

针对傅里叶变换(Fourier transform,FT)无法表征时间和频率的局部特征的问题,研究人员在FT基础上引入旋转阶次,并提出了分数阶傅里叶变换(FrFT)。FrFT本质上是一种统一的时频变换,它能同时反映时间和分数阶频率的信息。与传统的傅里叶变换相比,适合处理非平稳信号,尤善线性调频信号,并且具有多个自由变量,能描述信号从时域到频率的所有特征。与Wigner分布等二次型时频分布不同的是,FrFT采用单一变量表示信号的时频信息,没有交叉项的干扰。此外,FrFT具有成熟的快速算法,在得到高的频率分辨率的同时不需要付出太多的计算代价。目前分数阶傅里叶变换在信号处理中被广泛应用,也正体现了分数阶变换的优势[5]:

(1)分数阶变换中阶次从0连续增加到1,能够展示出信号从时域变化到频域的所有特征,可以为信号的时频分析提高更多的选择空间;

(2)分数阶傅里叶变换可以理解为一组chirp基函数分解,一旦和信号的调频率相同,就会在分数域中表现尖锐的谱峰,十分适合处理线性调频信号;

(3)分数阶傅里叶变换可以理解为时频面的旋转,可和常用的时频分析建立关系,估计信号的瞬时频率;

(4)分数阶变换为线性变换,在提升分辨率的同时,没有交叉项的干扰;

(5)具有成熟的离散算法,计算量等同于FFT。

分数阶傅里叶变换具有上述优势,近年来分数阶傅里叶变换在信号处理中得到越来越多的应用,如分数阶滤波、分数阶线性调频信号检测与参数估计等。

(1)分数阶滤波。线性调频信号具有非平稳的特性,无论在时域还是频域都表现为宽带,单独在时域和频率滤波都不能得到很好的效果。分数阶傅里叶变换适合处理chirp类信号,利用chirp类信号在分数域中呈现能量聚集的特性,而噪声干扰信号不会聚集,通过分数阶窄带滤波就能容易地把感兴趣的信号分量分离出来。

(2)分数阶线性调频信号检测与参数估计。由于线性调频信号在不同阶次下的分数阶傅里叶变换会呈现出不同的能量聚集性,基于以上想法,检测线性调频分量的基本思路:以不同阶次为变量进行扫描,求信号的分数阶傅里叶变换,通过搜索以旋转阶次$p$和分数阶频率$u$所形成的二维平面$(p,u)$的峰值点即可以完成信号调频信号的检测和估计。与常用的时频分析方法的信号检测与估计相比,在分析多变量信号时避免了交叉项的干扰。此外,当两个信号彼此相近时,分数阶傅里叶变换能够通过时频面的旋转使两者分离,避免了由于频率分辨率的不足导致的频率混叠。基于 FrFT 的线性调频分量检测原理直观、简单,适合多分量多线性调频信号的检测。

FrFT 在信号处理中具有良好的发展潜质,但 FrFT 实际应用中的最大问题是如何确定合适阶次 $p$。只有选择合适值,FrFT 才有好的分辨率。目前多采用峰值搜索法寻找 FrFT 的最优阶次[6],然而在信噪比较低时,确定最佳阶次的准确性不高。注意到当 FrFT 的阶次选择合适的时候,线性调频率信号的 FrFT 谱图呈现尖峰,且在 FrFT 域有很好的能量聚集特性。为此,本书提出一种新混合熵,即用能量熵描述信号 FrFT 能量聚集程度,而用谱熵描述 FrFT 谱峰的尖锐程度,统一描述分数阶傅里叶变换的能量聚集特征,作为适应度函数选择最佳阶次。

作为 FT 的推广,FrFT 已被证明是信号处理和分析的强大工具[7]。然而,通过对 FrFT 的深入研究,发现它是整体变换,无法刻画信号的局部特征。为了克服 FrFT 在信号分析中的不足,一系列新颖的分数阶信号分析便应运而生。一种简单方法是短时分数阶傅里叶变换(short fractional fourier transform,STFrFT)[8]。STFrFT 不仅能够定位时间特性,还可以使线性调频分量在时平面上聚集,能够同时描述时间和分数阶频率的关系。此外,计算量等同于 STFT,不需要付出太大的耗费代价。然而 STFrFT 在工程应用时存在挑战:窗口大小固定,本质上是加窗分数阶傅里叶变换,适合分析分段平稳的信号。此外,时间分辨率和分数阶频率的分辨率相会制约,需要折中选择。在此基础上,提出了分数阶小波变换(fractional wavelet transform,Fr-WT)[9],该方法具有小波变换的优点:窗口大小自适应变化,适合分析时变信号。本章介绍分数阶信号处理方法在高速列车传动系统诊断中的应用。

## 5.1 分数阶傅里叶变换分析

时间序列 $x(t)$ 的 FrFT 可以表示为 $X_p(u)$。FrFT 的基本定义为[10]

$$X_p(u)=\int_{-\infty}^{+\infty}x(t)K_p(u,t)\,\mathrm{d}t \tag{5-1}$$

式中,$K_p(t,u)$ 是 FrFT 的变换核,其表达式为

$$K_p=\begin{cases}A_\alpha\exp[\mathrm{j}\pi(u^2\cot\alpha-2ut\csc\alpha+t^2\cot\alpha)], & \alpha\neq n\pi\\ \delta(u-t), & \alpha=2n\pi\\ \delta(u+t), & \alpha=(2n\pm1)\pi\end{cases} \tag{5-2}$$

在式(5-1)和式(5-2)中,$p$ 是 FrFT 的阶次。$\alpha=\pi p/2$ 是 FrFT 的旋转角度,$A_\alpha=\sqrt{1-\mathrm{j}\cot\alpha}$,$n$ 是一个整数。

相反地,关于角度 $\alpha$ 的逆 FrFT 是角度 $-\alpha$ 的 FrFT,即

$$x(t)=\int_{-\infty}^{+\infty}F_p(u)K_p^*(u,t)\,\mathrm{d}t \tag{5-3}$$

FrFT 的变换核实际上是一组具有线性调频率 $\cot\alpha$ 的线性调频信号。通过改变旋转角度 $\alpha$ 可以获得不同调频率的基函数,一旦目标 LFM 信号的调频频率与一组基函数匹配,则该信号必然在该组基函数上形成一个 $\delta$ 函数。根据分数阶傅里叶变换公式,为了实现 LFM 信号 $x(t)$ 能量聚集($x(t)=\exp[\mathrm{j}(2\pi f_0t+\pi\mu_0t^2)]$,$\mu_0$ 为调频斜率,$f_0$ 为初始频率),需保证调频斜率相等,即 $\mu_0=-\cot\alpha_0$,$f_{\mathrm{mid}}=u_0\csc\alpha_0$,其中 $\alpha_0$ 为聚集时的旋转角度,$u_0$ 为在分数域中的聚集

位置，$f_{mid}$ 为线性调频信号的中心频率。

FrFT 适用于非平稳信号处理，尤善 LFM 分量提取，但需要在阶次 $p$ 选择合适时才行，下面通过仿真信号加以说明。

设 $x(t)$ 是两个 LFM 分量的叠加，即

$$x(t) = \sin 2\pi f_1 t + 0.5\cos 2\pi f_2 t \tag{5-4}$$

式中，$f_1=50+10t$，$f_2=20+5t$，采样频率为 500 Hz，采样点数为 1 000。

信号 $x(t)$ 的频谱如图 5-1 所示。可以看出，由于信号频率随时间变化，频谱图中表现为频率模糊。

信号的分数阶傅里叶变换的结果如图 5-2 所示。通过调整阶次 $p$，信号 $x(t)$ 中的两个 LFM 分量的分数阶傅里叶变换类似于正弦信号傅里叶变换，在各自最优阶次上聚集，即在分数域中 $F^{\alpha_{opt}}$ 变成 $\delta$ 函数。对于线性调频信号，设采样频率为 $f_s$，采样点数为 $N$，那么将线性调频转换为 $\delta$ 函数的 FrFT 域的角度 $\alpha_0$ 为

$$\alpha_0 = \tan^{-1}\left(-\frac{f_s^2/N}{2\mu_0}\right) \tag{5-5}$$

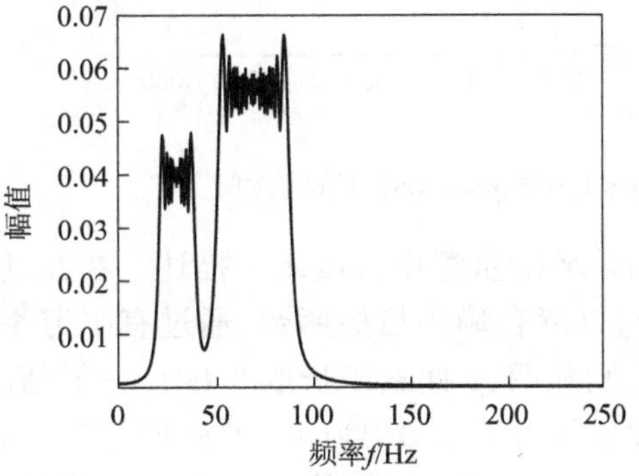

图 5-1　信号的频谱

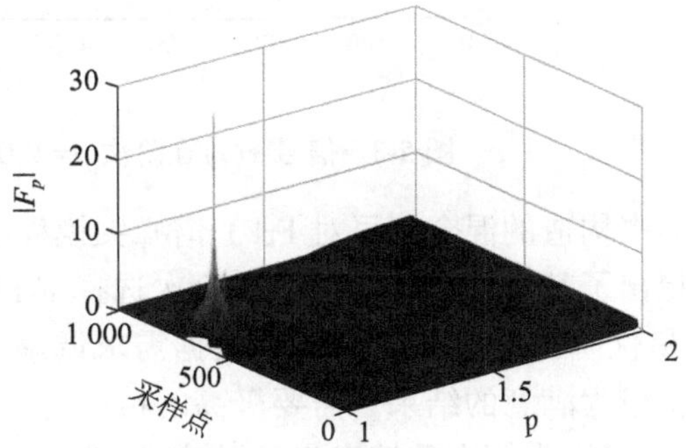

图 5-2　信号 $x(t)p_i$ 阶 $F_p(u)$（3 维视图）

则最优阶次 $p_0$ 为

$$p_0 = \alpha_0 2/\pi, \quad p_0 \in [0,2] \tag{5-6}$$

针对式(5-3)，两个线性调频分量的最优阶次分别为

$$\begin{cases} \alpha_{01} = \tan^{-1}\left(-\dfrac{500^2/1\,000}{10}\right) = -1.531, p_{01} = \alpha_{01}2/\pi + 2 = 1.026 \\ \alpha_{02} = \tan^{-1}\left(-\dfrac{500^2/1\,000}{20}\right) = -1.491, p_{02} = \alpha_{02}2/\pi + 2 = 1.051 \end{cases}$$

FrFT 能有效提取 LFM 分量，但是需要确定阶次。图 5-2 的三个不同切片，对应阶次为 1.026、1.035、1.051，如图 5-3 所示。对于最优阶次 1.026 和 1.051，相对应的 LFM 分量会在分数域中出现尖锐的谱峰，而远离最优阶次会使得谱峰逐渐模糊。只有阶次选择合适时，才能使 LFM 分量频域聚集。

FrFT 提取 LFM 分量依赖于阶次的选择，如果阶次选择不正确，则无法进行。对于旋转机械信号，可以根据转速确定阶次，但是使用受到很大限制。不预先输入参数，完全根据信号自

身特征确定阶次,即自适应参数选择,有重要意义。有限穷举法是查找优化参数的最有效的方法,但对目标函数的要求高。熵从整体上描述信号的复杂性和动态变化,广泛用作目标函数。注意到当阶次选择良好时, FrFT 谱峰尖锐,频域能力集中。因此本书提出了构造新的混合熵,对信号 FrFT 的谱峰尖锐程度和频域能量集中程度统一描述,作为目标函数搜索 FrFT 最优的阶次。借鉴小波包能量熵,构造分数阶傅里叶变换能量熵,定量描述信号做分数阶傅里叶变换后能量聚集程度;谱熵计算简单,描述信号分数阶傅里叶谱峰的平坦程度,将两种熵综合起来,对 FrFT 谱的聚集性特征统一描述。以混合熵作为目标函数,搜索选出 FrFT 的最优阶次。

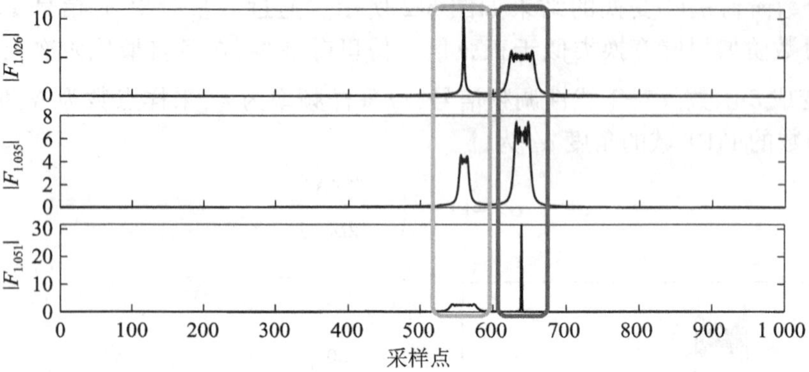


图 5-3　信号 $x(t)$ 在阶次 $p=1.026$, $p=1.035$, $p=1.051$ 下的 FrFT

本书构造的混合熵可对 FrFT 谱峰尖锐程度和频域能量集中程度统一描述。在此基础上本书提出了基于混合熵的自适应阶次选择 FrFT,即以混合熵为目标函数,通过有限穷举选出 FrFT 最优阶次。阶次精度可以根据需求调整。实验表明,$p$ 搜索步长取 0.001,一般情况下,能获得较为满意的结果。需要极高的精度时,搜索步长可以取 0.000 1。实际使用时,为了提高效率,可以先用大的搜索步长,接近目标时再换用小的步长。对于单一分量,当阶次最优时,混合熵最大,表现为极大值点;对于多分量,能量较小的信号分量表现为局部极大值点,因此当混合熵曲线出现全局/局部极大值点时,则阶次最优,含有线性调频分量。基于自适应分数傅里叶变换(adaptive FrFT)的主要计算步骤如下:

(1)设置参数 $p$ 的初始值、最小值、最大值和步长,即 $p=p_{\min}:p_{\mathrm{i}}:p_{\max}$。$p_{\min}$ 是模型的初始值。$p_{\mathrm{i}}$ 是算法中使用的步长,建议值为 0.001。$p_{\max}$ 是模型的最大值。

(2)计算 $p_{\mathrm{i}}$ 阶 FrFT 混合熵。

(3)利用全局/局部最大混合熵确定 LFM 分量的最优聚集阶次 $p_0$。

(4)对信号做最优变换阶次 $p_0$ 的 FrFT,并在分数域中确定该信号中线性调频分量的聚集中心 $u_0$。

(5)最后利用$(p_0,u_0)$估计线性调频分量的具体参数(调频斜率 $\mu_0$ 和起始频率 $f_0$)。

## 5.2　短时分数阶傅里叶变换

分数阶频率定位功能是指:对某一特定的分数阶频率,希望何时产生该分数阶频率。显然对于给定的某一分数阶频率 $u_0$,求得 $u_0$ 处的分数谱 $F_\alpha(u_0)$,分数阶傅里叶变换对时间 $t$ 的积分需要从 $-\infty$ 到 $+\infty$,即需要整个信号 $x(t)$ 的信息。实际上,由分数阶傅里叶变换得到的 $F_\alpha(u_0)$ 是信号 $x(t)$ 在整个积分区间的时间范围内所具有的分数阶频率特征的平均表示。因此,如果想了解在某一个特定时间所对应的分数阶频率是多少,分数阶傅里叶变换变得无能为力。也就是说,分数阶傅里叶变换不具备时间和分数阶频率的定位功能。下面通过仿真信号加以说明。

信号 $x(t)$ 包括 3 个分量,参见式(5-7)。采样频率为 1 000 Hz,采样点数为 3 000。信号的时频图如图 5-4 所示。从时频图中可以看出,信号的频率是分段线性变化的,并且每一段的调频斜率相等,只是初始频率是不相等的。通过对上式信号做分数阶傅里叶变换,得到的结果如图 5-5 所示。显然,从图中只能看到 $F_\alpha(u)$ 在 $u_1=4.4$, $u_2=9.8$ 及 $u_3=15.3$ 处三个分数阶频率分量,并知道这三个分数阶频率分量的大小,但看不出在何时有分数阶频率 $u_1$,何时又有 $u_2$ 及 $u_3$。这表明分数阶傅里叶变换存在缺乏时间定位功能。

$$\begin{cases} x_1 = 0.5\sin[2\pi(10t + 50)t], & 0 \leqslant t < 1 \\ x_2 = 2\sin[2\pi(10t + 250)t], & 1 \leqslant t < 2 \\ x_3 = \sin[2\pi(10t + 150)t], & 2 \leqslant t < 3 \\ x = x_1 + x_2 + x_3 \end{cases} \tag{5-7}$$

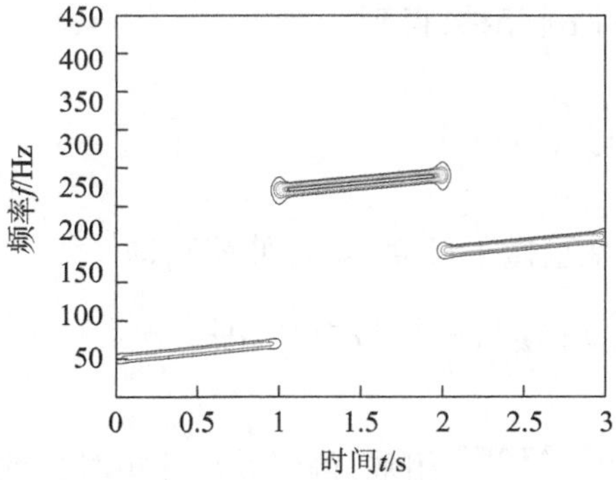


图 5-4　信号 $x(t)$ 的时频图

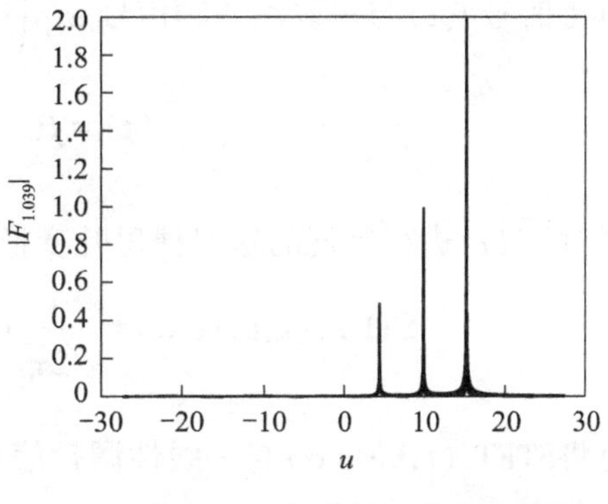


图 5-5　信号 $x(t)$ 的分数阶傅里叶变换

为了解决分数阶傅里叶变换缺乏时域定位的缺点,史军提出一种新型的短时分数阶傅里叶变换(STFrFT)[8],该方法不仅能够使线性调频信号在时频面上聚集,同时通过时频面也能有效地看出线性调频信号出现在哪些时间段,解决了分数阶傅里叶变换缺乏时间定为功能的问题。考虑到短时分数阶傅里叶变换的主要目的是了解信号的局部分数谱特性。因此,可以直接对信号的分数谱做分数域的加窗,然后利用分数阶傅里叶逆变换即可得到相应的短时分数阶傅里叶变换的时域表达形式。基于此,利用时域广义分数阶卷积将信号的短时分数阶傅里叶变换定义为

$$\mathrm{STFrFT}_f^\alpha(t,u) = \int_{-\infty}^{\infty} F_p(u') G^*[(u'-u)\csc\alpha] K_{-\alpha}(u',t)\,\mathrm{d}u' \tag{5-8}$$

式中,分数域窗函数 $G(u\csc\alpha)$ 是时域窗函数 $g(t)$ 的傅里叶变换(自变量按 $\csc\alpha$ 伸缩),

$F_p(u')$为$f(t)$的分数阶傅里叶变换。利用时域广义分数阶卷积,式(5-8)可以写为信号的时域表达形式,即

$$\mathrm{STFrFT}_f^{\alpha}(t,u)=\int_{-\infty}^{\infty}f(\tau)\kappa_{\alpha}^{*}(u,t,\tau)\mathrm{d}\tau \tag{5-9}$$

式中,核函数$\kappa_{\alpha}(u,t,\tau)$满足

$$\kappa_{\alpha}(u,t,\tau)=\frac{1}{\sqrt{2\pi}}g(\tau-t)\exp\left[-\mathrm{j}\frac{\tau^2-t^2}{2}\cot\alpha+\mathrm{j}(\tau-t)ut\csc\alpha\right]$$

特别地,当$\alpha=\pi/2$时,短时分数阶傅里叶变换变退化为常规短时傅里叶变换。式(5-8)和式(5-9)表明,短时分数阶傅里叶变换的本质是对信号进行分数域的滤波处理,即其在时域体现为信号与时间窗函数$g^{*}(-t)$和指数因子$\mathrm{e}^{\mathrm{j}tu\csc\alpha}$乘积的时域广义分数阶卷积运算,而在分数域体现为信号的分数阶傅里叶变换与分数域窗函数的共轭的乘积。

此外,式(5-9)可以改写成为

$$\mathrm{STFrFT}_f^{\alpha}(t,u)=\frac{1}{\sqrt{2\pi}}\int_{-\infty}^{\infty}\left[f(\tau)\exp\left(\mathrm{j}\frac{\tau^2}{2}\cot\alpha\right)\right]g^{*}(\tau-t)\mathrm{e}^{-\mathrm{j}\tau u\csc\alpha}\mathrm{d}\tau\times$$
$$\exp\left(-\mathrm{j}\frac{\tau^2}{2}\cot\alpha-\mathrm{j}tu\csc\alpha\right) \tag{5-10}$$

可见,短时分数阶傅里叶变换的计算可分为以下三个步骤:

(1)将信号$f(t)$与一线性调频信号$\exp\left(\mathrm{j}\frac{t^2}{2}\cot\alpha\right)$相乘,得到

$$\tilde{f}(t)=f(t)\exp\left(\mathrm{j}\frac{t^2}{2}\cot\alpha\right) \tag{5-11}$$

(2)对$\tilde{f}(t)$进行常规的短时傅里叶变换(自变量做了尺度$\csc\alpha$伸缩),即

$$\mathrm{STFT}_{\tilde{f}}(t,u\csc\alpha)=\frac{1}{\sqrt{2\pi}}\int_{-\infty}^{\infty}\tilde{f}(\tau)g^{*}(\tau-t)\mathrm{e}^{-\mathrm{j}\tau u\csc\alpha}\mathrm{d}\tau \tag{5-12}$$

(3)将$\mathrm{STFT}_{\tilde{f}}(t,u\csc\alpha)$与一线性调频信号$\mathrm{e}^{-\mathrm{j}\frac{t^2}{2}\cot\alpha-\mathrm{j}tu\csc\alpha}$相乘,得到$f(t)$的短时分数阶傅里叶变换,即

$$\mathrm{STFrFT}_f^{\alpha}(t,u\csc\alpha)=\mathrm{e}^{-\mathrm{j}\frac{t^2}{2}\cot\alpha-\mathrm{j}tu\csc\alpha}\mathrm{STFT}_{\tilde{f}}(t,u\csc\alpha) \tag{5-13}$$

可以看出,短时分数阶傅里叶变换的计算复杂度主要取决于步骤(2)中短时傅里叶变换的计算复杂度,为$O(N^2\log_2 N)$,其中$N$为数据长度。

设$g(t)$是满足$g^{*}(0)\neq 0$的时域窗函数,可得短时分数阶傅里叶变换的逆变换为

$$f(t)=\frac{1}{\sqrt{2\pi}g^{*}(0)}\int\mathrm{STFRFT}_f^{\alpha}(t,u)\mathrm{d}u\csc\alpha \tag{5-14}$$

对信号$x(t)$做短时分数阶傅里叶变换的结果如图5-6(b)所示,从图中可以看出,有三个线性调频信号在时频面上聚集,并且时间和分数阶频率对应关系和图5-4一致,因此STFrFT能够解决FrFT缺乏局部特性的问题。

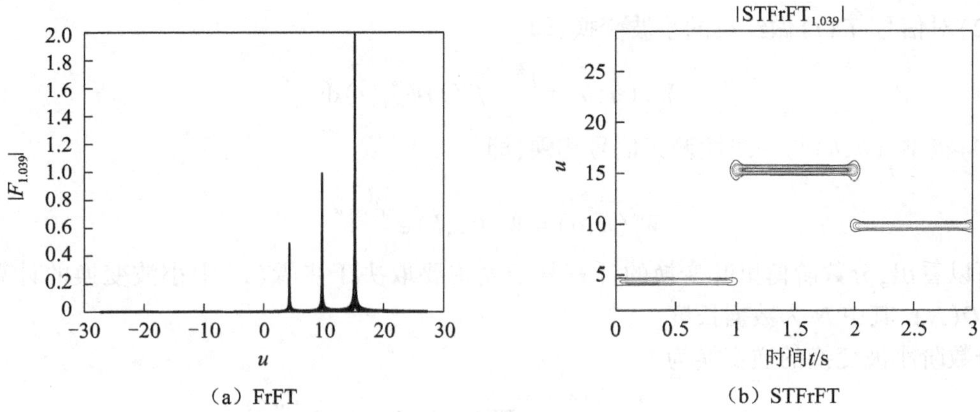


图 5-6　信号 $x(t)$ 的 FrFT 及其 STFrFT

## 5.3　分数阶小波变换

短时分数阶傅里叶变换以固定的滑动窗函数分析信号,从而可以描述信号的分数域局部信息。然而,这种固定的时间-分数阶频率的分辨率分析并不适合所有的信号。本节介绍另一种新的分数阶信号分析方法——分数阶小波变换[9]。

在经典卷积和小波变换的基础上,采用广义分数阶卷积,将信号 $f(t)$ 的分数阶小波变换定义为

$$W_f^{\alpha}(a,b)=\int_{-\infty}^{\infty} f(t)\psi_{\alpha,a,b}(t)\,\mathrm{d}t \tag{5-15}$$

式中,$\psi_{\alpha,a,b}(t)=\psi_{a,b}(t)\mathrm{e}^{-\mathrm{j}\frac{t^2-b^2}{2}\cot\alpha}$,$\psi_{a,b}(t)=\frac{1}{\sqrt{a}}\psi\left(\frac{t-b}{a}\right)$,$a$ 为尺度因子,$b$ 为平移因子。特别地,当 $\alpha=\pi/2$ 时,式(5-15)变为经典的小波变换。

利用广义分数阶卷积定理并结合分数阶逆变换,式(5-15)可变为

$$W_f^{\alpha}(a,b)=\int_{-\infty}^{\infty}\sqrt{2\pi a}\,F_{\alpha}(u)\,\Psi^*(au\csc\alpha)K_{-\alpha}(u,b)\,\mathrm{d}u \tag{5-16}$$

式中,$F_{\alpha}(u)$ 是 $f(t)$ 的分数阶傅里叶变换,$\Psi(au\csc\alpha)$ 是 $\psi(t)$ 的傅里叶变换(自变量按 $\csc\alpha$ 伸缩)。式(5-16)表明,分数阶小波变换相当于在分数域的多尺度滤波处理,突破了传统小波变换仅在时频域内分析的局限性,克服了分数阶傅里叶变换无法表征信号分数域的局部特性的缺陷,解决了短时分数阶傅里叶变换窗口分辨率固定的不足。

此外,式(5-15)中分数阶变换可以重新写为

$$W_f^{\alpha}(a,b)=\mathrm{e}^{-\mathrm{j}\frac{b^2}{2}\cot\alpha}\int_{-\infty}^{\infty}\left[f(t)\mathrm{e}^{\mathrm{j}\frac{t^2}{2}\cot\alpha}\right]\psi_{a,t}^*(t)\,\mathrm{d}t \tag{5-17}$$

因此,分数阶小波变换的数值计算可以分为三个步骤:

(1)信号与一线性调频信号相乘,即

$$\widetilde{f}(t)=f(t)\mathrm{e}^{\mathrm{j}\frac{t^2}{2}\cot\alpha} \tag{5-18}$$

(2)对信号 $\tilde{f}(t)$ 做经典的小波变换,即

$$W_{\tilde{f}}(a,b)=\int_{-\infty}^{\infty}\tilde{f}(t)\psi_{a,t}^{*}(t)\,\mathrm{d}t \tag{5-19}$$

(3)将 $W_{\tilde{f}}(a,b)$ 与一线性调频信号相乘,即

$$W_{f}^{\alpha}(a,b)=W_{\tilde{f}}(a,b)\mathrm{e}^{-\mathrm{j}\frac{b^2}{2}\cot\alpha} \tag{5-20}$$

可以看出,分数阶傅里叶变换的计算复杂度主要取决于步骤(2)中小波变换的计算复杂度,为 $O(N)$,其中 $N$ 为数据长度。

分数阶小波变换的逆变换为

$$f(t)=\frac{1}{2\pi C_{\psi}}\int_{-\infty}^{+\infty}\int_{0}^{+\infty}W_{f}^{\alpha}(a,b)\psi_{\alpha,a,b}(t)\,\frac{\mathrm{d}a}{a^{2}}\mathrm{d}b \tag{5-21}$$

式中,容许条件 $C_{\psi}=\int_{-\infty}^{+\infty}\frac{|\Psi(\Omega)|^{2}}{\Omega}\mathrm{d}\Omega<\infty$。

对信号 $x(t)$ 做分数阶小波变换的结果如图 5-7(b)所示,同样三个线性调频信号在时频面上聚集,相比 STFrFT 固定分辨率而言,FrWT 继承了小波变换的优点:对于低频信号具有高的频率分辨率,对于高频信号具有高的时间分辨率,精确表示时变信号分数域的时频特征。

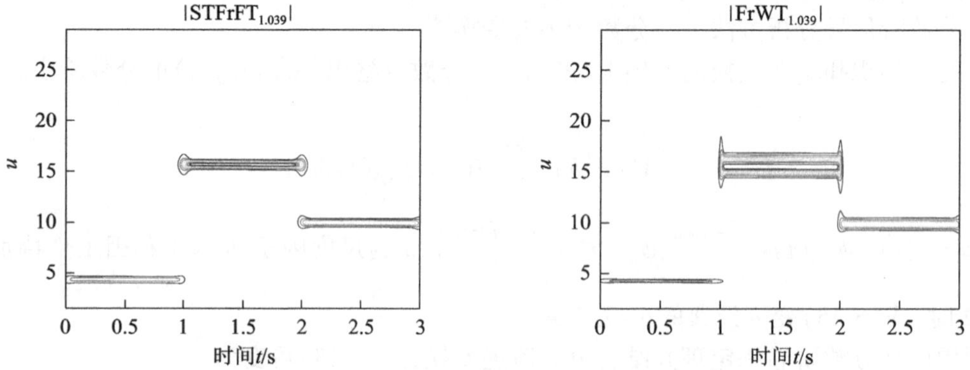


(a) STFrFT　　(b) FrWT

图 5-7　信号 $x(t)$ 的 STFrFT 及其 FrWT

# 5.4　工程应用

## 5.4.1　诊断流程

变速工况条件下,电机电流信号复杂,载荷扭矩波动引发调幅调频,信号中包含多组调幅-调频(AM-FM)分量[11],通常需要先进行滤波处理,才能有效提取故障信息。信号自适应分解广泛用于电机电流信号预处理,滤除噪声及其他分量的干扰[12]。常用自适应分析方法是假定信号各分量窄带、频域可分[13],如 EWT 和 VMD。转速波动引发频率调制,使得电机电流信号

具有宽带非平稳特征，某些分量频谱重叠，常规方法分解困难。电机电流信号的主要频率成分都与供电频率有关联，构成准谐波结构[14]。这些谐波结构在谐波阶域中被很好地分离。因此，基于 WVMD 被用于预处理具有频谱重叠分量的非平稳电流信号。

基于 WVMD 和 AFrFT，本书提出一种新的电机电流信号分析方法，可以用于变速下机车传动齿轮的故障诊断，具体步骤如下：

(1)将电机供电频率作为相位坐标系，对采集的电机电流信号进行 WVMD 分析。根据经验确定 VMD 参数，分解层数 $K=5$，二次惩罚因子 $\alpha=2\ 000$。

(2)WVMD 分解后，各个 IMF 分量占据不同的频带，这为选择合适的 IMF 分量进行进一步的分析提供了依据。实验表明，电机供电频率一般在 IMF1 分量中，而齿轮故障特征故障频率在 IMF2～IMF5。高频的 IMF 分量故障信息微弱，因而一般可选择 IMF2 做进一步分析。

(3)做 AFrFT，估计 IMF2 分量中线性调频分量的参数，提取故障特征频率，完成诊断。

诊断流程图如图 5-8 所示。

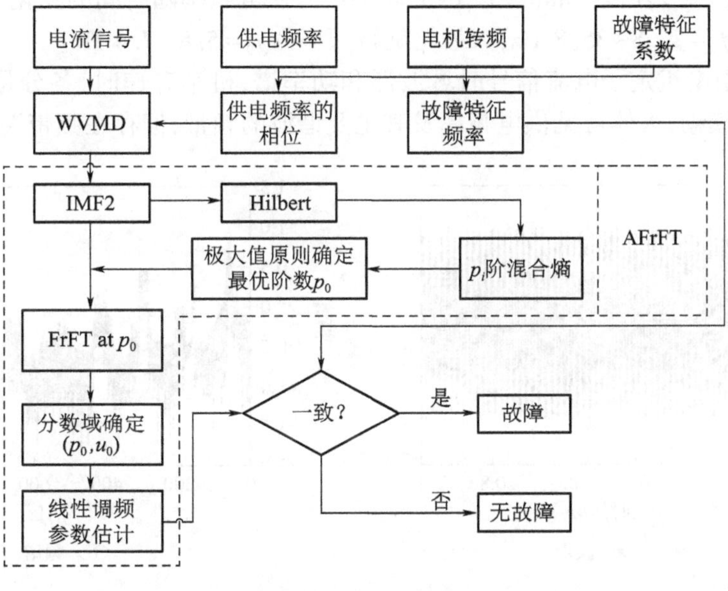


图 5-8　诊断流程图

工业现场获取的变速下电机电流信号宽带非平稳，存在多组频带重叠的成分，使用变形变分模态分解(WVMD)分解，再对包含故障特征频率的 IMF 分量进一步分析，能有效排除其他频带的干扰，提高信噪比。自适应分数阶傅里叶变换充分发挥分数阶傅里叶变换提取线性调频分量的优势，不需要设置参数，有很强的实用性。

## 5.4.2　传动齿轮箱齿轮故障诊断

实验机车为 HXD3C 型干线客货通用电力机车，最高运营速度为 120 km/h。装备六台 YJ85A 型牵引电机，额定功率为 1 250 kW，额定转速为 1 365 r/min，电机转差率为 1.4%。机车齿轮箱传动比为 101∶21。试验机车运行时，发现某个传动轴存在异音，于是采集电机电流信号分析诊断。

齿轮的故障会引起异常振动,导致定子和转子之间的相对运动,从而改变定子和转子间的气隙,从而在定子电流中产生新的频率分量。电机定子电流谱中与齿轮故障(一级齿轮)相关的频率见表 5-1。

**表 5-1 电机定子电流谱中的齿轮故障频率**

| 位　置 | 故障特征频率 |
| --- | --- |
| 小齿轮故障 | $f_{\text{fault1}}=f_s \pm kf_{r1}$ |
| 大齿轮故障 | $f_{\text{fault2}}=f_s \pm kf_{r2}$ |

表 5-1 中,$f_s$ 是电源频率,$f_{r1}$ 是小齿轮转频,$f_{r2}$ 是大齿轮转频,$k=1,2,3,\cdots$。

机车实际线路运行时,能保持速度恒定的时间很短,数据不容易获取,挑选机车加速时的数据分析。采样时机车运行速度为 77~99 km/h,对应车轮旋转速度为 347.8~446.2 r/min,牵引电机转速为 1 673~2 150 r/min(27.8~35.8 Hz)。供电频率随时间的变化为 58~75 Hz。小齿轮旋转频率为 $f_1=27.8\sim35.8$ Hz,大齿轮旋转频率为 $f_2=5.8\sim7.4$ Hz。

图 5-9 是牵引电机定子电流信号时域波形和功率谱,机车升速时,各分量频率变化,功率谱图上出现频率模糊,大体可见供电频率及其主要谐波的频带,但存在频带混叠。

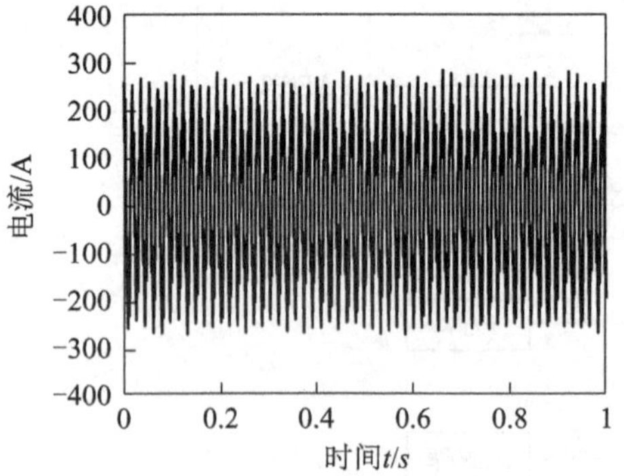


(a) 波形

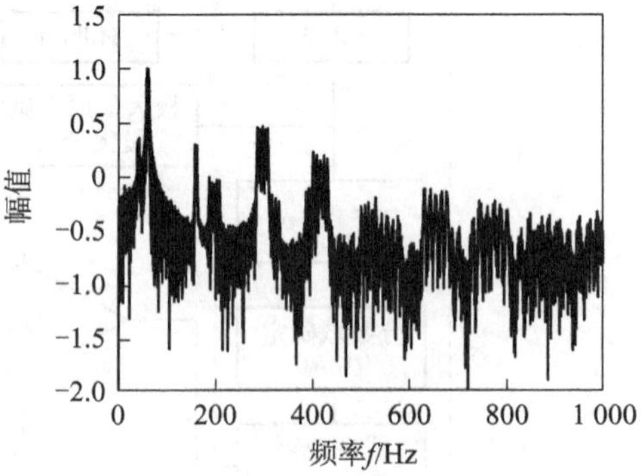


(b) 频谱

图 5-9 HXD3C 型机车牵引电机电流信号(加速)

对牵引电机电流信号做 WVMD 分解,结果如图 5-10 所示。如前所述,选择 IMF2 分量做 AFrFT 分析。图 5-11 为搜索得到的 FrFT 最佳阶次 $p_0=1.008$,图 5-12 为该阶次下的 FrFT。可以看出,分量在 $u_0=15$ 的位置处呈现能量聚集,则目标分量可以表示为 $f=285.3+4.9t$,频率变化范围为 285~310 Hz,提取的分量是电机供电频率的 8 倍频与小齿轮转频 $f_1$ 调制后的边频带。即表取 $k=8$ 时,小齿轮故障频率在电机电流中的映射,对应值为 282~307 Hz。

机车其他速度段运行电机电流信号分析结果也都指向该传动轴的小齿轮故障。机车回库检修,拆解齿轮箱,发现小齿轮损伤,证实了诊断结论。基于自适应 FrFT 的故障特征提取方法获得了成功。自适应 FrFT 可以分析变速运行电机电流信号,有效提取故障特征。此外,自适应 FrFT 可以分析变速运行时的电机电流信号,并不仅限使用恒速运行的数据,大大扩展了可使范围,有很好的应用前景。

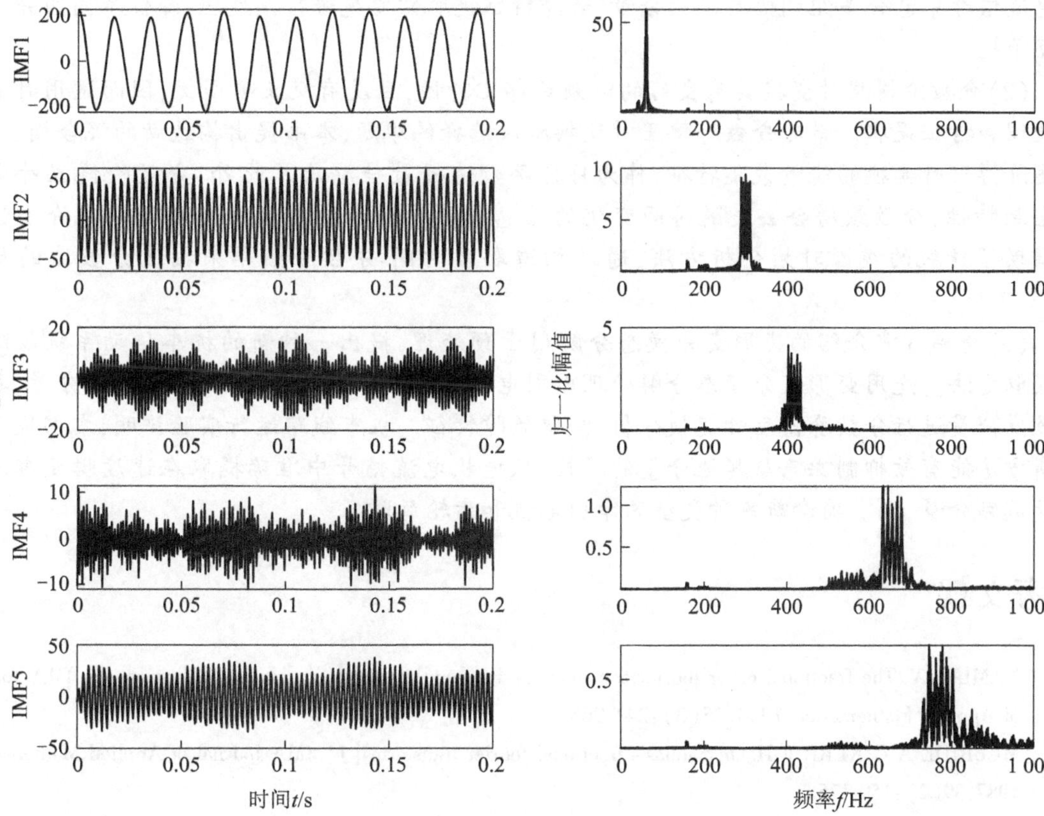


图 5-10　WVMD 对电机电流信号的分解结果

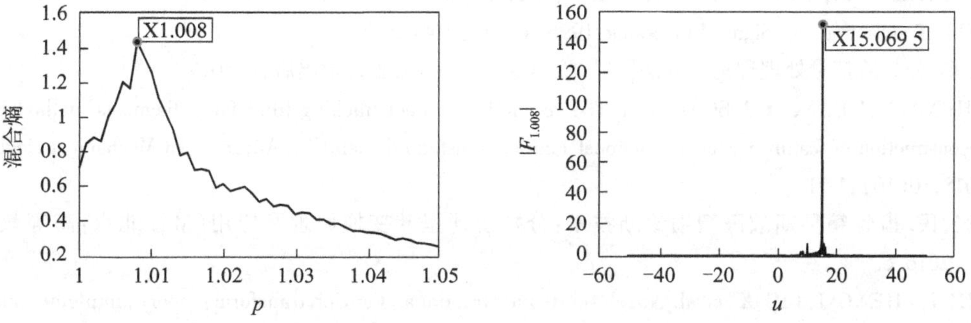


图 5-11　IMF2 的 $p_i$ 阶 FrFT 混合熵　　图 5-12　IMF2 在 $p=1.008$ 时 FrFT

## 小　结

(1)机车线路运行时,由于过分相和线路条件变化等原因,牵引电机定子电流信号表现出时变、非平稳等特征。同时,故障频率会随着转速不断变化,故障在频谱中表现频率模糊,故障特征提取需求借助时频分析工具。此外,在变速工况条件下,载荷扭矩波动引发调幅调频,电机电流信号中包含多组调幅与调频分量,故障特征提取需要先进行预处理,降低不同组分量的相互干扰。

(2)分数阶傅里叶变换具有良好的时频局部化特性,且没有交叉项困扰,因而适用时变信号处理和特征提取。针对分数阶傅里叶变换阶次选择的难题,本书提出构造新的混合熵,统一描述阶傅里叶变换的能量聚集特征,作为目标函数选择最佳阶次。此外,分数阶傅里叶变换是全局特性,分数频谱会丢失随时间变化的信息。短时分数阶傅里叶变换和分数阶小波变换借助了传统的线性时频分析方法,通过构造联合时间-分数阶频率来描述分数域的局部特征。

(3)将第3章介绍的变形变分模态分解用于预处理,提出一种新的机车传动系统故障特征提取方法。先用变形变分模态分解处理牵引电机电流信号,分解成多个固有模态分量,再选择敏感分量进行分数阶傅里叶变换分析,提取故障特征。机车线路运行实验证明,本书提出的诊断方法能有效抑制噪声与其他分量的干扰,从电机电流信号中准确提取在速度瞬变期间的线性调频分量,能准确诊断各种类型的牵引电机和齿轮故障。

## 参考文献

[1] NAMIAS, V. The fractional order fourier transform and its application to quantum mechanics[J]. IMA Journal of Applied Mathematics, 1980, 25(3): 241-265.

[2] MCBRIDE A C, KERR F H. On namias's fractional fourier transforms[J]. IMA Journal of Applied Mathematics, 1987, 39(2): 159-175.

[3] ALMEIDA L B. The fractional fourier transform and time-frequency representations[J]. IEEE Transactions on Signal Processing, 1994, 42(11): 3084-3091.

[4] OZAKTAS H M, ARIKAN O, KUTAY M A, et al. Digital computation of the fractional fourier transform[J]. IEEE Transactions on Signal Processing, 1996, 44(9): 2141-2150.

[5] 史军. 分数阶信号处理理论与方法[M]. 哈尔滨:哈尔滨工业大学出版社, 2017.

[6] CHEN Q T, HUANG Y J, SONG Y R. The research of object tracking filter fault diagnosis method based on reconstruction of feature vector in fractional Fourier transform domain[J]. Advances in Mechanical Engineering, 2018, 10(10): 1-11.

[7] 梅检民. 齿轮箱早期故障精细诊断技术:分数阶傅里叶变换原理及应用[M]. 北京:高等教育出版社, 2016. 6.

[8] SHI J, ZHENG J, LIU X, et al. Novel short-time fractional Fourier transform: theory, implementation, and applications[J]. IEEE Transactions on Signal Processing, 2020, 68: 3280-3295.

[9] GUO Y, LI B Z, YANG L D. Novel fractional wavelet transform: principles, MRA and application[J]. Digital Signal Processing, 2021, 110: 102937.

[10] MENG Z, BAI R, XU Q, et al. Fractional fourier domain feature fusion combining multi-channel targeting extreme learning machine for bearing fault diagnosis[J]. IEEE Transactions on Instrumentation and Measurement, 2023, 72: 1-13.

[11] GRANDA D, AGUILAR W G, DIEGO A A, et al. Broken bar diagnosis for squirrel cage induction motors using frequency analysis based on MCSA and continuous wavelet transform[J]. Mathematical and Computational Applications, 2017, 22(2): 1-15.

[12] 王涛,张兵,孙琦. 基于 EWT-SVD 方法的高速列车滚动轴承故障诊断[J]. 机车电传动,2020,(1):102-107.

[13] 张东. 复杂多分量信号分析及其在旋转机械故障诊断中的应用研究[D]. 北京:北京科技大学,2023.

[14] KIA S H, HUMBERTO H, GERARD-ANDRE C. Gear tooth surface damage fault detection using induction machine stator current space vector analysis[J]. IEEE Transactions on Industrial Electronics, 2015, 62(3): 1866-1878.

# 第6章　故障预测

## 6.1 概　　述

高速列车传动系统结构复杂，零部件众多，对牵引传动系统的定期检修需要花费巨大的人力物力，而且一旦发生故障会造成严重损失。因此，对牵引传动系统中的核心、易损件进行实时健康检测，评估其退化状态，对提升高速列车的运行可靠性和安全性，以及降低维护成本都有着重要意义[1,2]。

剩余使用寿命预测[3]作为高速列车牵引传动系统健康监测的一项关键技术，可以通过分析历史运行数据对牵引传动系统的运行状况进行评估，进而预测保证安全运行的时间，这有助于评估行车风险，提升高速列车的运行可靠性和安全性，并为维修决策提供关键信息。

机电设备剩余使用寿命预测方法大体可以分为两类[4]：基于物理模型的方法和数据驱动的方法。基于物理模型的剩余使用寿命预测方法，根据设备的运行和退化机制，建立设备退化的数学物理模型，从而根据监测数据判断设备的退化进程。基于物理模型的剩余使用寿命预测方法需要对检测部件的退化机制准确建模，而模型的建立依赖专家知识，且受工况和失效形式等诸多因素影响。高速列车牵引传动系统结构复杂，模型参数求解困难，部件损伤程度的定量描述也存在困难，因此基于物理模型的剩余使用寿命预测不适用。

基于数据驱动的剩余使用寿命预测方法，从传感器数据中提取特征，输入预测模型中分析设备的剩余使用寿命。目前基于深度学习的人工神经网络[5,6]广泛用于设备剩余使用寿命预测。深度学习能从海量数据中自动提取特征，包括非线性特征和高维抽象特征，因而广受欢迎。但是对于高速列车牵引传动系统，无法获取整个失效过程的大量数据，基于人工神经网络的预测模型无法施用，只能选择适合用少量数据建立预测模型的方法。此外，高速列车牵引传动系统某些关键零件的失效过程存在多种趋势，其中既有增长性趋势又有随机性趋势，诊断模型需要具备统一描述多种趋势的能力[7]。

高速列车牵引传动系统剩余使用寿命预测需要解决的另一个问题是从传感器数据中提取可用诊断指标[8,9]。高速列车线路运行时，牵引传动系统在不同转速工况下工作。转速不同，信号特征如信号能量、频谱结构也不相同。在不同转速下，从振动信号、电机电流信号中提取的常规诊断指标几乎没有可比性，高速列车牵引传动系统剩余使用寿命预测诊断指标提取时必须引入转速或使用对转速不敏感的诊断指标。熵作为一种统计指标，从整体上反映时间序列复杂度，对信号动态变化具有较高的敏感性。熵是无量纲参数，对噪声和数据长度不敏感，从振动信号种提取熵作为故障指标预测设备剩余使用寿命已经有成功的案例[10]，但是针对电机电流信号的熵函数目前还鲜有报到。本章重点介绍从电机电流信号中提取混合熵用于电机故障预测。

## 6.2 特征提取

使用基于数据驱动的剩余使用寿命预测方法,从传感器数据中提取特征参数,是最重要的一个环节。选择充分反映设备工作状态的诊断指标(特征参数),才能准确描述设备劣化过程,预测剩余使用寿命。本节在分析常用诊断指标的基础上,提出适合高速牵引传动系统核心关键部件剩余使用寿命预测的特征参数。

**1. 振动信号特征参数**

振动信号分析无疑是高速列车传动系统工况监测和故障诊断的有效手段。振动信号对几乎所有的机械故障都很敏感,早期故障就会引起机械系统振级的增加,至少是振动特征的改变。从振动信号中可以提取很多反映机械工况的特征参数,这些特征参数多数描述振动信号波形的变化。其中均方根值(有效值)描述信号时域能量,多数情况下能获得比较好的效果。但是均方根值是有量纲参数,受转速的影响大,使用不够方便。随后推出了峭度、裕度等无量纲参数。时域无量纲参数容易受噪声等因素的干扰,且无法保证随故障发展单调变化。故障会引起振动信号频域能量发生变化,因此,信号做离散傅里叶变换后,所得到的某个谱峰能量、某个频带能量或总能量,可以被用作诊断指标。描述功率谱主频带位置变化的参数如均方频率、频率方差,也可以作为诊断指标[11]。小波变换是时频分析的有力工具,各个小波包系数的能量和总能量,描述信号时频域能量分布[12],是较好的诊断指标。

上述参数(包括频域参数、时频域能量)受车型、运行速度等影响比较大,实际使用不方便。熵从整体上描述系统或信号的随机性和无序状况[13],因此适合作为诊断指标反映传动系统的工作状况。

熵作为不确定性与不规则性的度量最早由香农于 1948 年提出,在此后熵算法有了很大的发展,很多熵算法被推出。熵是归一化、无量纲参数,受数据长度、采样频率等影响很小。而且原则上,旋转机械振动信号的熵与转速无直接关联,电机电流信号的熵与供电频率也不直接相关。这些优良性质使得熵被引入描述时间序列的复杂性,作为诊断指标广泛用于故障诊断和故障预测。常用熵函数包括香农熵、功率谱熵、小波熵、能量熵、包络熵、近似熵、模糊熵、样本熵和排列熵等[14,15]。

以上各种熵都从单一角度描述信号的动态变化。对于很多系统,随机性与模糊性同时存在。为了统一描述信号的复杂性检测动态变化,需要构造混合熵[16,17],发挥两种以上熵算法各自的优势,作为诊断指标能更准确、更全面地反映高速列车传动系统的工作状况。对于振动信号,本书推荐用样本熵和模糊熵构造混合熵,分别从随机性和模糊性度量信号的不确定性;而对于电机电流信号,用小波包能量熵和谱熵构造混合熵,分别从能量集中程度和频谱分布的均匀程度描述电流信号的复杂程度。

**2. 电机电流信号特征参数**

前面分析指出电机电流分析是高速列车传动系统工况监测与关键部件剩余使用寿命预报的有力工具。基于电机电流分析的电机剩余使用寿命预测的难点在于寻找合适的反映电机工作状况的诊断指标。描述信号时域波形变化的诊断指标并不适用于电机电流信号,因为电机故障引起的电机电流中谐波分量在时域很难识别。使用电机电流信号分析跟踪电机故障,必须寻找对信号中出现新的谐波分量敏感的参数[18]。由于供电谐波、负载波动和转速变化等因素的影响,电机电流信号复杂,微弱的谐波分量众多,准确识别电机故障引发的谐波分量是具有挑战性的工作。常规频域参数,如重心频率、频率标准差等,用于信号频谱变化监测,有一定的作用。但是,这些参数与电机型号、转速、信号采样频率等诸多因素有关,难以归一化,作为诊断指标使用很不方便。

图 6-1 为健康工况下 HXN3 型内燃机车辅助电机(除尘风机)定子 a 相电流信号波形和功率谱图。可以看出,电机定子电流中存在诸多谐波分量。功率谱图上电机供电频率 42 Hz 两侧有边频带,这是电机电流频谱最基本的特征。图 6-2 为电机轴承磨损后的电机电流信号波形和功率谱。对比图 6-1 与图 6-2 可以看出,电机故障引起定子电流波形变化很小,故障诊断和预测需要寻找对频谱变化敏感的参数。轴承磨损故障发生后,电流信号频谱结构基本没变,但是频谱更加复杂,主要供电频率及其各次谐波幅值增加,同时出现众多新的频率成分,多个频带能量增加。

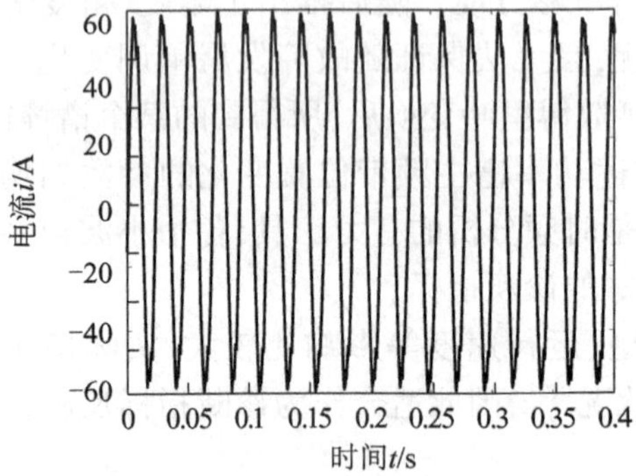


(a) 时域波形

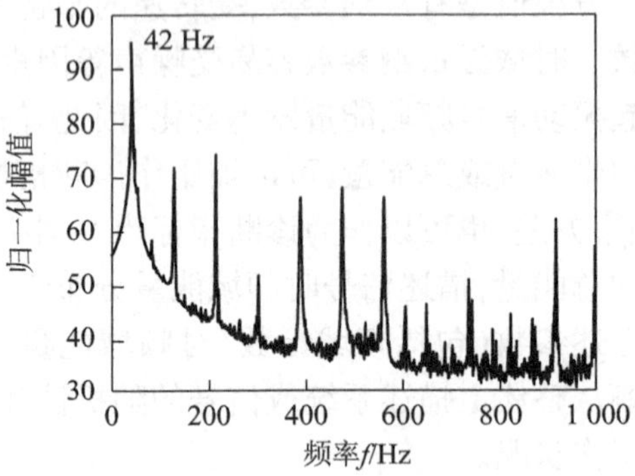


(b) 功率谱

图 6-1 电机电流信号(健康工况)

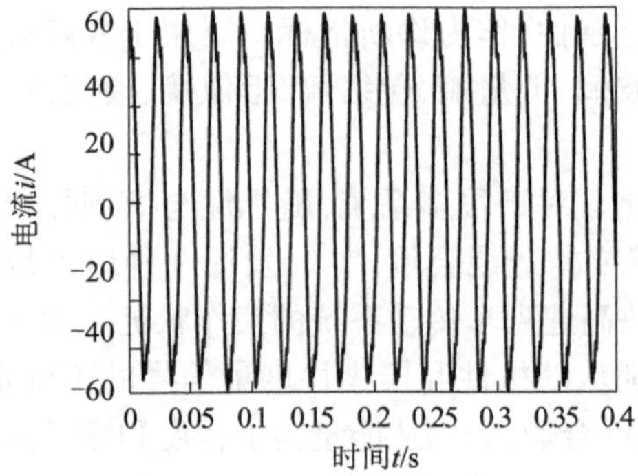


(a) 时域波形

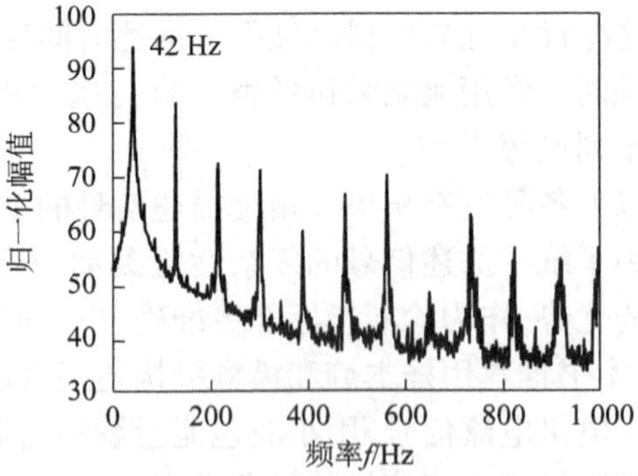


(b) 功率谱

图 6-2 电机电流信号(轴承磨损)

前面分析指出,重心频率、频率标准差、均方频率等传统频域参数能定量描述信号频谱变化,但是这些参数与电机型号、电机转速、信号采样频率很多因素有关,归一化困难,使用很不方便。为此本书提出一种新的混合熵,从系统的角对电机电流信号频谱多个特征统一描述,能较好地度量频谱复杂性和动态变化。下面说明混合熵的构造思路。

电机故障引起电机电流信号频域能量分布和频谱“平坦”程度两方面的变化,现有的熵函数无法同时度量信号这两方面特性。因此,本书提出构建新的混合熵:用小波包能量熵描述信号时频谱能量聚集程度,用谱熵描述谱峰分布的平坦程度,然后将两种熵综合起来,对电机电流信号特征统一描述。构造方法如下:

采用小波包分解方法,将信号分解为 $n$ 个 IMF 分量,则能量熵的定义为

$$\mathrm{EEn}=-\sum_{i=1}^{n}p_i\ln p_i \tag{6-1}$$

式中,$p_i=E_i/E$ 表示单个 IMF 分量的能量相对于总能量熵的百分比。

功率谱熵是香农熵的一种归一化形式,利用时间序列的功率谱幅值来评估其规律性,定义为

$$\mathrm{SpEn}=-\sum_{f}p_f\log_2 p_f \tag{6-2}$$

式中,$f$ 为频率点;$p_f$ 为每个频率点的概率分布。

计算两种熵的总熵[19,20],就是混合熵,即

$$\mathrm{HE}=\mathrm{EEn}+\mathrm{SpEn} \tag{6-3}$$

下面分析混合熵的意义。在电机电流信号中,能量和频率随电机的工作状况变化。考虑到在变速工况下,电机电流信号表现出很强的非平稳特征,小波包被用来将电流信号分解成带宽相同的多个子带信号,小波基函数建议选择滤波器截止性能最好的 demy 小波。在健康工况下,电机电流信号的能量集中在供电频率及其低次谐波。一旦发生故障,电机电流信号高频段的谐波频率成分增加,能量向高频段转移,分布发生变化。因此通过检测电机电流信号各子带能量分布判断电机是否有故障是有效和可行的。能量熵因对能量频域变化敏感而被用来描述电流信号能量特征,信号频域能量分布越不均匀,能量熵越大。

谱熵根据功率谱计算时间序列的复杂性,因其具有计算公式简单、可用于短数据的优点而被广泛应用。谱熵反映功率谱的平坦性,熵值大则提示功率谱平坦频率成分均匀分布,而低的熵值则提示频域能量集中在某个单一频率。在电机健康工况下,电机定子电流信号的频域能量集中在供电频率,一旦发生故障,能量向高频转移。因此,谱熵也是反映电机工况的指标,谱熵增大则提示电机故障在发展。

小波包能量熵和谱熵分别从能量集中程度和频谱分布的均匀程度描述一个信号的频域复杂性,因此,以这两种熵构造混合熵,统一描述电机电流信号频谱的变化,能准确反映电机的工况。本章第5节给出工程应用实例。

## 6.3 预测模型

### 6.3.1 灰色预测模型

GM(1,1)模型体现了灰色系统理论的贫信息、小样本的特点,得到了广泛应用[21]。GM(1,1)模型用一个单变量的一阶微分方程描述数列变化规律,因其具有所需建模数据少、计算简单、尤

其适用预测增长性趋势等特点,大量用于机械故障预测[22]。本节分析 GM(1,1)模型的建模原理和误差来源,说明 GM(1,1)模型及其改进型在剩余使用寿命预测中的应用。

**1. GM(1,1)模型**[23,24]

设某轴承振动信号均方根值随时间观测值为

$$X^{(0)}(t)=\{x(1),x(2),\cdots,x(n)\} \tag{6-4}$$

其一次累加生成序列为

$$X^{(1)}=\{x^{(1)}(1),x^{(1)}(2),\cdots,x^{(1)}(n)\} \tag{6-5}$$

式中

$$x^{(1)}(k)=\sum_{i=1}^{k}x(i),\quad i=1,2,\cdots,n \tag{6-6}$$

取

$$z^{(1)}(k)=-\frac{1}{2}(x^{(1)}(k)+x^{(1)}(k-1)) \tag{6-7}$$

为背景值。则有

$$x^{(0)}(k)+az^{(1)}(k)=b \tag{6-8}$$

称为 GM(1,1)模型的基本形式。

对 $X^{(1)}$ 建立一阶线性微分方程模型

$$\frac{\mathrm{d}x^{(1)}(t)}{\mathrm{d}t}+ax^{(1)}(t)=u \tag{6-9}$$

称为 GM(1,1)模型的白化方程。

式(6-9)中 $a,u$ 为待辨识参数,$a$ 为发展系数,$u$ 为灰色作用量。其值可用最小二乘法求确定:

$$\hat{a}=(a,u)^{\mathrm{T}}=(\boldsymbol{B}^{\mathrm{T}}\boldsymbol{B})^{-1}\boldsymbol{B}^{\mathrm{T}}\boldsymbol{y}_n \tag{6-10}$$

式中

$$\boldsymbol{B}=\begin{pmatrix}-z^{(1)}(2) & 1\\ -z^{(1)}(3) & 1\\ \vdots & \vdots\\ -z^{(1)}(n) & 1\end{pmatrix} \tag{6-11}$$

$$\boldsymbol{y}_n=(x^{(0)}(2),x^{(0)}(3),\cdots,x^{(0)}(n)) \tag{6-12}$$

求解方程(6-9)得

$$x^{(1)}(k+1)=\left[x^{(1)}(0)-\frac{u}{a}\right]\mathrm{e}^{-ak}+\frac{u}{a} \tag{6-13}$$

将式(6-13)做一阶累减还原,得到 $X^{(0)}$ 的预测公式为

$$\hat{x}^{(0)}(k+1)=(1-\mathrm{e}^{a})\left[x(1)-\frac{u}{a}\right]\mathrm{e}^{-ak},\quad k=1,2,\cdots,n \tag{6-14}$$

上述建模过程可以看出:GM(1,1)模型作为灰色微分方程模型,实质就是对原始数据作指数拟合,是有偏差的指数模型。GM(1,1)模型的预测精度取决于[25]:①发展系数 $a$ 和灰作用量 $b$ 的值,而 $a$ 和 $b$ 的值依赖原始序列和背景值的构造形式;②灰色微分方程模型初始条件的选取。

对 GM(1,1)模型的优化针对以上两点展开,主要有离散 GM(1,1)灰色模型和背景值优化 GM(1,1)模型。

**2. 离散 GM(1,1)灰色模型**[26,27]

在 GM(1,1)模型中式(6-9)是离散方程,而式(6-8)是连续方程,从离散形式到连续形式的直接跳跃是 GM(1,1)模型建模的问题所在。

对 GM(1,1)模型进行改进,称

$$x^{(1)}(k+1)=\beta_1 x^{(1)}(k)+\beta_2 \tag{6-15}$$

为 DGM(1,1)模型,或称为 GM(1,1)模型的离散形式。则 $X^{(1)}$ 的灰色预测模型为

$$\hat{x}^{(1)}(k+1)=\beta_1^k x^{(0)}(1)+\frac{1-\beta_1^k}{1-\beta_1}\cdot\beta_2 \tag{6-16}$$

还原值为

$$\hat{x}^{(0)}(k+1)=(1-\beta_1^{-1})\beta_1^k x^{(0)}(1)+\beta_1^{k-1}\cdot\beta_2,\quad k=1,2,\cdots,n,\cdots \tag{6-17}$$

GM(1,1)模型预测发生偏差的原因在于白化形式中的 $e^{-a}$ 与离散形式中的 $\beta_1$ 之间有微差,当发展系数 $-a$ 取值较小时,微差对整个预测模型的影响较小,预测精度较高,GM(1,1)模型与 DGM(1,1)模型可以相互代替,而当发展系数 $-a$ 较大时,微差对整个预测模型的影响很大,预测精度降低,使得预测结果不理想。

DGM(1,1)模型和 GM(1,1)模型的建模机理是一样的,都是基于累加生成和最小二乘法的指数拟合,因此二者的模型拟合精度相当。DGM(1,1)模型是 GM(1,1)模型的改进,解决了 GM(1,1)模型预测时从离散形式到连续形式的直接跳跃,因而能有效提高预测精度,有较好的稳定性[28]。特别是当 GM(1,1)模型的发展系数较大时,用 GM(1,1)模型预测误差也较大,而用 DGM(1,1)模型预测,仍能获得很高的预测精度。

**3. 背景值优化 GM(1,1)模型**[29,30]

前面分析指出,GM(1,1)模型拟合和预测值的精度取决于参数 $a$ 和 $b$,而参数 $a$ 和 $b$ 取决于对模型的背景值 $z^{(1)}(k)$ 的求解。合理构造模型的背景值可以提高预测精度,这就产生了背景值优化 GM(1,1)模型[31]。

用积分 $\int_{k-1}^{k} x^{(1)}\mathrm{d}t$ 代替 $\frac{1}{2}[x^{(1)}(k)+x^{(1)}(k-1)]$,得到优化后的背景值为[25]

$$z^{(1)}(k)=\frac{x^{(0)}(k)}{\ln x^{(0)}(k)-\ln x^{(0)}(k-1)}+\frac{[x^{(0)}(k-1)]^k}{[x^{(0)}(k)]^{k-2}[x^{(0)}(k-1)-x^{(0)}(k)]} \tag{6-18}$$

将优化后的背景值带入微分方程 $x^{(0)}(k)+az^{(1)}(k)=b$ 得到新的最小二估计参数序列为 $(\hat{a},\hat{b})^{\mathrm{T}}=(\boldsymbol{B}^{\mathrm{T}}\boldsymbol{B})^{-1}\boldsymbol{B}^{\mathrm{T}}\boldsymbol{y}$,其中

$$\boldsymbol{B}=\begin{pmatrix}-z^{(1)}(2) & 1\\ -z^{(1)}(3) & 1\\ \vdots & \vdots\\ -z^{(1)}(n) & 1\end{pmatrix},\quad \boldsymbol{y}=\begin{pmatrix}x^{(0)}(2)\\ x^{(0)}(3)\\ \vdots\\ x^{(0)}(n)\end{pmatrix} \tag{6-19}$$

从而得到白化方程的解为

$$x^{(1)}(t)=\left[x^{(0)}(1)-\frac{b}{a}\right]e^{-a(t-1)}+\frac{b}{a} \tag{6-20}$$

最后得到时间响应序列为

$$\hat{x}^{(1)}(k)=\left[x^{(0)}(1)-\frac{b}{a}\right]\mathrm{e}^{-a(k-1)}+\frac{b}{a},\quad k=1,2,\cdots,n \tag{6-21}$$

传统 GM(1,1)模型是有偏差的灰指数模型,存在着模型精度不高的问题。通过优化背景值方式能够显著提高预测精度,已经逐步成为 GM(1,1)模型的通用形式。

**4. MGM(1,n)模型[32,33]**

GM(1,1)模型通过单变量的一阶微分方程模型揭示其内在发展规律,用于单一时间序列的建模和预测。为了准确而可靠地设备故障,必须同时考虑多个诊断指标,这些诊断指标是从同一组振动信号或电机电流信号中提取出来的,各参数的发展变化密切相关,因而分别使用几个 GM(1,1)模型预报,很难获得准确的预测结果。

多变量灰色模型——MGM(1,$n$)模型从系统的角度对各变量进行统一描述。其形式是 $n$ 元一阶常微分方程组,它是 GM(1,1)模型在 $n$ 元变量情况下的自然推广[34]。

令 $x_i^{(0)}(k)\,(i=1,2,\cdots,n)$ 为 $n$ 个灰时间序列,$x_i^{(1)}(k)\,(i=1,2,\cdots,n)$ 为相应的一次累加生成序列,即

$$x_i^{(1)}(k)=\sum_{j=1}^{k}x_i^{(0)}(j) \tag{6-22}$$

式中,$k=1,2,\cdots,m$。

记

$$\boldsymbol{x}^{(1)}(k)=(x_1^{(1)}(k),x_2^{(1)}(k),\cdots,x_n^{(1)}(k))^{\mathrm{T}} \tag{6-23}$$

MGM (1,$n$)模型为 $n$ 元一阶常微分方程组

$$\frac{\mathrm{d}\boldsymbol{x}^{(1)}}{\mathrm{d}t}=\boldsymbol{A}\boldsymbol{x}^{(1)}+\boldsymbol{B} \tag{6-24}$$

式中,$\boldsymbol{A},\boldsymbol{B}$ 为待定参数矩阵,可根据最小二乘法确定其辨识值 $\hat{\boldsymbol{A}}$ 和 $\hat{\boldsymbol{B}}$。

记 $\boldsymbol{a}_i=(a_{i1},a_{i2},\cdots,a_{in},b_i)^{\mathrm{T}},i=1,2,\cdots,n$。则有

$$\hat{a}_i=(\boldsymbol{L}^{\mathrm{T}}\boldsymbol{L})^{-1}\boldsymbol{L}^{\mathrm{T}}\boldsymbol{y}_i \tag{6-25}$$

式中

$$\boldsymbol{L}=(L_1,L_2,\cdots,L_j,\cdots,L_n,1) \tag{6-26}$$

$$\boldsymbol{L}_j=\begin{pmatrix}[x_j^{(1)}(2)+x_j^{(1)}(1)]/2\\ [x_j^{(1)}(3)+x_j^{(1)}(2)]/2\\ \vdots\\ [x_j^{(1)}(m)+x_j^{(1)}(m-1)]/2\end{pmatrix} \tag{6-27}$$

$$\boldsymbol{y}_i=(x_i^{(0)}(2),x_i^{(0)}(3),\cdots,x_i^{(0)}(m))^{\mathrm{T}} \tag{6-28}$$

MGM (1,$n$)模型的计算值为

$$\hat{\boldsymbol{x}}^{(1)}(k)=\mathrm{e}^{\hat{A}(k-1)}\boldsymbol{x}^{(1)}(1)+\hat{\boldsymbol{A}}^{-1}(\mathrm{e}^{\hat{A}(k-1)}-\mathrm{I})\cdot\hat{\boldsymbol{B}},\quad k=1,2,\cdots \tag{6-29}$$

$$\hat{\boldsymbol{x}}^{(0)}(1)=\boldsymbol{x}^{(0)}(1) \tag{6-30}$$

$$\hat{\boldsymbol{x}}^{(0)}(k)=\hat{\boldsymbol{x}}^{(1)}(k)-\hat{\boldsymbol{x}}^{(1)}(k-1) \tag{6-31}$$

特别地,当 $n=1$ 时,MGM(1,$n$)模型退化为 GM (1,1)模型。

为了准确而可靠地预报故障,必须同时考虑多个诊断指标,以描述不同类型的故障或一种故障的不同发展阶段。这些诊断指标从同一组信号中提取出来,存在密切关联的耦合关系。MGM(1,$n$)模型能从系统的角度上对各特征参数进行统一描述[35],因而适合用来量化故障的发展,确定设备的工况。

MGM(1,$n$)模型适于预测有显著发展变化的随机量,而对于在一定范围内扰动的随机量预测效果欠佳。因此, MGM(1,$n$)模型适用于短期预测[36],即当诊断指标明显增大时,开始取样建模,才能有比较好的结果。可以用于预测随机变化趋势的预测模型将在下一小节介绍。

## 6.3.2　随机性趋势预测模型

**1. ARIMA 模型[37]**

ARIMA 模型是常用的非平稳随机时间序列预测模型,由自回归模型(autoregressive,AR)、移动平均模型(moving average,MA)和差分法组合而成[38]。ARIMA 模型一般表示为 ARIMA($p,d,q$)其中($p,d,q$)分别为 AR 模型、信号差分和 MA 模型的阶次。ARMA 模型只能对平稳时间序列进行分析,ARIMA 模型是 ARMA($p,q$)的扩展。

对于非平稳时间序列 $X_t$,通过 $d$ 阶信号差分将 $X_t$ 转化为平稳时间序列 $W_t$,然后对 $W_t$ 建立 ARMA($p,q$)模型

$$w_t = \varphi_1 w_{t-1} + \varphi_2 w_{t-2} + \cdots + \varphi_p w_{t-p} + \alpha_t + \theta_1 \alpha_{t-1} + \theta_2 \alpha_{t-2} + \cdots + \theta_q \alpha_{t-q} \tag{6-32}$$

式中,$\varphi_1,\varphi_2,\cdots,\varphi_p$ 称为自回归系数;$\theta_1,\theta_2,\cdots,\theta_q$ 称为滑动平均系数,均为 ARMA($p,q$)模型的待估参数;随机项 $\alpha_t$ 是独立正态分布的白噪声。

ARIMA 建模包括平稳性检验、模型定阶、模型参数估计和模型检验四个步骤。模型的建立过程如图 6-3 所示。检测通过的模型就可以用于预测。其中模型定阶是最重要、最关键的一步,机械故障预测多通过试算确定。

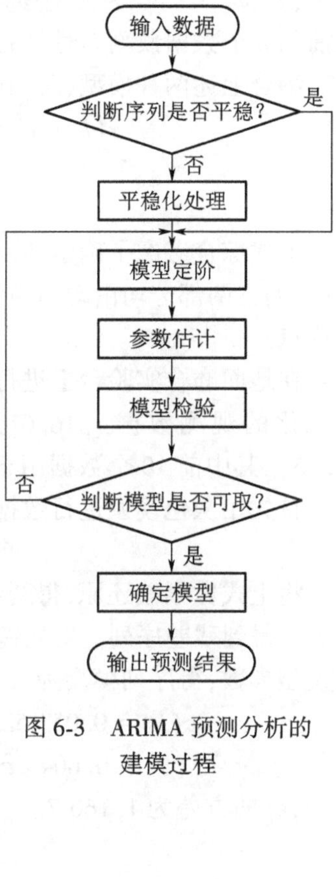


图 6-3　ARIMA 预测分析的建模过程

**2. AR 模型[39,40]**

在 ARMA($p,q$)模型中如果滑动平均系数都等于零,则 ARMA($p,q$)简化为 AR($p$)模型,即

$$w_t = \varphi_1 w_{t-1} + \varphi_2 w_{t-2} + \cdots + \varphi_p w_{t-p} + \alpha_t \tag{6-33}$$

意义为平稳随机序列 $W_t$ 的第 $t$ 个值可以用其前 $p$ 个值和误差来表示。

AR 模型是线性模型,求解相对省时,高阶 AR 模型可以拟合 ARMA 模型,用于非线性预测。因此,机械故障预测获得了广泛的应用,可以在精度要求不是很高的时候接替 ARMA 模型。

## 6.4 组合预测模型

故障发展过程中包含多种趋势,其中既有确定性趋势,又有随机性趋势,因此,为了准确预测故障,应综合使用多种预测模型[41]。组合预测模型由于具有信息利用充分、精度高等特点而受到重视,成为研究的重点之一。

前面分析指出 GM(1,1)模型和 AR 模型分别适合预测增长性趋势和随机性趋势。将这两个模型结构构成一种基本的组合预测模型,用于剩余使用寿命预测,能大大提高精度。

### 6.4.1 GM(1,1)-AR 模型[42]

设某一时间序列 $x(t)$ 可分解为增长性趋势 $y(t)$ 和随机性趋势 $\varepsilon(t)$,即

$$x(t) = y(t) + \varepsilon(t) \tag{6-34}$$

建立 GM(1,1)模型预测增长性趋势,得到预测值 $\hat{y}(k)$。

GM(1,1)模型预测误差为

$$\varepsilon(k) = x(k) - \hat{y}(k) \tag{6-35}$$

对残差 $\varepsilon$ 建立 AR($p$)模型并进行预测

$$\varepsilon(k) = \sum_{i=1}^{p} \varphi_i \varepsilon(k-i) + a_k \tag{6-36}$$

式中,$\varphi_1, \varphi_2, \cdots, \varphi_n$ 为模型参数;$a_k \sim NID(0, \sigma^2)$;$p$ 为模型阶次。即用时间序列 $\varepsilon(n)$ 在 $k$ 时刻之前的 $p$ 个数据预测 $k$ 时刻的值。

综合上述两种模型,时间序列的预测值为

$$\begin{aligned}\hat{x}(k+1) &= \hat{y}(k+1) + \hat{\varepsilon}(k+1) \\ &= (1-e^{a})\left[x(1) - \frac{u}{a}\right]e^{-a(k)} + \sum_{i=1}^{p}\phi_i \varepsilon(k-i)\end{aligned} \tag{6-37}$$

上式综合考虑了确定性发展趋势和随机波动特性,因此具有较高的拟合精度和外推预测精度;而且两部分均由动态模型导出,在形式上也比较和谐。下面通过实例说明上述组合模型的优点。

在地面磨合实验台上进行加载轴承加载试验,定时记录轴承振动信号均方根值,得到一组归一化的观测数据:{16.61, 15.32, 20.1, 21.8, 20.35, 26.55, 28.16, 27.43, 29.92, 31.67, 33.05},其中前 10 个数据用于建模,最后一个数据用于检验预测结果。

首先用灰色模型进行数据拟合,建立 GM(1,1)模型为

$$x^{(1)}(k) = 229.18e^{-0.0752(k-1)} - 212.57 \tag{6-38}$$

将上式做累减还原,得到各点模型拟合值 $\hat{y}(n)$。拟合结果与原始数据比较 $\varepsilon(k) = x(k) - \hat{y}(k)$,得到残差序列。对残差序列进行零均值处理,试算确定模型的阶次为 4,用 Burg 算法求解模型参数,得序列模型为

$$\begin{aligned}\varepsilon(k) = {}& 0.0545\hat{\varepsilon}(k-1) - 0.5886\hat{\varepsilon}(k-2) + 0.2160\hat{\varepsilon}(k-3) - \\ & 0.6046\hat{\varepsilon}(k-4) + \varepsilon_t\end{aligned} \tag{6-39}$$

式中,$\varepsilon_t$ 的方差为 1.160 7。

将灰色模型与时间序列模型结合,得到组合预测模型。用组合模型拟合前 10 个数据并预测第 11 个数据,与实测值作比较,所得结果见表 6-1。使用相对误差 $\delta(\%)$ 来评价模型拟合与预测结果,定义为

$$\delta = \left| \frac{x_i - \hat{x}_i}{x_i} \right| \times 100\% \tag{6-40}$$

式中,$x_i$ 为实际值;$\hat{x}_i$ 为模型计算值。由于所选定的 AR 模型的阶次为 4,故模型输出是从第 5 个数据开始的。表 6-1 中同时还列出了灰色 GM(1,1)模型拟合与预测的结果,以便对照比较。

**表 6-1 模型拟合与预测结果**

| 序号 | 原始数据 | 灰色模型 | | 组合模型 | |
|---|---|---|---|---|---|
| | | 模型输出 | 相对误差 | 模型输出 | 相对误差 |
| 5 | 20.35 | 22.41 | 10.13 | 21.36 | 4.96 |
| 6 | 26.55 | 24.16 | 8.98 | 25.20 | 5.07 |
| 7 | 28.16 | 26.05 | 7.50 | 26.38 | 6.33 |
| 8 | 27.43 | 28.08 | 2.39 | 26.60 | 3.01 |
| 9 | 29.92 | 30.28 | 1.20 | 30.81 | 2.99 |
| 10 | 31.67 | 32.64 | 3.05 | 32.94 | 3.98 |
| 11 | 33.05 | 35.19 | 6.47 | 34.32 | 3.85 |

从表 6-1 中可以看出,使用组合模型平均拟合误差降低,预测精度也高于灰色模型。灰色-时间序列组合预测模型充分利用两种预测模型的优势,提高了预测精度。这种基本的组合预测模型较为适合短期预测,适用于长期预测的模型将在下一小节介绍。

### 6.4.2 组合预测模型[43,44]

上一小节介绍的简单的组合预测方法,与单一模型预测方法相比精度有了很大提高,但仍有进一步提升的空间。根据文献与实践经验,借助信号分解技术,对时间序列预处理,降低数据的复杂度后再进行预测,是获取高预测精度的有效方法[45]。本书提出一种新的组合预测模型:使用小波变换将时间序列分解,对于其中的表现为增长性的小波系数用改进的 GM(1,1)模型预测,而对波动性的小波系数用 ARIMA 模型预测,最后通过小波重构得到最终的预测结果。

组合预测模型的流程如图 6-4 所示。从电机电流信号中提取混合熵,所获得的混合熵时间序列做 4 级小波分解。用背景值优化 GM(1,1)模型预测小波系数 $a_4$,其余小波系数 $d_4 \sim d_1$ 用 ARIMA 模型预测,最后通过小波重构获得总的预测。

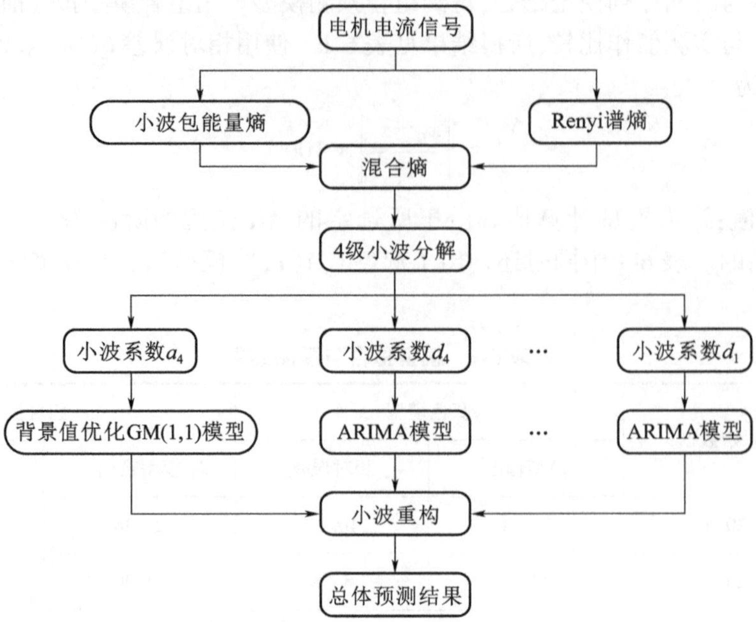


图 6-4 组合预测模型流程图

## 6.5 工程应用

实验对象为 HXN3 机车辅助电机，功率为 14.4 kW。在电机临近维修期的前 1 年，每隔一周采集记录电机定子电流信号，计算本书提出的混合熵。得到一组熵值的时间序列，共 50 个数值，如图 6-5 所示。

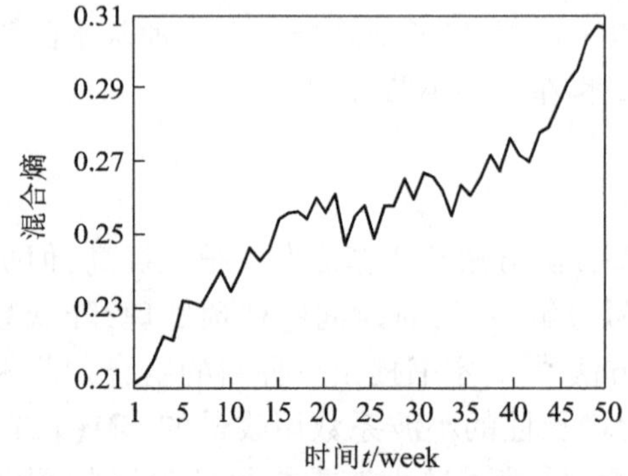


图 6-5 HXN3 辅助电机电流信号混合熵发展趋势

从图 6-5 可以看出，对于有故障的电机，定子电流混合熵的发展趋势复杂，总体表现为增长性趋势，但也包含随机的波动趋势。这时使用单一模型预测难以取得好的效果。

对时间序列做 4 级小波分解，各小波系数如图 6-6 所示。需要指出的是，小波分解结果与分解的级数和选用的小波基函数有关。小波分解的级数越多，得到的小波系数的平稳性就越好。但是，分解级数增多必然会带来计算量的增加。此外，分解过程本身存在一定的误差。因此分解级数不宜过多，一般分解级数采用 3~5 层。本书选用 4 级小波分解，证明有足够好的精度。本书没有讨论针对电机电流信号混合熵时间序列小波分解应该使用的最佳小波基函数，而是选择了常用的 sym 小波。本例中小波重构误差为 $2.8828\times10^{-14}$，说明小波基函数和分解级数的选择是比较合理的。

从图 6-6 可以看出，各小波系数占据不同的频带，小波系数 $a_4$ 的频率最低，为趋势项，因而需用背景值优化 GM(1,1) 模型预测；从 $d_4 \sim d_1$ 频率依次增加，都是随机波动趋势，适用 ARIMA 模型预测。经小波变换，原始复杂趋势分解为相对简单的趋势，可适用单一模型预测。

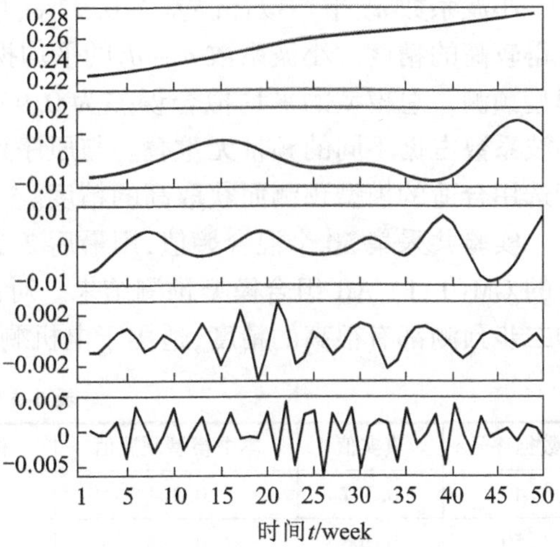


图 6-6　混合熵时间序列小波分解

用序列中前 48 个数建模，最后 2 个用于预测检验。按 6.2 节所述的方法，建立小波系数 $a_4$ 的背景值优化 GM(1,1) 模型为

$$\hat{x}^{(1)}(k) = 47.041\,081\mathrm{e}^{0.004\,847k} - 46.816\,381 \tag{6-41}$$

对小波系数 $d_1, d_2, d_3$ 和 $d_4$ 用 6.3 节所述的方法建立各自 ARIMA 模型。通过实验，确定模型分别为 ARIMA(2,0,2)，ARIMA(3,0,3)，ARIMA(3,0,1) 和 ARIMA(2,4,2)。小波系数 $a_4, d_1 \sim d_4$ 的模型拟合与预测结果如图 6-7 所示。小波重构后得到总的模型拟合与预测结果如图 6-8 所示。与其他数据段相比，第 50 点的预测误差稍大。

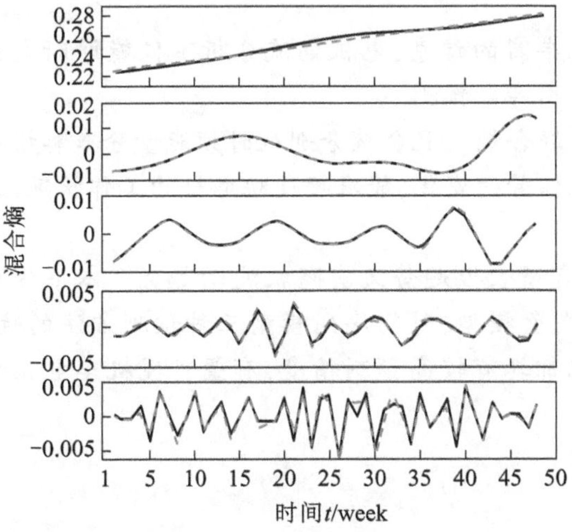


图 6-7　各小波系数预测结果

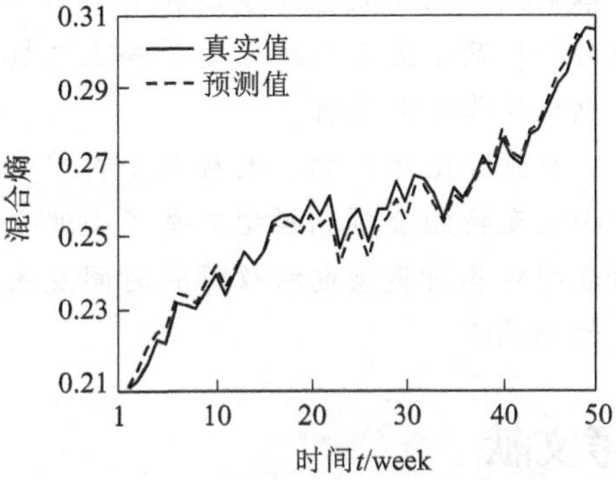


图 6-8　总体预测结果(轴承磨损故障)

引入相对误差 $\delta$(%) 来评价模型拟合与预测结果，表 6-2 列出了小波系数 $a_4, d_1 \sim d_4$ 和总的模型拟合误差。

**表 6-2　模型拟合误差**

| 相对误差/% | $a_4$ | $d_4$ | $d_3$ | $d_2$ | $d_1$ | 总体模型 |
|---|---|---|---|---|---|---|
| 最大值 | 1.78 | 1.45 | 1.87 | 2.01 | 2.14 | 2.01 |
| 平均值 | 0.92 | 0.74 | 0.83 | 0.95 | 0.96 | 0.95 |

小波系数 $a_4$ 平均拟合误差为 0.92%，用背景值优化 GM(1,1) 模型预测增长性的趋势能获得较高的精度。小波系数 $d_1 \sim d_4$ 的平均拟合误差为 0.87%，随机波动性的趋势适用 ARIMA 模型预测。总模型的平均拟合误差为 0.95%，有很高的精度。小波变换相当于滤波器组，各小波系数占据不同的频带无重叠。与原序列相比，各小波系数的变化趋势单一且相对简单，易于选用合适的模型预测而获取高的精度。

实验共采集 50 个混合熵值，用最后 2 个值做预测精度检验，结果见表 6-3。同时，列出已有的 GM(1,1)-AR 组合模型预测结果。对比可以看出，本书提出的组合预测模型的一步预测和二步预测都有很高的精度，适用于电机剩余使用寿命预测。

**表 6-3　模型预测误差**

| 数据序号 | 真实值 | 本书模型预测值 | 相对误差/% | GM(1,1)-AR 模型预测值 | 相对误差/% |
|---|---|---|---|---|---|
| 49 | 0.307 | 0.304 | 0.93 | 0.300 | 2.04 |
| 50 | 0.306 | 0.298 | 2.84 | 0.297 | 3.11 |

需要指出的是：二步预测的误差比一步预测误差大很多。如何进一步改进预测方法、提高多步精度是今后需要解决的问题。

## 小　结

电机定子电流信号中蕴藏着电机工作状况丰富的信息，电机电流分析不仅能诊断电机故障，提取合适的诊断指标，也可用于电机剩余使用寿命预测。

本书提出用小波包能量熵和功率谱熵构造混合熵。混合熵分别从时频能量分布和谱峰分布均匀程度两个方面系统地定量描述电机电流信号的变化，能准确反映电机的工作状况，适合作为电机故障诊断指标。

电机故障随时间的发展存在多种趋势，既有增长性趋势又有随机波动趋势。本书提出的基于小波变换组合预测模型发挥了小波分解、灰色模型、时间序列模型三种预测方法的优势，实验表明对各种类型电机故障随时间发展变化都具有较高预测精度，有望实现机车电机故障的中长期预测。

## 参考文献

[1] HENAO,H.,KIA. Torsional-vibration assessment and gear-fault diagnosis in railway traction system[J]. IEEE Transactions on Industrial Electronics,2011,58(5):1707-1717.

[2] KIA S H,HENAO H,CAPOLINO G A. Mechanical health assessment of a railway traction system[C]// MELECON 2008-The 14th IEEE Mediterranean Electrotechnical Conference. IEEE,2008:453-458.

[3] YANG F,HABIBULLAH M S,SHEN Y. Remaining useful life prediction of induction motors using nonlinear degradation of health index[J]. Mechanical Systems and Signal Processing,2021,148:107183.

[4] 李巍华，张小丽，严如强. 复杂机电系统智能故障诊断与健康评估[M]. 北京：国防工业出版社，2021.

[5] 郑国康，周峥，严如强. 基于深度强化学习的机械装备剩余使用寿命预测方法[J]. 中国科学：技术科学，2023,53(7):1175-1188.

[6] GAO Z,LIU Y,WANG Q,et al. Ensemble empirical mode decomposition energy moment entropy and enhanced long short-term memory for early fault prediction of bearing[J]. Measurement,2022,188:110417.

[7] 薛子云,杨江天,朱衡君. 机械故障预测模型综述[J]. 机械强度,2006 (增刊 1):60-65.

[8] CHEN Z,YANG Y,HE C,et al. Feature extraction based on hierarchical improved envelope spectrum entropy for rolling bearing fault diagnosis[J]. IEEE Transactions on Instrumentation and Measurement,2023,72:1-12.

[9] 陈仁祥,吴昊年,韩彦峰,等. 融合无量纲指标与信息熵的不同转速下旋转机械故障诊断[J]. 振动与冲击,2019,38(11):219-227.

[10] 冯辅周,司爱威,江鹏程. 小波相关排列熵和 HMM 在故障预测中的应用[J]. 振动工程学报,2013,26(2):269-276.

[11] 梅宏斌. 滚动轴承振动监测与诊断[M]. 北京:机械工业出版社,1995.

[12] 张成龙,郑凯,刘杰. 基于小波包能量谱和改进 FOA-GRNN 的轴承寿命预测[J]. 组合机床与自动化加工技术,2020(7):73-76.

[13] ZHANG H,HE S. Analysis and comparison of permutation entropy,approximate entropy and sample entropy[C]//2018 International Symposium on Computer,Consumer and Control (IS3C). IEEE,2018:209-212.

[14] LI Y,WANG X,LIU Z,et al. The entropy algorithm and its variants in the fault diagnosis of rotating machinery: a review[J]. IEEE Access,2018,6:66723-66741.

[15] 郑近德,潘海洋,童靳于. 机械故障诊断的复杂性理论与方法[M]. 北京:机械工业出版社,2023.

[16] CHEN W,CHEN H,YAN X,et al. Hybrid entropy in the time-frequency domain for grading electrode sediment identification[J]. IEEE Access,2022,10:54751-54763.

[17] XUE X,ZHANG N,CAO S,et al. New state identification method for rotating machinery under variable load conditions based on hybrid entropy features and joint distribution adaptation[J]. Complexity,2020:1-17.

[18] HAN D,YU J,GONG M,et al. A remaining useful life prediction approach based on low-frequency current data for bearings in spacecraft[J]. IEEE Sensors Journal,2021,21(17):18978-18989.

[19] 尚修刚,蒋慰孙. 关于混合熵的讨论[J]. 控制理论与应用,1999,16(1):84-86.

[20] TSAI Y A,CASIELLO F A,LOPARO K A. Discrete-time entropy formulation of optimal and adaptive control problems[J]. IEEE Transactions on Automatic Control,1992,37(7):1083-1088.

[21] 刘思峰,曾波,刘解放,等. GM(1,1)模型的几种基本形式及其适用范围研究[J]. 系统工程与电子技术,2014,36(3):501-508.

[22] 王钟羡,吴春笃. GM(1,1)改进模型及其应用[J]. 数学的实践与认识,2003(9):20-25.

[23] 李梦婉,沙秀艳. 基于 GM(1,1)灰色预测模型的改进与应用[J]. 计算机工程与应用,2016,52(4):24-30.

[24] TANG Q,QIU Y,XU L. Forecasting the demand for cold chain logistics of agricultural products with markov-optimised mean GM (1,1) model-a case study of guangxi province,china[J]. Kybernetes,2024,53(1):314-336.

[25] 张彬,西桂权. 基于背景值和边值修正的 GM(1,1)模型优化[J]. 系统工程理论与实践,2013,33(3):682-688.

[26] ZENG B,LIU S,XIE N. Prediction model of interval grey number based on DGM (1,1)[J]. Journal of Systems Engineering and Electronics,2010,21(4):598-603.

[27] 罗党,韦保磊. 一类离散灰色预测模型的统一处理方法及应用[J]. 系统工程理论与实践,2019,39(2):451-462.

[28] 孙丽萍,杨江天. 基于离散灰色模型的变压器油中溶解气体浓度预测[J]. 电力自动化设备,2006,26(9):58-60.

[29] 李星毅,李奎,施化吉,等. 背景值优化的 GM(1,1)预测模型及应用[J]. 电子科技大学学报,2011,40(6):911-914.

[30] ZHAN T,XU H. Nonlinear optimization of GM (1,1) model based on multi-parameter background value [C]//International Conference on Computer and Computing Technologies in Agriculture. Berlin,Heidelberg: Springer Berlin Heidelberg,2011:15-19.

[31] 徐宁,党耀国,丁松. 基于误差最小化的 GM(1,1)模型背景值优化方法[J]. 控制与决策,2015,30(2):283-288.

[32] 翟军,盛建明,冯英浚. MGM(1,$n$)灰色模型及应用[J]. 系统工程理论与实践,1997,17(5):109-113.

[33] LIU H Z,WANG S L,LIU J Y,et al. Application of self-adaptive MGM (1,$n$)model in dam deformation prediction [J]. Advanced Materials Research,2013,740:284-288.

[34] 张雨琦,邹金慧,马军. 多退化变量灰色预测模型的滚动轴承剩余寿命预测[J]. 探测与控制学报,2019,41(3):112-120.

[35] 赵敏,高宏力,许明恒,等. 多变量灰色模型在滚珠丝杠剩余寿命预测中的应用[J]. 计算机集成制造系统,2011,17(4):846-851.

[36] YANG J,ZHU H. Multivariable trend analysis using grey model for machinery condition monitoring[C]//World Congress in Mechanism and Machine Science. School of Mechanical,Electronic & Control Engineering, Northern Jiaotong University,Beijing 100044,China,2004.

[37] 谭满春,冯荦斌,徐建闽. 基于 ARIMA 与人工神经网络组合模型的交通流预测[J]. 中国公路学报,2007(4):122-125.

[38] 朱少民,夏虹,吕新知,等. 基于 ARIMA 和 LSTM 组合模型的核电厂主泵状态预测[J]. 核动力工程,2022,43(2):246-253.

[39] 于德介,程军圣,杨宇. 基于 EMD 和 AR 模型的滚动轴承故障诊断方法[J]. 振动工程学报,2004,17(3):332-335.

[40] PHANTHUNA P,AREEPONG Y,SUKPARUNGSEE S. Run length distribution for a modified EWMA scheme fitted with a stationary AR (p)model[J]. Communications in Statistics-Simulation and Computation,2023,52(9):4260-4279.

[41] 黄魁,苏春. 基于灰色神经网络组合模型的故障预测[J]. 系统工程与电子技术,2020,42(1):238-244.

[42] 赵明元,胡志鹏,杨江天. 基于多功能车辆总线的机车轴承故障诊断系统[J]. 机车电传动,2010(3):64-67.

[43] 苏连成,邢美玲,张慧. 基于组合预测模型的风电机组关键部位故障检测[J]. 太阳能学报,2021,42(10):220.

[44] ZHANG Y,LI X. A PV power prediction method based on optimized VMD and combination prediction model selection strategy[C]//2023 8th International Conference on Power and Renewable Energy (ICPRE). IEEE, 2023:1788-1793.

[45] 徐科,徐金梧,班晓娟. 基于小波分解的某些非平稳时间序列预测方法[J]. 电子学报,2001,29(4):566-568.